"女子颂"系列丛书

La femme

论女性

[法]儒勒·米什莱 —— 著

李雪 —— 译

上海社会科学院出版社
SHANGHAI ACADEMY OF SOCIAL SCIENCES PRESS

目　录

序言 ……………………………………………… 1

第一篇　教育孩子

第一章　太阳、空气和光线 ……………………… 43
第二章　第一道目光的交汇和信仰的开始 ……… 47
第三章　游戏：孩子是母亲的老师 ……………… 52
第四章　孩子是多么脆弱和神圣 ………………… 58
第五章　五岁时的爱情——玩具娃娃 …………… 65
第六章　女性是一种宗教 ………………………… 70
第七章　十岁时的爱情——花朵 ………………… 80
第八章　简单的家务——小花园 ………………… 83
第九章　十四岁的母性——脱胎换骨 …………… 89
第十章　历史是信仰的基础 ……………………… 95
第十一章　帕拉斯女神和理性 …………………… 105
第十二章　安德鲁神父的仁慈 …………………… 110
第十三章　英雄主义的显现 ……………………… 116

第二篇　家庭中的女性

第一章　哪种类型的女性将会爱得最深？
　　　　不同种族的女性吗？ ………………… 127

第二章 哪种类型的女性将会爱得最深？
　　　　相同种族的女性吗？……………………… 136
第三章 哪种男性爱得更好？…………………… 145
第四章 证据……………………………………… 152
第五章 她如何献出自己的心…………………… 159
第六章 你将告别父亲和母亲…………………… 166
第七章 年轻的妻子——她孤独的思想………… 176
第八章 她会是合作者和顾客…………………… 183
第九章 艺术和阅读——普遍的信仰…………… 190
第十章 非洲的伟大传奇——女性是善良之神… 197
第十一章 女性是如何超越男性的……………… 205
第十二章 爱情的低微——忏悔………………… 214
第十三章 爱情的相通——大自然的工作室…… 222
第十四章 续篇——大自然的工作室…………… 229

第三篇　进入社会的女性

第一章 女性——和平与文明的天使…………… 239
第二章 最后的爱——女性的友谊……………… 243
第三章 女性的守护者——卡罗琳娜……………… 250
第四章 女囚犯们的慰藉………………………… 255
第五章 女性强大的治愈能力…………………… 263
第六章 简单之人………………………………… 271
第七章 孩子—光明—未来……………………… 277

附　录……………………………………………… 285

序　言

一、人们为什么不结婚

几乎没有人能够预见时代的决定性作用。在社会变迁、宗教现实、经济形势的影响下，在风云诡谲的社会大潮中，竞争使男人和女人逐渐拉开距离。

这一状况愈演愈烈。男人和女人不只走在两条截然不同、没有交集的道路上，更像是两个旅行者，从同一车站出发，一个马力十足，全力前进；另一个朝着截然不同的方向，慢悠悠前行。

对于男人来说，无论他们的道德感有多么淡薄，无论他们的思想价值、创新意识和探索精神有多么低下，他们一直飞奔在前进的铁轨上，风驰电掣。

而女人，似乎注定被抛在后面，她们在自己都不甚明了的道路上踟蹰不前。由于时代的不幸，她们被疏离了。然而她们自己也并不想，或者说并不能加快前进速度。

更糟糕的是，男人和女人们好像并不急于拉近距离。他们之间好像本来就没有什么好交流的。家里冷冷清清，床榻冰冰凉凉，桌上残羹冷炙。

他们表示"我们没有必要为了家人背负沉重的负担"。哪怕是在陌生人组成的，应该彬彬有礼的社交聚会上，他们也不会为此做出更多努力。每天晚上，所有人将客厅一分为二，男人一边，女人一边。我们常见到的情况，或者我们亲身经历过的情况是这样的：在一个12人左右的小型朋友聚会上，如果女主人略微邀请两拨人靠近，让气氛融洽起来，也就是说让男人和女人聊聊天，那么会场立马就会鸦雀无声，谈话也会戛然而止。

我们应该面对现实。其实男人和女人根本就没有共同思想，没有共同语言，甚至对于双方都感兴趣的方面，他们都不知道从何聊起。但是人们都忽视了这一点。虽然男人和女人有偶然的共鸣，但是如果双方都没有注意到这一点，男人和女人的差别可能就不只是两种性别之分了，而会形成两个种族之别。

那么一本反对这种趋势的、剥离纯粹文学意图的爱情读物会遭到全方面批判就不足为怪了。因为哪怕男人女人之间的爱情刚刚决裂，爱情这把烈火却又会刺激他们的本性，并且怂恿他们，对他们说出"请依旧去爱"。

听到这几个词，尖酸的叫声四起，我们触碰了某些人敏感脆弱的神经："不，我们不想去爱，我们不想要幸福！……这里一定有什么阴谋。在将女性神圣化的宗教外壳下，锻造她们的精神，解放她们的思想都是徒劳的；宗教只是想要一个被驯服的奴役式的偶像形象，并且把这一偶像形象安放在神坛上，供人祭拜。"

因此，一说到男女结合，便激起了时代的罪恶。情感的分崩、荒淫的生活、孤独的苦涩、原始的需求，隐藏在人们灵魂的深处。

女人们读到某本书时潸然泪下。她们的导师（精神导师、哲学导师……或者任何导师）主导了女性的话语权。所以她们几乎不敢为自己的辩护者辩护。但是实际上女士们做得更出色，她们重新翻阅这本有罪的书，一口气读完。她们把书藏在枕头底下，一有时间就拿出来读。

这非常使人宽慰，尽管这本被恶意批判的书遭到了敌人的侮辱,经历了朋友的审视,但是无论是中世纪的男人还是中世纪的自由女性,都没有发现这本书的价值。爱情促使女性脱离家庭的藩篱。而世人则更倾向于让女性们的生活像人行道一样平淡无奇,或者像生活在修道院一般毫无生气。

"一本描写婚姻、描写家庭的书!简直是奇耻大辱!求求您了,还不如给我们来30本描写奸情的书。一定会让人们浮想联翩,所以请把他们写的有趣一点儿。这样能收到更好的效果。"

"为什么要提倡巩固家庭?"一个宗教报刊抛出了这个问题。"如今的家庭不完美吗?以前,我们到处都可以看到人们所谓的奸情,但是现在都没有了啊。""很抱歉",一个大型政治报社在一个大受欢迎的教会专栏中反驳道:"很抱歉,这个现象还是有的,甚至随处可见,只不过是现在这种事情很少激起人们的流言蜚语,人们对此鲜有热情,人们生活得都比以前更平和。但是其实奸情这种东西是根植在法国人婚姻当中的,甚至可以说是个惯例,每个民族都有自己的风俗。我们又不是英国人。"

"小点声儿!您说的对,但那就是罪恶。"无论是丈夫还是情人,都不会因此动情,女人们自己也不会;她们只是想解闷,就这么简单。在这不冷不热、略显苍白的日子里,人们很少花费心思做什么,也很少去经营什么,值得投入努力的事情连1/3都不到,每个人都垂头丧气、哈气连连、无精打采,这种令人作呕的泛着柔光的日子使生活更加枯燥无味。

没有人想要这样的婚姻。按照人类繁衍的法则,如果婚姻不能使女性变得富有,人们就不会再结婚了,至少在大城市中现实就是如此。

我很理解一位生活在乡村的已婚男士教育邻家年轻男子的说法,这位已婚男士风度翩翩、举止得体,并且已为人父。他说:"如果你们想在这里立足，最好结婚，但是如果生活在巴黎，婚姻倒是没有必要。做点儿其他事情来得更自由惬意。"

人们都知道那句话，那句话记录了雅典民族的终结，这个地球上最理想化民族的终结。这句话是这样的："啊！如果我们能够没有女人就有孩子多好。"对于一个帝国的延续，这句话真是很糟糕。罗马时期的刑法，曾经迫使女人在棍棒屈打之下嫁给男人，如今这个法律已经失去效力，男人不再能使用这种方法接近女人。相反，倒是刺激世人、使人有精力百倍的肉体欲望，这种自然规律的作用在世间更为常见。男性们为了不再看到女人，甚至逃去隐居。

在当前这个时期，世人恐惧婚姻、远离女性的原因是多种多样、复杂难辨的。

首先，不可置疑的是贫穷女孩的悲惨生活使她们在社会上沦为被忽视的人群，极容易成为饥饿的牺牲品。由此，这类女性产生了对填饱肚子的基本需求以及对周遭的冷漠，她们对崇高的爱情并不习惯，对每天晚上很容易获得的生理需求求而不得的痛楚，焚噬着人心。

更不用说那些有其他需求、对忠诚有特殊嗜好、喜欢同性的男人，他们总是更喜欢独立、温和、顺从的女性，喜欢那些不信奉任何戒律、能够第二天就被抛弃的女性，喜欢不离寸步又会讨巧的女性。

我们法兰西小姐们的强烈且突出的个性吓倒了许多单身者，她们常常出其不意地隔天就结婚。这并不是在开玩笑，法国女性是拥有独立个性的人。这是她们获得巨大幸福的机会，而有时候也是一种不幸。

我们完美的民法典（一部未来的法典，一部让世界追捧的法典）在涉及解决民族困境时，一点儿不少地考虑到了法兰西小姐们的这种特性。法国女性一代代继承了这种个性，同时也清楚地知道自身的这一个性；她们有些嫁人的资本，自己同样也知晓这一点。不像法国某些邻国的女性，那些女性要是有嫁妆，也只是金钱上的嫁妆（流动的，并且会进入丈夫的腰包）。法国女性拥有不动产，判例法甚至都不允许她的兄弟动用这些资产从事营利活动。在这种陪嫁体制以及其他刺激性措施的保障下，法国女性能够借助不动产保持富有。这份财富大多数时候都是能存续的，土地不会跑，房屋不会倒塌；这些财富也为女性赢得了发言权，使她们保持一种法兰西女性独有的个性，而非什么英国女性或者德国女性能相比的。

这样说来，英国女性或者德国女性沉迷于她们的丈夫，既失去肉体，又失去财富（如果说她有些财富的话）就不足为怪了。同样，我认为，与我们法国女性相比，她们被原生家庭抛弃得更加彻底，并且不会再被原生家庭重新接受。对于亲人们来说，能够嫁出去一个女孩是非常令人开心的，因为他们也不会再有负担了，嫁出去的女孩对他们来说就像死了一样。不管以后发生什么，不管她的丈夫将她带去哪里，她都得跟去，留在丈夫身边。在这种条件下，人们对婚姻的不快减少了。

在法国，婚姻在家庭意识中的地位表现得要么过强要么过弱。这是一件奇怪的事情，表面看起来很矛盾，但是其实并不矛盾。有时候，结婚一段时间的女人，一旦有了孩子，她们在意识中就会把家庭放在第一位，然后便把自己的精力一分为二，一份给孩子，一份给老人。那么留给丈夫的呢？根本没有。这就是家庭意识的觉醒导致婚姻无效的原因。

我们无法说明白这样的女人是多么无聊，她们在过往生活中变得越来越强势，变成了一个思想守旧的母亲，浑身浸透着老旧的东西。她的丈夫平静地生活，但是很快屈服，丧失勇气，变得沉重，渺小得一无是处。他丢掉了他求学时期、他年少时所保留的不断进取的思想，就快被家里的女主人、被这弥漫老旧气息的家庭压得窒息。

"女人带着10万法郎的嫁妆，埋葬了一个本可能自己每年都能赚到10万法郎的男人。"

年轻的男人这样自言自语，他还处在憧憬梦想和追求信仰的年龄。另外，男人不管是有钱，还是没钱：他都想试试运气，想去知道自己到底有多大能耐；让那些嫁妆见鬼去吧。除非有什么真的让自己心动的东西，不然他才不会为了区区10万法郎，让自己变成一个无聊女王的丈夫。

这就是单身人士常常和我说的话。有一天晚上，五六个朋友在我家聚会，都是优秀人士，我们又聊到这个，我对他们所谓的单身主义感到非常焦虑。

他们中的一人，一位非常出色的学者，非常认真地和我说了这些话："先生，您绝对不要相信我们能够在外边通过什么消遣找到属于自己的女人，我说的是，一个真正属于自己的女人；我们不结婚并不会不幸。我们不但知道这一点，也能感觉到这一点。哪里都不会有心灵的平静。先生，不要找女人，请您记住生活是灰暗、残酷和苦涩的。"

"苦涩。"其他人都异口同声地强调这个词，并且都赞同他的说法。

"而且，"他继续说，"有一件事情阻碍着我们，在法国，所有的劳动者都是贫穷的。人们靠那点儿薪水生存，靠着客户生存，等等。人们只是活着。我，我赚6 000法郎；但是可能我向往的女人，她用在梳妆打扮的消费就有这么多。她母亲就是这样养活她的啊。假设把这样的美女嫁给我,我们隔天可能会变成什么样子呢。她生长在殷实之家,嫁出来发现我一贫如洗?如果我爱她(并且我有能力爱她),那么一想到这样懒散、悲惨的生活,我就想变得富有一点儿,至少让她少一点儿不开心。

"我总是想起曾经在一个中部小城市看到的一幕,那个小城市疾病多发。在一个广场上,骡子车奔走、尘土飞扬,我意外地看见一个美人路过。那是一位让人惊艳的美人,她穿着俏丽(一位女士,而非女孩),大约25岁,丰满、腹部微微隆起,穿着一条凉爽迷人的天蓝间白色丝绸裙子(出自里昂的高级成衣)。在这肮脏不堪的土地上,她走得非常慢,步履维艰。这片土地和她格格不入。她有金黄色的美丽秀发,鼻尖扬起,她的骑士帽给人一种捉摸不透的感觉。她浑身上下都散发着一种'我蔑视一切'的气势。我能感受到她是个宠儿,极其爱自己,有自己骄傲的资本,不依附于那些倾慕她的人。男人对她玩文字游戏,她甚至都不知道哪个男人是认真的。我想到了所罗门的话:他对她说:'我不会伤害你。'这种观点我一直认可,她不是一个简简单单的女人,这也不是一场简简单单的邂逅;这是流行趋势,这是我亲眼所见的当时的风俗;我由此对婚姻一直怀有恐惧。"

"先生,"另一个更年轻的男孩说,"婚姻的困难和阻碍不是女人花在梳妆打扮上的钱,对我来说,是宗教。"

大家都笑他;但是他说得起劲:"是的,是宗教。女人们生长在和我们完全不同的教义之下。母亲们都非常想把自己的女儿嫁出去,但是给她们的教育却只能导致离婚。

"法国的教义是什么?法国人自己并不知道我们的教义,但是欧洲其他国家的人却很清楚地知道这个教义;他们对我们法国人的仇恨已经很好地揭示了一切。一个非常守旧的外国人有一天曾经向我说：'在这样一个风起潮涌的大背景下，法国却没有跟着改变，这真是可恨至极。'风起潮涌的时期；她出现了，她隐藏了内心的火焰，但是家还是那个家。家指的是什么？第一，是伏尔泰式的意识（比伏尔泰诞生要早很多）；第二，是1789年法国大革命时期的法典；第三，是法典，由科学教父——科学院颁布的法典。

"我反驳他，但是他坚持这样认为，我看得出他是对的。是的，不管出现了什么新问题，1789法典的效力都可以延续到1789年以后，并且能预见未来。整个法国都信奉这部法典，这也是外国人大规模地，甚至不分党派地遣责我们法国的原因。

"法国女孩们从小被灌输的正好是仇恨和蔑视整个法国人喜欢和信仰的这个教义。历史上有两次，她们迎接、放弃和扼杀了大革命：第一次是17世纪，因为意识自由问题；第二次是18世纪末期，因为政治自由问题。她们投身历史，虽然不太明了历史到底是什么。她们宁愿信奉帕斯卡尔的言语：什么都是不确定的；因此，让我们来相信'荒诞主义'吧。法国女人很富有，她们很有思想，有很多学习的方式。但是她们什么也不想学，也不想用信仰去进行创造。但愿她们能遇到有严肃信仰的男人，诚心热爱和信奉既定真理的男人，然后她们可以微笑着说：这位先生不信奉'虚无主义'。"

大家默默无言，沉默了一会儿。我看得出，当时大家都是反对这个有点儿粗鲁的攻击性言论的。我对他说："如果我们承认你刚刚阐述的思想，我觉得在其他时代应该也是一样的情况，然而人们还是会选择结婚的。"女人们喜欢梳妆打扮、喜欢奢侈品，这是历史传统。但是那个时代的男人，毫无疑问是更加大胆的。他们迎接挑战、战胜邪恶，他们希望自己的成长，自己的精力、爱情、导师，自己对于成为王者中的王者的追求，都以得到幸福为目的。比如无所畏惧的库尔提乌斯,他勇敢地投入到未知领域的深渊中,为了我们的幸福而提升自己。因此,先生们,没有我们父辈的这种勇于开拓的精神,是不会有现在的我们的。

那么现在,我们请稍微年长的朋友坦率地向大家讲讲怎么样?……嗯,好吧,如果你们真的感到孤单,如果生活没有一点儿慰藉,禁不住这种你们觉得苦涩的生活,禁不住这种你们迫不及待想要逃离的生活,我就敢和你们讲讲。你们曾说:爱情是强烈的,只要是男人想要的,男人都能得到。但是比爱情更加强大的是理性,面对着荒谬的、令人着迷的美人们,将这种爱慕之情转化为理性。只要意愿强烈、笃定、无坚不摧,做好防范、坚定立场,那么我们就无所不能。但是,我们也应该去爱,应该满怀热情地去爱,不夹杂一点儿冷漠地去爱。有教养的讨人喜欢的女人必然是属于男人的。如果这个时代的男人抱怨不能走进女人的心里,那是因为男人没有驯服她,没有一种欲望和力量让女人笃定地去跟随男人。

现在,先只说说提出的第一个困难:关于女人过分的骄傲、她们梳妆打扮的花费,等等。我觉得这一点好像在上层社会出现的比较多,多见于富有的女人中或者那些有机会和富人圈子打交道的女人之中。数量也就 20 万—30 万。但是你们知道法国有多少女性吗?1 800 万,适龄女性 1 800 万。

因为上层社会的这种滑稽和错误的引导,人们就大规模地谴责女性,是非常不公平的。她们不可能随心所欲地效仿上层社会的生活。如果这样做,她们总是会被蔑视、被嘲笑,因为自己的冒失而造成很大的不幸。人们把一种不可能的奢侈生活强加给那些可怜的人,其实这些人有时候并不喜欢这种奢侈生活,只是在某些场合出于利益考虑而被迫表现得很耀眼,为了真正成为这种消费奢侈生活的人,她们得义无反顾地去冒险,投向更不幸的境地。

那些除了命运不同，却有那么多相同秘密的女人们变得有点儿惺惺相惜、相互支持，而不是互起争执。无数事情间接伤害了她们自己。比如那些有钱的女人，她们奢侈的生活习惯影响了贫穷阶层女孩的梳妆打扮，给年轻女孩造成了极大伤害。这妨碍了贫穷阶层女孩的婚姻，没有一个工人想娶一个在穿衣打扮上花费那么多钱的花瓶。未婚时期，我猜想，这个女孩可能在柜台收银，可能在商店打工；那些有钱的女人还是会伤害她们。因为她们更喜欢和穿着黑色制服、服务殷勤周到、比女人还女人的男职员打交道。因此店主人会不惜重金将店员换成男职员，遣散这些廉价打工的女孩们。然后她们的命运会怎样呢？如果她很漂亮，二十出头，那么她以后还可以好好保养，去接手不同的工作。但是她们迟早会凋零的，30岁之前，她会变成裁缝，投身服装制造业，每天挣10苏①。她们只能每天晚上在耻辱中挣些面包钱，否则就难以为继。因此，为了报复，这些折价的女孩们将这种拮据的单身生活越来越多地变成了名存实亡的婚姻。而这些女人的女儿们就不能再结婚了。

先生们，你们想让我用两个字描绘一下法国女人的命运吗？没有人能够更简单地描绘她们的命运了。如果我没有搞错，我确定这幅图画能够触动你们的内心，没准儿能醍醐灌顶，以免这两个非常不同的阶层混合到一个阶级之中。

二、女工

当那些靠着近期兴起的机器发家致富的英国制造商向皮特先生抱怨并且说"我们难以为继，我们挣得不够多"的时候，他们其实

---

① 苏（sou）：法国旧时的辅助货币。（译者注，如无特别说明，本书脚注皆为译者注）

是道出了让他们产生心理阴影、听起来令人毛骨悚然的词——"雇佣童工"。

那些雇佣童工的人是有多大的罪恶啊,那些人将城市女孩引入悲惨生活,那些人使乡村女孩迷茫无助,那些灭绝人性的工作中接触的致命材料,那些乱七八糟的制成品!谁会为女人想想,为孩子想想;人们毁灭一个女孩,一个家庭就被毁灭了,毁灭很多孩子,未来一代的希望就被毁灭了。

我们西方人是多么野蛮!女人不再被当作是爱情、男人幸福的象征,更不再被当作母性和种族力量的象征。

而是,被当作"女工"!

"女工"!一个抛弃信仰、充满利欲的词。在铁器时代之前,没有任何一种语言、任何一个时代会明白这个词,这个词否定了所有我们所谓的时代进步。

然后接连不断来了一群关心净生产力的经济学家、博士。"但是,先生,请您注意一下经济和社会发展的巨大需求!不这样做,工业发展就会停滞。甚至可以说,这是出于对贫穷阶层的考虑!等等,等等。"

最首要的需求,就是生存。但是显而易见,人都死了,人口数量不再增加,人口质量正在下滑。农村女人死于劳作,城市女工则死于饥饿。她们能孕育出什么样的后代呢?早产儿,只有越来越多的早产儿。

有人说:"但是民族不会灭亡!"然而有很多民族都已经不复存在了,甚至现在还在地图上有标示的民族,都已经不复存在了。高苏格兰民族已经消亡了;爱尔兰也不再是一个民族了;还有那个富有的、精力饱满的英格兰,这个压榨剥削了整个地球、贪得无厌的吸血鬼,现在由于难以满足的巨大的食物需求,也不能重拾往日雄风了。民族在改变、在凋亡，加一点儿酒精的刺激，反而凋亡得更快了。那些在1815年被驱逐的民族，1830年也不会再被承认，更不用说时至今日了！

那国家会如何发展呢？比民族的结局还惨。工业革命席卷整个英国，英国人不再只是依靠土地生产。但是法国人很明显还得依靠土地吃饭，因为在法国，工人的数量还很少（相对而言）。

有多少以前不能做的事情现在都被落实了！以前我们无法废除彩票，但是现在彩票被取缔了。我们曾经以为把巴黎摧毁重建是不可能的；但是一条小规章（公共事业征用通知）下达之后，这件事也被轻轻松松提上日程了。

我在我们的城市看到了两种人（两个种族）：

一种人，裹着呢子衣服，这是男人，另一种人穿着破破烂烂的印花棉布，甚至在寒冬时节都如此穿着蔽体！

第一种人，我说的是最低级的工人，那些薪水微薄的人、搅拌工、工人们的佣人；但是有时候，这样的男人早上也能有肉吃（面包卷香肠或者其他食物）。晚上，也能走进一个小餐馆，点一份肉，喝点儿小酒。

而同一阶层的女人每天早上打1苏的牛奶，中午吃面包，晚上吃面包，几乎连1苏的奶酪都吃不起。你们否定这一点？……这是确定无疑的：我刚刚证实。女人每天的消费就是10苏，1苏都不能多花，原因我下面会讲。

为什么如今的情况会这样呢？因为男人不再想结婚了，他们不再想保护女人。他们非常享受和贪恋单身汉的生活。

这不就是说男人过着禁欲的生活？其实他们什么也不会缺。周日的晚上，他们微微喝醉，不用刻意去找，就能碰上一个饥寒交迫的身影，然后凌辱这个甚至已经死了的女人。

身为男人，我感到羞愧。

"我赚得太少了。"男人们这样说。在劳动密集型的产业里，男人和女人做着相同的工作，赚的钱却是女人的四到五倍。男人赚40苏或者50苏，而女人只能赚10苏，事实就是这样。

男工人所谓的贫穷对于女工人来说就是富有、充裕、奢侈。

男人们抱怨得更厉害了。一旦男人缺少什么的时候，他会觉得实际上缺少更多东西。我们可以用大家说起冰岛人和英国人的那句话来阐述这一点："冰岛人缺土豆充饥。而英国人缺肉、缺糖、缺茶、缺啤酒、缺烈酒、缺等等等等的东西。"

在工人们对必需品的消费预算中，我筛选出两件男人们花费最多，然而女人们却从来没有想过的东西：烟草和进城税。对于大部分人来说，这两样东西抽干了不只一户人家。

我知道，人们的工资收入大幅下降，主要是金属贬值造成货币价值的变动引起的。工资还会再提高，但是这是一个缓慢的过程，这种经济不平衡的改善是需要时间的。困难依旧存在，然而就这一点来说，女人会遭受更大的打击。男人们可以减少喝酒吃肉的消费；但是对于女人来说，减少消费的只能是用于充饥的面包。女人不能退缩，更不能倒下：后退一步，就必死无疑。

经济学家说："这是女人们的错误，她们为什么离开乡村，狂热地扑向城市、饿死街头呢？也许不是女工们自己先进城的，是她们进城做仆人的乡下母亲先来的。这些女仆人除非不结婚，否则她们必然会有孩子，这些孩子必然会成为女工。"

我亲爱的先生们，你们知道法国的乡村是什么样的吗？知道那里的劳作有多么沉重、可怕和严酷吗？在英国，没有哪个女人会去种地。这样的生活太凄惨，终日戴着大檐帽，风里来雨里去。德国人呢，他们有自己的森林、草场，劳动节奏缓慢、生活安静祥和，所以德国女人不会被劳动压垮。诗人们描绘的理想生活和现实完全不一样。为什么呢？因为法国农民只是拥有土地的农民。一贫如洗、一无所有、负债累累的农民。由于农业劳作的繁重和无规划，加之恶劣的自然环境，比如需要和秃鹫做斗争，农民们终究难逃失去这片土地的命运。如果可以，相比这样的结局，还不如隐居于此；当然这首先是为妻子着想。农民阶级结婚的目的，就是为了使后代摆脱农民阶级，变成工人阶级。在安的列斯群岛地区，人们买黑奴来摆脱这种日日从事的农业生产活动；在法国，人们则通过娶妻生子，让下一代成为工人阶级。

人们印象中女人们吃得少（历史传统观点），觉得她们胃口差，身材矮小平庸。

可怜的法国女人有一颗博大的心，付出了人们想要的，甚至付出了比人们想要的还要多。女人被套在驴车上（在贫瘠的土地上拉车），而男人推着犁。不管怎么说，女人都是负重最多的。男人轻松自如地修剪葡萄枝。女人呢，耷拉着脑袋，用手抓土、用镐挖地。男人有休息时间，女人没有。男人有聚会、有朋友，可以自己去小酒馆。女人有点儿时间就得去教堂，还在教堂困到睡着。晚上，如果男人喝醉回来，女人就得挨打！并且很多时候更糟糕的是，会怀孕！女人就是这样，整年时间，忍受双重痛苦，无论严寒酷暑，无论冷风袭人，每天都生活悲惨。

死于患肺结核的人数很多，这种情况在北方尤其明显。这不是任何一部宪法可以制止的。如果母亲想让自己的女儿少受一些痛苦，她会将女儿送去工厂（至少能有个遮风挡雨的屋檐），又或者更好地是让女儿进城做佣人，在那里她至少能享受资产阶级生活的平静，那么请原谅这位母亲吧。城里的孩子们都被保护得很好。所有女人都想变得更加优雅、精致、贴近贵族生活。

但是女孩一开始就被惩罚了。她不见天日。中产阶级的妇人总是过于严厉，尤其是做佣人的女孩如果很漂亮，那么情况会更加糟糕。骄横的孩子、狡猾的猴子、残忍的小猫都会当她是一件玩物，她会沦为它们的牺牲品。如果她不逆来顺受，那么就会被谴责、被咆哮、被欺负、被虐待。她因此会想了结生命。思乡的情绪阵阵袭来；但是她知道她的父亲不会再次接受她。就这样，她失去往日的光彩，日渐枯萎。

只有男主人一个人对她好。如果男主人足够大胆，甚至会去宽慰她。男人很清楚在这种备受折磨的情况下，小女孩从来没有得到过一丝温存，她会亲近那些对她哪怕略显友好的人。然后，机会早晚会来的，女主人去乡下度假了。这宅子本来也不大。他是她的主人，他强悍有力。最后，女孩怀孕了。这是场疾风骤雨般的灾难。她的丈夫，垂头丧气，倍感耻辱。她被赶出家门，没有食物，在石板上等着去医院做流产手术（历史几乎是不变的，请你们去看看医生们收集的忏悔录吧）。

以后的生活什么样，我的上帝！要做多少斗争！要咽下多大的痛苦，她才能心甘情愿，才会有勇气打掉她的孩子啊！

让我们看看吧，女人的生活状况就是如此沉重不堪，其实在相对有利的生活条件下，境况也大抵如此。

一位年轻的新教徒寡妇，她严肃刻板、吃苦耐劳、勤俭节约、谨言慎行，无论自己之前遭遇过什么，在各方面做得都堪称典范，她在主宫医院后面停留，站在比站台低很多、脏乱不堪的街道上。她有个体弱多病的孩子，还在上学，但是又总会觉得疲惫不堪倒回床上休息，不能多走一步路。她的房租从120法郎涨到160法郎，其实比其他人的房租涨得还低一些。她对两位仁慈的女士说："我如果出去干活一整天，人们愿意付给我20苏，甚至25苏；但是每星期也就两到三次。如果您能行行好,每个月给我 5 法郎让我交房租吧。否则我只能像其他人一样,晚上去街上招徕生意养活我的孩子。"

这个可怜的女人,为了招揽生意,胆战心惊地走到街上,唉!她们距离她们要接待的粗俗下流的男人们有 100 法里①的距离。我们的女工们,都那么有思想、有品位、心灵手巧,她们大多数外形出众,身材苗条,精致讲究。她们和上层社会的女人区别在哪里啊?脚?不是。身材?不是。是手,单单是手就能看出不同。因为贫穷的女工们不得不总洗衣服,不得不只靠一个小暖炉过冬,这双布满冻疮、疼痛难忍、浮肿起来的双手就是她们工作和生活的唯一工具。除此以外没有什么不同。就是这个女人,我们只要稍微打扮她一下,她就是伯爵夫人,和市郊的任何一个贵妇都没有区别。即使她的说话方式不属于这个阶层,那也反而使她更加浪漫热情、更加鲜活生动。一道幸福的光线照耀她,她使一切都黯然失色。

因此,我们并不能清楚地知道有多少女人是贵族。她们之中是没有平民的。

我曾经在通过一个海峡关隘的时候,偶遇过一位脸型圆润的女士,她显得筋疲力尽,但是难以掩饰她苗条的身材、漂亮的长相和出众的气质,她一边盯着一辆汽车的方向,一边和我说话,但是这是徒劳的,因为我听不懂英语。她漂亮的蓝色眼睛微微低垂,好像在忍受痛苦,她头戴一顶淡黄色的帽子,眼睛看起来十分深邃。

我旁边的人能听懂法语,我就对他说:"先生,您能为我解释一下这位优雅的女士对我说的话吗,她看上去像是一位公爵夫人,我

---

① 法里(lieue):法国旧时的长度单位,1 法里约等于 4 公里。

不知道她为什么死死盯着那辆汽车。"

他很有礼貌地回答我说:"先生,我更倾向于相信这是个失业的女工,不顾法律规定去做了乞丐。"

近几年,有两件大事改变了欧洲女人的命运。

女人们能从事的只有两大产业:纺织和缝纫。其他工作(比如刺绣、卖花,等等)几乎都不能算产业。这个女人是纺织女工,那个女人是缝纫女工。这就是她们的工作,长久以来都是这样,这是历史惯例。

嗯,现在不再是这样了。这种情况很快就会改变了。

亚麻纺织机首先取代了纺织女工。这不只是利益的获取,一个人们习以为常的世界已经消失了。农村妇女一边看孩子看家,一边纺线,女人们半夜纺线,一边走路一边纺线,一边照看奶牛或者磨坊一边防线,等等,这些日子都一去不复返了。

缝纫本来是在城市中很普遍的工作。女人在自己家里工作,夜以继日地做裁缝的活计,或者为了照看家务中断一会儿工作。这些所有繁重的活计,也都不存在了。首先是修道院和监狱的缝纫工作给独自在家工作的女人造成了巨大的竞争压力,然后是缝纫机的诞生彻底摧毁了女工们的工作。

尽管经历了种种阻碍,但是两大机器的进步、市场的运行、产业的完美需求使得机器生产的产品销往各处。没有什么能阻碍机器的普遍盛行了,所有的语言都是无力的。最终,这些伟大的发明彻底成为人类的福音。但是在过渡时期,机器产生的影响是残酷的。

在欧洲(以及其他地区),因这两种看似美妙然而可怕的机器,这无情的纺织机和冷血的缝纫机,受到重创的妇女有多少?数以百万。我们永远不可能计算出来。

很多移居国外的人们发现英国的缝衣女工们突然要挨饿了，忙着推荐她们往澳洲移民。预付款720法郎，第一年可以减半。在那个国家，男性总是占据人口多数，女工可以毫不费力地嫁出去，组建新家庭，这使这个强大的殖民国家更加强大，比印第安帝国还要稳固。

我们的女工们，在工业社会她们会变成什么样呢？她们没有闹出多大动静。男工们，比如建筑工人、木匠，他们强壮有力，团结在一起，搞一个声势浩大、颇有威慑的游行，陈述他们的境遇，但是我们看不见女工人们这样做。她们都饿死了，这就是最终结局。尤其是她们赶上了1854年的大规模人口死亡。

这段时间以后，她们的命运更加悲惨。女士低筒鞋都是用机器缝合的，花农们的薪水更加微薄了，如此等等。

为了更清楚地认识这个悲伤的主题，我和很多人讨论过，尤其是和我真正的朋友和同胞，如维勒梅博士、德盖里先生，他们的工作都非常受尊重，最后还和一个年轻的统计学家贝迪永博士聊过，我非常欣赏他的严肃方法论。借着这个时机，他可以做一项严谨的统计工作，将全世界工人提供的数据，与政府工作人员提供的数据结合起来。我希望他能将这个数据补充完整并且发表出来。

我只给他提供一条线索："在所有覆盖全体女性（数量很少）的工作中，比如缝衣的工作，她们只能挣10苏。"

为什么？"因为机器工作的成本是10苏，如今购置机器的价格依旧不菲。如果女工想要11苏，那么工厂主宁可选择机器生产了。"

那女人要如何弥补经济的匮乏呢？"晚上去大街上接活"。

这就是为什么，在巴黎，公共统计的被载入系统编码的女性数量并没有增加。我觉得，还略有下降。

男人们不满足于只发明这种替代女性两大工种的机器,他们直接占领了女性赖以生存的产业,他们去做女人这一弱势群体的工作。如果愿意,女人们能不能也去做需要卖力气的、男人们的工作呢?绝对不会。

那些无精打采、游手好闲的妇人们,陷在沙发里,想说什么说什么:"女人并不是体弱多病的"——我们可以娇生惯养两三天,这都没什么,但是一点儿都不休息的话,身体总会垮掉。那么女人就完全病倒了。

实际上,女人们不能长时间工作,无论是站着还是坐着。如果她总是坐着,血液上行,胸部会受到刺激,胃部受到阻碍,头部会充血。如果长时间站着,比如烫衣女工,印刷厂排字的女工,都会有其他的血液疾病。女人也可以多工作,但是姿势要多变化,最好是类似做家务的工作,要来来去去不断走动。

所以,女人应该做家务,女人也应该结婚。

三、知识女性

那些接受良好教育的女性,就像人们普遍认为的那些可以教书,可以管理家庭的女性,比如某些行业的教师,她们的境遇会好一些吗?我很想回答会。但是更加惬意的生活环境不会减少她们遇到无穷困难的几率,总体来说她们会经历一种颠沛流离的生活、中途夭折的命运,有时候甚至是悲剧性的结局。对于单身女人来说,她们面临重重困难,她们无路可走、危险不断。

15年前,我接待了一位年轻、可爱的女孩,她的父母把她从外省送到巴黎来。他们联系了家里的一位异性朋友,让她教他学习以赚取生活费。我对于他们家人的不谨慎表示震惊。终于,她对我吐露了一切。家人把她送到这里来,推到这个危险的境地其实是为了躲避另一个人。她本来在家乡有一个非常优秀的男朋友，并且这个男人打算娶她。这是个忠诚的男人，一个有才的男人。但是，唉！他很穷。女孩说："我的父母喜欢他，欣赏他，但是怕我们以后会饿死。"

我毫不犹豫地对她说："饿死都比在巴黎的石板路上要饭要好。我建议您，小姐，回到家乡，回到您的父母身边，不要等到明天，今天就动身。您在这里待的每一个小时，都是百分之百的损失。您只身一人，没有社会经验，以后会变成什么样呢？"

她听从了我的建议。她的父母也同意了。最终她嫁人了。她的生活变得异常艰辛，是一种典型的、体面的，又是布满严峻考验的生活。她要一边照顾孩子，一边投入大量精力辅助丈夫的工作，我看到她大冬天还要跑去图书馆帮助丈夫做研究。他们过着这种悲惨的生活，我对于不能救济他们那清高又清苦的生活感到十分痛苦，但是我对于给她的建议从来没有感到后悔。她内心十分享受这种生活，只是为钱财苦恼。没有比他们更和睦的夫妻了，她一直被爱、被尊重，生活完美单纯。

孤身一人生活是女人悲惨的命运。

孤身一人！这个词说出来多么悲伤……地球上怎么会有"单身女人"呢？

什么！如此下去就不会再有人类了？我们是到了世界末日了吗？世界末日，这个末日预言的到来使人们变得如此自私吗？以至于人们对未来感到恐惧，在孤独的快感中感到深深的耻辱，在这恐惧和耻辱中缩紧了身体。

我们第一眼就能认出"单身女人"。

在邻居们眼里，她们处处被审视，她们过得轻松自由、无拘无束、优雅又轻佻，最贴近法国女人的特点。但是，在独自一人的时候,在可以随心所欲释放自己的地方,悲凉和打击是多么显而易见啊! 去年冬天我遇见她,她还是那么年轻,但是已经不如从前了,她埋在贝雷帽里,略显瘦削,略显苍白(忧愁,焦虑? 吃不饱或者吃不好?)。让她们重返往日的魅力和美丽,很简单:给她们一些希望,还有三个月的幸福时光。

单身女人的日子是多么局促! 她从来不敢晚上一个人独自外出;人们把她当做一个弱女子。在成千上万的地方,只有男人的影子,如果发生点儿什么事,人们会表示吃惊,但是会暗地揶揄。比如,她在巴黎的街角尽头停留,她饿了,但是不敢走进饭店。因为她会在那儿引起议论,成为人们眼里的笑料。她会看到无数双眼睛在盯着她,会听到各种使人不快的捕风捉影。她应该转身后退1法里,到家太晚了,她点燃煤油灯,准备点儿简单的饭菜。她轻手轻脚以免发出噪声,因为她好奇的邻居(一个冒失的学生、一个年轻的职员,谁知道呢?)在锁眼处听动静呢,或者他们会一不小心撞进门,给她提供些什么帮助。我们这局促的社区,说得更好些,在这个巨大的、粗陋的大房子的束缚下,在这个我们称之为家的地方,她会害怕成千上万的东西,她每一步都犹犹豫豫、如履薄冰。对于女人来说一切都很尴尬,但是对于男人来说一切都是自由酣畅的。比如说,有多少个周末,每当那些年轻吵闹的邻居聚在一起搞一场"男人聚餐"的时候,她都一个人闷在家里。

我们来审视一下这间大房子。

她住在四层。她总是轻手轻脚以至于住在三层的房客有时候都以为他楼上没住人。三层房客的不幸一点儿不比她少。这是位身体状况不太乐观的先生,手头有点儿宽裕,所以什么工作也不用做。他不老,但是已经养成了谨慎的生活习惯,注重保养自己。一阵钢琴声让他很不情愿地比以往醒得更早一些,也暴露了这个孤独的女房客。然后有一次,他隐约在楼梯上看到一个女人的可爱身影,有些苍白、弱柳扶风但是很优雅,然后他就很好奇。没什么比这更自然了。门房们不是哑巴,女房客的生活是那么透明!她不教课的日子,总是在家学习。她在准备考试,她更喜欢作政府工作人员,喜欢有家的庇护。最终,人们总说这个男房客对她想入非非。他说:"啊!我要是不穷就好了!能结交一位像您一样的漂亮女人真是惬意,您什么都懂,我就免得每晚在剧院或者咖啡馆消磨时间了。但是,像我这样的人,一个月要支付1万里弗尔①的租金,是没法结婚的。"

然后他计算了一下,估计了一下预算,并且在相同情况下都做了两倍计算,计算了已婚男人所有可能的开销,和继续泡咖啡馆混剧院的单身汉生活的开销,等等。这也是为什么,我的一位朋友,一位才华横溢的记者,在巴黎郊区的一个小房子里租住,两个人合租,不请仆人,每个月都需要开销3万里弗尔的房租。

这可悲的生活,还勉强过得去的单身生活,使人充满绝望的忧愁,产生了多少飘零的灵魂,在英国这就是所谓的男性俱乐部。这在法国也开始出现了。他们衣食无忧,能够饱读所有报刊和图书馆藏书,他们像有教养又文明的死人一般住在一起,他们在忧郁之中活着,随时准备自我了结。所有的一切都被安排妥当,所有的语言都是苍凉无力的。不需要留下任何来过的痕迹。在生命尽头的那几天,裁缝会过来,给他们量尺寸,不需要我们开口说一句话。他们没有女人,更说不上去一个女孩家了。但是,每周一次,一位小姐都会来拿一副手套,或者是提前付费的一件东西,5分钟之后就悄无声息地离开。

---

① 里弗尔(livre):法国旧时的货币单位。

有时候，我在公共汽车上会遇到一个年轻女孩，穿着简朴，但总是戴一顶帽子，眼睛盯着一本书看，毫不分神。我坐得离她很近，并没有刻意观察她，但是大多数时候，我看到她阅读的都是一些语法书或者准备考试的手册。小小的一本书，很厚，排版密实，所有的行文技巧和中心思想都枯燥难懂，像硬石子一样难以消化。但是这个可怜的年轻牺牲者，在胃里一点儿不差地消化掉了。显而易见，她尽可能努力地把它们全都理解消化。她日日夜夜地把精力投入于此，甚至辗转在上课和教课的路上也在看书。往返巴黎两端的时候，她都利用在公交车上的休息时间来看书。她眼睛都不抬一下，一直活得沉重压抑。考试邻近的恐惧使她倍感压力。人们不知道她们有多么害怕。我曾经看见，考试前几个星期开始，她都睡不着觉，不能呼吸，忍不住哭泣。

人们应该心疼她们。

值得注意的是，在我们当前的这种风气之下，我非常同意考试能够使人更容易获得自由惬意、整体上比较体面的生活。我不是说人们把这种生活简化了，而是人们限制了学习的领域。我想要的是另一种学习方法；比如说在历史学上，我更倾向于考查关于重要事件的知识点，需要详尽具体地去阐述，而不是简单地、流水般地考查目录简介。我向我那些负责这次考试的学者同事和朋友们提出了这种想法。

我还向他们建议，考试需要低调进行，当然考试要公开，但是只对女性开放，可以接受的男性只限于这些女士们的亲人。她们在一群好奇的公众面前、混杂着开朗微笑的年轻面孔面前接受这种考验，真的是艰难。当然也应该让每个人都有参与考试的机会。对于大多数人来说，考试是残酷的，但是如果连这种考验都不能经历，她们在面对生死危险的考验时，根本无力招架。

欧仁·苏在一本实践性很弱但是观察性很强的书(《家庭女教师》)中,描绘了一位女孩的真实生活。一次偶然的机会,她进入了一个陌生人家为他们照看孩子。她受教育的水平与这个家庭的成员相当或者比他们更高,她的言行举止谦虚谨慎,其实更多的时候是她原本的品性就很谦虚,因此她获得了人们过分的关注。孩子的父亲被她深深地打动;儿子对她表达爱慕之心;连仆人们都羡慕别人对她关注的目光,进而开始诽谤她,如此等等。但是有多少事情是莫须有而强加给她的呢?在欧仁·苏的小说中,女主人公所承受的痛苦,或者面对危险时的恐惧,多少都带有伊利亚特式的悲情。我们可以列举那些令人震惊、难以置信的事件为例。这边,是父亲的激情导致的罪恶,试图吓坏正直的女教师,扯断了她的内衣,她的裙子,甚至烧毁了她屋子里的窗帘!那边,是个腐化的母亲,她想争取时间,让她的儿子越晚结婚越好。她想等着看自己的儿子玩弄这个毫无结果的贫穷女孩,这个女孩既没有父亲也没有其他保护人,她觉得这简直太好了。她表面上奉承、恭维这个女孩,但是却在背后制造机会,精心安排偶发事件。我还发现家里的女主人性格残暴、嫉妒心强,给这个可怜的家庭女教师施加无数痛苦,她的生活变得异常苦涩,以至于只想将自己隐藏在丈夫的保护之下。

对于一个年轻的、清高的、纯洁的、敢于抗争命运的灵魂来说,争取个人独立是自然而然的,她们呼吁大众,争取这个唯一的保护伞,相信自己将来能够靠思想的果实生活下去,并且为此做出种种尝试。女性们可能在这里给我们做出明示!在一本思想很激烈的小说《一个虚假的位置》中,一个单身女人为了使所有的情况都达到本应有的效果,独自进行了这种尝试,这个小说的唯一缺点就是篇幅太短。这本书出版于15年前,但是一出版就销声匿迹了。这本书介绍了一位贫穷的女知识分子的人生轨迹，描绘了一条精准的路线，这条路线使她摆脱了人们强加给她的通行税、入市税、关税、进入权，等等，使她能够在社会有立足之地；迂腐的嘲笑、尖酸的刺激时时围绕着她，以至于周遭的一切都是障碍，我说的是什么障碍？我说的这些是能杀死人的障碍。

你们在普罗旺斯有没有见过聚在一起围着一只虫子的孩子们？他们觉得这只虫子很危险。他们用麦秆或者枯树枝拨弄着虫子，之后又用火把虫子点着……这只可怜的小生灵试图从各个方向挣脱出去，它撞到火焰中，被残酷地烧着，然后跌落下来；如此反复好几次；它总是顽强地挣扎，然而总是徒劳。它冲破不了这火焰圈成的牢笼。

剧院每天上演的也是同样的剧情。精力充沛、美丽无比的女演员自我感觉内心强大，总是自言自语地说："在文学作品中，我需要受主导话语权的人的控制。但是在舞台上，我眼中是什么样子我就是什么样子，我为自己辩护。我不需要别人赞叹：'她真是天才！'我只需要告诉别人：'请你们看我的表演！'"

这是多么大的错误啊！群众的判断总是会被周围人群的言语左右，而不是被自己的所见影响。大家被这个女演员的表演打动，但是每个人都犹犹豫豫不敢说出来。每个人都害怕由于激情驱动而沦为笑柄，人们要等，等到审查机构、专业点评人释放了赞赏的信号之后，才敢公开赞扬，敢于欣赏她，敢于跨越之前控制个人情感的一切。

但是，人们只是因为害怕，所以才没有及时给予她本该有的赞扬，这是多么令人气愤！而她的命运就是完全被这些利益相关者、靠不住的人、粗俗的人控制了！

这些人通过什么手段赢得了这场辩论呢？她如何与那些介绍

她的人和那些推荐她的人和解？还有如何照顾那些曾经为她量身定制角色的热门作者的情绪？还有站在最后的影评人？我在这里讲的并不是那些相对自重的媒体圈中的大机构，而是那些在暗处的不知名的小机构。比如一个年轻小职员就够了，一辈子在小部门修剪羽毛笔（挥笔写作），在他的办公桌上涂鸦几行讽刺性的文字，写满一小页纸，在幕间休息的时候分发到每一个人手里。她本来被观众喜爱着、激励着，一阵热烈的掌声响起后，她回到了舞台，回到了美丽的希望中……但是她不认识那个大厅了。一切都被打破了，公众对她冷若冰霜，大家都蔑视地笑着。

当年看到这种强烈的、令人愤怒的场景时，我还很年轻。我希望现在已经不是这种情况了。

在就我所知的一个残酷的案例中，有一位身材矮小的女人，她穿着非常简单，身姿柔和美丽，但是已显疲惫并且有些憔悴。这个女人走到一个男人面前，直截了当地说，她是来求他帮忙的，求他至少告诉她为什么他一天不刺激她、不压榨她都不行。男人轻率地回答她，不是因为她演得不好，而是因为她以前太不礼貌，在一篇备受喜爱的文章中，她本应该首先带头给予肯定，给人们留下更加深刻的记忆。"啊呀！先生，我是如此贫穷！我几乎一分钱都挣不了，我还需要照顾我的母亲。""这有什么！找个情人吧……""但是我并不漂亮，而且我是如此地忧郁伤感……人们只喜欢快乐的女人……""不，您不要欺骗我。您很漂亮，小姐，这样想不对。您很清高，但是这没有用。您应该像其他人一样随波逐流，您应该找个情人。"他跳不出这几句话。

我从来都不明白，人们怎么有脸面朝一个女人吹口哨、喝倒彩。这些人中的每一个可能都是好人，但是他们作为一个大众群体的时候，就变得异常残酷。有时候，这会发生在外省的同类城市中，为了满足那些领导者的过分消费，为了吸引第一等的人才，他们每晚处决一个不幸的女演员，她们自己本身本来是有天分的，但是面对这种野蛮顽强的抵制，遭受这种令人耻辱的酷刑，她们不得不动摇，不得不低下她们高昂的头，她们开始语无伦次，再也不知道自己说的是什么。她哭泣，她沉默，表现出哀求的眼神。人们讥笑她，吹口哨嘲讽她。对于她来说，这是一场可怕而又凶残的暴风雨，她终于支撑不住倒下了，祈求公众的原谅……

恶毒的诅咒打垮了这个女人，剥离了她本有的骄傲、自信和她的灵魂！《一个虚假的位置》这本书以一种真实而悲剧的方式记录了这种生活。人们却觉得这是自然而然的，甚至应该被生动地记录下来。卡米尔，一位女知识分子，被火焰圈成的牢笼束缚着，她找不到任何出路，只想寻死。她只是被一个偶然的邂逅、一个不可避免的机遇困扰着，她只是想做一些好事。她被别人的恩惠感动，变得萎靡不振，失去了力气，她在绝望中挣扎的唯一一点儿骄傲也失去了。一个救世主来了，她即刻妥协了。这个微不足道的小人物，卸下了神秘的面纱，在巨大困难面前缴械投降了：如果犯罪是一种罪孽，那么骄傲就是最大的罪孽。她一下子就由原来那个昂首挺胸的人，变成了一个顺从、屈服的好人。她做了一个女人应该做的承诺："我需要一个主人，指导我，引领我……他们想让我怎样做我就怎样做。"

啊！当她承认自己是一个女人，当她变得柔软，收起了自己的骄傲，那么一切都会变得友好，一切困难都可以被克服。神知道她很开心于自己变得卑微渺小。上流社会的社交名人对其抱有美好的期望。文学、戏剧的大门向她敞开。人们工作，与她共同呼吸。她的内心越是死寂，就越贴近世俗生活。浮于表面变得完美无瑕。一切激烈反对女演员的人、一切向勤于工作的独立女性开战的人和物，都待顺从的女人非常好（从此以后，大家都开始好好保护她们）。

小说的作者对于结局备感苦恼，但是最终还是决定拯救英雄主义。作者在女主人公心里放了一个热烈燃烧的铁块，真爱之火。她支撑不住了，在堕落之前失去了心智。很少有人有这种幸福；大多数人已经遭受了过多的苦难，为了能够感受鲜活一些而低到了尘埃里；她们经历着自己的命运，她们都是奴隶——丰富而繁荣的奴隶。

那么到底是谁的奴隶呢？你们说。是那个不确定的、陌生人的吗？是独眼巨人，是张开血盆大口的人身牛头怪物？他谁也不是，他又可以是任何人。

我说过她曾是奴隶。比那些种植园主的黑奴还悲惨，比那些被编码的风尘女孩还悲惨。因为这些人虽然生活悲惨，但是至少不会有不安全感，他们没有对失业的恐惧，因为他们的主人会养活她们。但是她们这些可怜的"茶花女"呢，正好相反，她们什么都是不确定的。人们每天都可能会离开她，任由她饿死。她看上去很开心，无忧无虑。她的职业就是微笑。她微笑着，但是有可能她会说："我明天可能就饿死了！"

她有意识地努力变得开心，她害怕生病，害怕变得消瘦。其实不表现自己的悲伤是很残酷的。她们对这个世界一清二楚，她身处的阶层都是相互嘲讽、没什么尊重可言的，人们不会原谅她有任何一天的悲伤落寞，她一点儿差错也不能出。一些痛苦的阴影、一点儿病态的苍白使她看起来像个贵妇，很可能使她变得对爱情疯狂，这是对茶花女们的毁灭。她应该时刻引人注目，更准确地说是应该熠熠生辉。这一点没有任何商量余地。她曾经认识一位医生，用她们其中一个人的说法来形容，那位医生非常正派，但是只过了八天之后,他们在大街上遇到,他问候她过得怎么样,他略微带一点儿同情,再没有其他的感情了。而她却完全被打动了,并且敞开心扉。她说:"您看到我总是一个人,他一个星期几乎不来一天。如果我哪天很难受,他就说:'晚上好,我要去舞会了。'(意思是去找个女孩),冷冷地让我听到我今天什么也干不了,我挣不了买面包的钱了。"

摆脱这种生活的方式是极其残酷的。布耶先生用他美妙的戏剧《爱莲娜·佩龙》,将每天司空见惯的情景搬上了荧幕。人们不喜欢情侣表面上分手的剧情,但是喜欢看被精心安排的情节,以至于这个被遗弃的女人,她可能明天就没有了收入来源,她非常幼稚地接受了一个不可信的朋友的爱情。这个朋友自由不羁,甚至反口污蔑她背叛了自己。

维吉尔在一篇经久不衰的诗歌中,用一种不可诉说的柔情表达了自己的痛苦,无边无际的苦海淹死了曼珠沙华的情人。这个奴役式的交际花,被一个贪婪的主人包养了,但是最后主人又出卖了她,这就激发了普罗佩提乌斯和提布鲁斯关于不幸的缪斯的诗句,读来令人心碎。她们本是读书人,温婉有礼,是真正的贵妇,和如今茶花女式的贵妇十分相似。就像旧体制中的《曼侬·莱斯科》,她非常天真地被人夺去了贞操,她只是被玩弄的对象,但是她自己却什么都没感觉出来,什么都不知道。

这里十分危险,最安全的策略就是远离这种危险。我有一位非常善于思考的朋友,他也是一位慈悲的人,但是他身上又保留了这个时代的风俗,有一天,他对我说,要用那些轻浮的不追求结果的关系,来避免一切严肃关系的产生,他说为了锻炼和培养智慧,要对自我有所保留。我对他说:"什么!您认为发生关系不应该追求结果?但是这危害不是很大吗?要通过怎样的抽象的思考和遗忘的哲学才能努力忽视被悲惨生活抛弃的不幸呢，或者可能被背叛、被抛弃的不幸呢，除非这可怕的命运不会撕裂内心。并且，如果是这个可怜的生物、命运的玩偶自讨苦吃，那么您还可能丢掉这颗心；她们会关起这扇通向疯狂的大门。在感受到自己的内心之前，他人已经为我清除了障碍，抹杀了自爱之心。"

这些死亡之句让我感到战栗。我想到了一个诡辩派统治者在帝国覆灭的末日留下的文字："爱情是一场动乱。"第二天，全城幻灭，不是被野蛮人入侵颠覆的，而是被单身主义和人口早亡灭绝的。

四、没有男人，女人不能生存

一生勤奋努力工作，可以使我们的人生不断向上，使生活丰盈，充满崭新意义。在去年（1858—1859年）冬天，我由衷地感受到了小孩子们存在的意义。我曾经一直喜欢小孩子，但是不了解他们。我要说一个可爱的秘密，是从一个德国夫人那里听来的。刚刚阅读了第一章节中关于教育的内容，并且受益颇丰的人们，确切无疑地应该感谢这位夫人。

为了深入研究，我认为应该在解剖学上更加深刻地了解孩子。我的朋友贝劳德博士是医院的外科医生、克拉马尔医院的前解剖助手，他还年纪轻轻，但是已经凭借一篇出彩的哲学论文一举成名，论文是和业内著名的罗宾先生一起完成的，罗宾在克拉马尔医院创立了一个工作室，他在工作室非常抢手，在我们的见证下，已经成功解剖过很多孩子。他先知似地警告我，对成年人的研究能够很好地启发对孩子的研究。然后我就在他的支持下，投入到了以前只在黑板上了解过的解剖学研究。

这项研究独立于实用的功利主义，说到底其实完全是道德层面的考验。这项研究很磨练性格。我们只是普通人,却要闭上眼睛考虑人们的生与死。还有确凿无疑的一点就是,这项研究尽管不那么出名,但是可以使内心更加人性化,这种人性化不同于女性的柔情,而是使人们醍醐灌顶,是一种基于人道主义的对自然的敬畏之情。一位杰出的解剖学家曾经对我说:"对我来说,看到一位妇女搬水就如同遭受酷刑一般痛苦,水桶压弯了她的腰身、勒断了她的肩膀。我们要知道一个女人的肌肉是多么得脆弱娇嫩、运动神经是多么得虚弱无力,而感觉神经是多么发达敏锐啊!"

我的感觉也是一样的,自然机制将孩子们塑造为一个天生爱动的生物,大自然赋予孩子一种持续活动的天性,但是一想到学校将孩子们禁锢在不能活动的地狱之中,我就会十分痛苦。也因此我将这一部分写到了我后面的章节中,在关于德国教育方法的讨论中("孩子的工厂和花园"),在那一章节中我会探讨自然和运动的意义,探讨如何开发孩子的积极能动性,这也是人类真正的天资所在。

当我们还未亲眼证实、还未实践的时候,我们对这一切还都犹豫不决,我们只是口头讨论、浪费时间倾听人们多嘴多舌的讨论。请您仔细剖析一下吧。某一瞬间,您豁然开朗、感觉到了一切。是死亡让人们敬畏生命、珍惜生命、不透支生命。

哪怕我对于解剖学在道德层面的影响可能抱有怀疑,但是这也足够提醒我,我所认识的最好的人就是伟大的医生。甚至我还在克拉马尔求学的时候,就在那里见过一位著名的英国外科医生,他在耄耋之年,每年都跨越大洋走访克拉马尔科学中心,不断挖掘他创造性的天赋,去探索让自己感到无比幸福的新生事物,慰藉人道主义情怀。

我认为对大脑的解剖研究是最主要的。我做了大量案例研究，包括对男性大脑的研究，对女性大脑的研究，并且涵盖各个年龄段，我震惊地发现大脑内侧对于面部表情的反应是相当逼真的。我所说的大脑内侧不是指大脑最高级的部分，不是布满静脉的部分，虽然加尔先生一直认为静脉部分是十分重要的。我说的这部分距离脑颅很远，是大脑面积最广的基础部分，上面布满了动脉，脑沟回纵横交错、起起伏伏，智力会在此被开发，个人的精力会在此被彰显，这部分的反应也会通过面部表达出来。面部是最粗浅的部分，暴露在空气中，历经冲撞；做鬼脸的时候会被扭曲。如果没有眼睛，那么面部表达远比大脑内部表达少得多。大脑内部被精致地保护着，它是如此娇嫩，它的表达也更加细腻。

那些粗俗的女性，所处工作环境明显粗鄙的女性，她们的大脑沟回非常简单，就像处在原生初级阶段。这使我认为在大脑器官中心，女性大体上比男性低级，然而这是大错特错的。幸运的是，另外一些女性的大脑使我消除了这种错误观念，尤其是在一份病理学报告中，一位女性的大脑为我们提供了非常特殊的案例，迫使贝劳德先生去了解她本人、了解她的病例、了解她的经历。我研究其他死者的时候所缺少的东西，就是对他们生命历程、命运遭遇的探究。

这种独特的案例非常稀少，这是一种在对子宫进行精确研究的时候得出的结论。子宫这个器官发展到今天其实已经基本被改变了，但是子宫揭示了一种非凡的状态，在这一点上可能永远都不会被改变。在这个生命被孕育、繁殖力旺盛的圣所，我们发现了这种残酷无情的事实，子宫会经历令人绝望的萎缩，我敢说，一名阿拉伯妇女是一颗石子……不幸的女人会变成石头……这使我陷入了痛苦的思考中。

其他的器官并没有被改变，我们本不该相信这一点，但是确实没有被改变。她的头部仍然极具表现力。如果她的大脑不像我之前观察过的一些男性大脑一样，那么强大有力、那么宽阔，那么她的大脑也该同样地富于变化，充满沟回。她的大脑布满小小的沟回，无尽的细节勾勒其中——没有任何装饰，我们能够感受到这里装着无尽的想法、细微的心思，和一个女人梦幻的世界。这一切都向我们道明了。我刚刚稍微提及过，因为在过去的日子里，我亲眼见过那些表现力极弱的大脑，而这个大脑首先让我听到了一种语言。走近她，我相信通过眼睛能够听到她叹息的回声。

她的手娇嫩且非常细腻，但是并没有很纤长，不像那些无所事事的女人的手一般。这双手中等长度，为了抓取方便，指甲被修剪了。可以肯定的是，这个女人抓取过小的东西，这个东西没有使她的手变形，但是使手弯曲了，并且向内部集中。这应该是一个女工的手——可能在流水线上工作？可能是个卖花的姑娘？这些都是自然而然的推测。她可能有28岁。她有一双灰蓝色的眼睛，黑色的眉毛很浓密，脸部的一些特征可以揭示出这是一位来自西部的女性，不是诺曼底的也不是布列塔尼的，她来自一个过渡地带但还没有到中部地区。

她的面部表情很严肃，甚至可以说高傲。眉毛呈很明显的拱形，但是没有很低垂，彰显出这是一个正直的女性，不容轻视，保留自己的灵魂，一直与死亡抗争。

她的尸体在医院被展示，左侧胸部很明显地可以看到由于肺炎被切除了。她死亡的时间为3月21日。胸部肿块切除两个星期，我们追溯到星期二，也就是3月9日。我们试图相信她是当时一个酒吧事件的很多受害者之一。那是一个惨绝人寰的时刻，顷刻间医院挤满了死伤的受害者，很快这些受害者的尸体又挤满了墓地！人们将那天称作"人身牛头怪的节日"。有多少女人在那天被生吞了!

当人们遐想那些致命的忧愁,单调枯燥的生活,贫困不堪、干涩空洞的日子的时候,那些女工过着什么样的生活呢?尤其是那些缝纫女工,每天吃着干面包,独自一人在寒冷的顶楼生活,如果她对住在隔壁的年轻女疯子,或者对一个更加成熟有趣的女人让步,我们一点儿也不会吃惊。但是让我们痛苦地感到震惊的是,那些利用她们的人一点儿同情心都没有,他们不会保护这些可怜的冒失的女人,晚上不会为她守夜,不会挂念她在回家的路上是否穿得暖和(男人自己穿着暖和的大衣和外套),屋子里是否生了火,是不是有什么需要,第二天有什么吃的。唉!您刚刚最后抚摸过的这个可怜的女人,就被丢弃在了这个寒冷的夜里!太野蛮了!你们对这一切都装得很轻松。但是一点儿不是。你们很聪明,你们也很残忍和自私,你们害怕知道太多,你们宁愿忽略随之将要到来的一切——包括生与死……

言归正传,不管哪一个年代,我深深怀疑这个完全一副学生面孔的女人会是酒吧的常客。我们很容易了解这个世界。但是她没有成功。她长着坚定的下巴、刚正的鼻梁、笃定的薄嘴唇,一种谨慎的气质让她看起来备受尊敬。

后来的调查显示,我的判断是非常准确的。这是一位来自外省的女孩,来自小商人家庭,生活在一个人口众多的小城市,城市中大部分人都是单身汉、工人等,尽管她天性真诚,但是依旧无法独自应对无尽的冲击和竞争。她走进了婚姻殿堂,她曾经爱过一个男人并且有了一个孩子。但是后来男人有了外遇,除了自己的双手和缝衣针,她没有任何经济来源,她离开了这座城市,离开了法国的这座城市,离开了这个女性生活状况没有那么尴尬的城市。她们可以在这里得到她们想要的一切。这个女人更愿意去巴黎隐居,哪怕饿死街头。她拉扯着一个孩子;对于一切来说,这都是个巨大的障碍。她既不能做家庭主妇,也不能去商店里做售货员。她缝纫的手艺也无济于事。她尝试去做烫衣工;但是她体弱多病,郁郁寡欢,反而使得她的病情更严重了,煤炭的燃烧使她偏头痛更加厉害,她只能带着巨大的痛苦站着工作一整天。女工们对此一无所知,因此都觉得她很懒惰。那些巴黎女人从来不吝啬对别人的嘲笑,尤其是对这个可怜的外省女人。但是,她们也有心地善良的时候,在她捉襟见肘时,也会借给她钱花。

我看到她那寒酸的印第安裙子已经褪色了,这充分证明,在这种悲惨的生活中,她没有试图用女人的美丽去换取生活。这么老旧的一件衣服,就是因为这件衣服,人们一点儿也猜不出其实这个女人还很年轻。病痛的折磨和凄惨的生活使她骨瘦嶙峋,但是这种窘况并没有像放荡和享乐一样转瞬即逝。很明显,这个女人并没有很好地享受人生的乐趣。

雇她烫衣服的主人很好心地接济她,让她住在阁楼里,这个阁楼本来是个工作室,充满了煤炭燃烧的雾气,白天还要腾出来工作用。她是多么受折磨啊,她都不能躺在床上,甚至连一天都不能。大早起的时候,女工们就来到了工作室,并且开始嘲笑她是"懒惰无比,游手好闲,无所事事,毫无用处"的女人。

3月1日,情况更糟了,她有点儿发烧,还有点儿咳嗽。如果她有张床,有个丈夫,那么这点儿病也不算什么。但是她没有,她将小女儿拜托给主人照顾,然后自己去医院看病。

她走进了我们这里一所老旧的大医院,那时候医院里有很多伤寒症患者。一位娴熟的医生接待了她,毫无疑问地告诉她,她的发烧有伤寒病的症状。但是医生表示希望能给她治疗。医生问她平时身体状况是不是还比较好。她害怕繁琐的体检,隐瞒了自己严重的内部病变,回答得很保守,说:"是的"。

在这个空旷的大厅里,充满了痛苦的呻吟和折磨的哀号声。我们在这能看到濒临死亡的人、死在她旁边的人,忧愁笼罩在疾病中。亲人允许进入探望几天。但是多少人都没有亲人啊!多少人都在孤独中死去!好心的女主人还探望过这个女人,但是在看到了那么多伤寒症病人之后,她也害怕了,后来再也没有来探望过她。

像以前一样,人们会做必要的通风措施,打开窗户让空气流通。人们忙着认真地建立更好的体系。这穿堂风冲撞了病人,窗帘的防风作用很有限。这个女人本来只是有一点儿咳嗽,这下变成了严重的支气管炎,然后变成了肺炎。长期以来,她忍饥挨饿,身体已经透支,她已经没有力气重新振作了。她已经被照顾得非常周到了,但还是在三个星期之后去世了。

她的小女儿(是个很有魅力的小孩子,已经通事理了)被送进了收容所。

因为没有人来认领她的遗体,因此她被送往克拉马尔医院了。站在实用角度来说,对她遗体的大量研究,在科学方面,已经给了研究者很多启发。另外一方面,"这个女人死了,因为她没有家的温暖和保护",这句简单的描述也是很有用的,它大大激起了有良知的人们的注意。如果这个女人有个自己的避风港,有张床可以休息一星期,她就能挺过去,很明显,她本可以活下去的。

应该有一段时间,一位殷勤的女士和她聊过天。对于一个聪明的女人来说,她应该有一段空闲的时间,在这确定的几天里,可以暂时逃脱这种被不幸吞噬的生活!我怀疑这个女人在走进医院之前,穿过了一个靠近医院的街心花园,她拿着小包,跑了那么长的路之后坐在长椅上休息了一会儿。尽管她衣着非常寒酸,但是她依旧显得很出众。那位女士看到她如此苍白的面孔，被她老实的外表打动了，便坐到她旁边，有意无意地开始和她搭话。

"您还好吧？小姐。"

"夫人，我发烧了。我感觉很难受。"

"我看看……我知道一点儿，啊！这没什么的。这段时间，医院里都是得传染病的。您很快就会康复的。您在脚上涂两天金鸡纳。我手头上有很多缝纫的工作。这两天您可以来我这里。等您好了之后，来帮我干活吧。"

这本来可以救赎她的生活。

但是两天后她并没有康复。一星期之后，她的病还是那样。那位夫人很欣赏她脸上表现出的老实可靠的品性。毫无疑问，她也会将这种品性保持下去。她有点儿女工的淳朴，带点儿小姐的气质，穿得好一点儿，过几个月的平静生活，重新变得漂亮，她本应该用自己的优雅来打动人心。她乖巧的举止弥补了被丈夫欺骗的不幸，弥补了有个孩子的拖累。她有节俭勤劳的生活作风，本来这一点儿也不会妨碍爱情的到来。我曾经有幸见过很多这种重组家庭中男性展示的大度和温情。其中有一对夫妻，他们非常恩爱。我敢说，那位妻子很爱并且很崇拜她的丈夫和孩子，在某一瞬间，我也说不出是哪一瞬间，我感觉到这位妻子对于丈夫的依赖和爱远远超越对一个父亲的爱；离别的时候，她会落泪，如果迟迟不归，重见的一刻，她又会哭泣。

我们很容易发现，一个生命被糟蹋了，没有任何回旋余地。我们古老的法兰西民族是不会这样认为的。我们认为所有移民的女人，比如说移民加拿大的女人，她们通过大海的洗礼，净化了所有的错误和不幸。这不是一个徒劳的观点。她们完美地证实了生活本来就该如此，变成一个惹人爱护的妻子，一个家庭的优秀母亲。

对于那些当时几乎还是小孩子，现在已经被浮萍般的生活抛弃了的女人们来说，最好的移民方式就是靠工作和省吃俭用来重新勇敢地迎战生活。我们第一流的思想家之一就支持这种观点，他在一封写给一名风尘女子的严肃信件中表示了对这个观点的支持，这名风尘女子非常出色但是也非常不幸，她向我们的思想家询问如何摆脱这种不幸的漩涡。这封严肃的信件，尽管格式很死板，但是中心是好的，并且是非常好的，信中向这名女子说明了如何摆脱这悲惨的生活，如何通过工作和吃苦来改变自我，如何变得纯洁和受人尊敬。他说的很有道理。女人的心灵比男人的心灵更灵活、更容易变通，不会被深度腐蚀。当女人认真地考虑重新变好的时候，她会付出心血，会自我牺牲，会深思熟虑，最终会真正焕然一新。这有点儿像小溪流，虽然在某一天被污染了；但是其他的小支流会汇入，总之这条溪流会重新变得清澈。如果一个女人能够如此改变就好了，忘记噩梦，忘记那些因自己没有深入思考而犯下的无意识的错误，重新找回自我，找回遗失的心，如果她还爱就好了……一切都能被救赎。世界上最诚实的男人能够在她身上得到幸福，并且以她为荣。

对于那句阴森凄凉的叙述，我不想再加任何阐释。我那些被感动的朋友都开始站起来了。只用一个字，我就让他们想起了之前说过的话。

"亲爱的先生，你们结婚的原因，内心最强烈的驱动就是我说的这句话：'女人没有男人是不能活的。'"

和孩子离不开女人一样严重。所有那些被捡来的孩子都死了。

"男人离开女人能活吗？您自己刚刚也说过：您的生活阴暗苦涩。在娱乐消遣和女性主义的阴影之中生活，您是不会得到女人的,也不会得到幸福,更不会得到心灵的休憩。您不够强壮有力,没有平衡的能力,不能服务于生产。"

大自然用一个三角死节封闭了生活:男人、女人和孩子。人们总有一天会死去,只能团结一心才能被救赎。

关于这两种性别的辩论,关于他们是否骄傲的讨论都是无济于事的。关于这一点的讨论应该结束了。我们不应该和意大利人、波兰人、冰岛人、西班牙人一样,他们的家庭观念淡薄,自私的个人主义盛行,长此以往定会亡国。一本中世纪的书阐释了一个诗意概念(地球上最后一个人的诗歌),作者认为世界被开发殆尽,地球要灭亡了。但是有一个难以逾越的障碍:如果最后这个人依然有爱,那么地球就不会灭亡。

我们的地球已经筋疲力尽,请可怜一下地球吧,没有爱情,就没有存在的意义。请去爱,为了向世界问好。

我很了解您,您很希望如此,但是恐惧使您退却了。说实话,您害怕女人。如果说女人是一个物品,一件从没有过的物品,而您和这件物品结婚了。但是,我亲爱的朋友,以后婚姻将不会存在。婚姻是两个人的结合。只有这样婚姻才开始变为可能,因为从今天开始她是一个个体,是一个灵魂。

严肃地说,您是男人吗?您靠不可抑制的天才创造力,在大自然中攫取了力量,您现在缺少这种力量吗?作为一个孤独的人类个体,总结自然,创造所有幸福的东西是超出我们的能力的。通过科学,您达到了极致的美丽;大地上的科学,更加独立,您会求助于数学吗?(就如同威尼斯人会求助于卢梭吗?)

您强烈反对对立的信仰,您并不觉得将女人归为己有是非常困难的,对于那些用冷漠的实用主义观点看待困难的人来说,女人好像并没有那么强大。

经过两代人的婚姻，人们才能彻底融合，两代人才能延续下来。

我们应该娶的女人，是我曾经在《论爱情》这本书中写过的，单纯可爱的女人，还没有被打上烙印的女人，她们很少排斥现代思想，没有与科学和真理为敌。我更喜欢她的贫穷、孤立、没有亲人。物质条件、教育水平都是非常次要的东西。所有法国女人都是天生的女王或者也接近女王了。

妻子，是丈夫可以养活的"简单的女人"。女儿，是"有信仰的女人"，是父亲将会养活的女人。这样，我们就发现了我们所处的这个圈子的可悲之处，女人妨碍了创造女人。

有了这么好的妻子，组成家庭，至少是心灵的结合，信仰自己的丈夫，对自己的孩子既施加难以置信的长辈权威，又柔情并重！女儿对于父亲来说就是这么难以置信！对丈夫百般体贴，做了一切丈夫想做的事情。这种第二爱情的力量，如此高尚，如此纯粹，我们甚至在女儿身上找到了"妻子"的影子，一个集智慧、优雅、可爱于一身的完美形象，只有这样，家庭和未来社会才能重新起航。

第一篇　教育孩子

第一章
太阳、空气和光线

有一个确切无疑、无可否认、被所有人认可的理论：离开了阳光,所有的动物都会植物化；并且植物不会开花,就算有花朵,花瓣也会苍白无力、凋零飘落,最终植物就会枯萎死亡。

人性之花是所有花朵中,最需要太阳照耀的。对于人来说,这就是生命最初和最高级的启迪者。请您对比一下那些刚刚出生一天或只在黑暗中生存过一天的孩子,和那些出生一年的孩子；黑暗之中的孩子和阳光下生长的孩子之间的区别还是非常明显的。在阳光下生长的孩子的大脑,比在黑暗中生长的更加超前,这样的大脑为彻底的发育创造了真实可见的奇迹。当我们看到大脑中视觉器官占据的面积比其他所有感官加在一起占据的还大时,我们一点儿也不感到惊讶。光线占据了头部,从一端穿越另一端直到神经系统,到深处,占据大脑最深邃的位置,存在于骨髓和其他所有神经、所有感官和运动神经器官之中。甚至视觉行为上面也有阳光的参与,大脑(或是耀眼王冠)的最中心部分依旧有阳光透过,毫无疑问是有光线穿行其中的。

爱的第一责任,就是让孩子接受很多很多阳光,同样也需要给年轻的母亲,那些被生孩子折磨得摇摇晃晃,因为喂奶而劳累不堪的年轻母亲们很多很多阳光、给她们健康的生活,让她们进行户外活动,享受阳光沐浴的快乐。阳光乍现,人们就欣喜万分,人们爱这阳光，久久地注视阳光，如果可能，中午时间或者是两点时，阳光会布满周身，人们周身变得温暖，然而到了晚上阳光终究还是会遗憾地离人而去。

那些活在世上的人，那些活在人工雕琢的生活之中的人，公寓的金碧辉煌逐渐隐没在暗夜之中。国王们、大人物们、无所事事的人们，他们在凡尔赛宫追寻落日的余晖，以此来颂扬他们的节日。但是那些靠劳动使生活丰富多彩的人，那些爱着欧内斯特，和自己的孩子、妻子一起庆祝节日的人，他们是活在早晨的。他们自己保证了生活中最初时刻的鲜活，在这最初的时刻里，整个生命都是活力四射、效率满盈的。阳光能够给予他们欢乐，他们在早上醒来的那一刻，快乐的花朵便绽放出来，遍布大自然。

清晨之际，一位好工人刚刚欣赏完他那年轻的孩子母亲和在襁褓之中的孩子，他已经提前感知到阳光的到来，当他看到阳光爬上窗帘的时候，有什么可以和这种晨光中柔和单纯的恩赐相比拟呢？妻子很吃惊，她伸展身体："什么！已经这么晚了！"她又笑着说："哎呀！我是多么懒啊！""亲爱的，现在刚刚五点。孩子总是被你弄醒；求你再多睡一个小时吧。"她并没有过多的祈求，于是又睡着了。

他拉上了窗帘，又加了一层窗帘，收起了嫉妒。但是日头高歌前行，快速上升，阳光并不会被这样简单地驱逐。光与影进行了一场漂亮的博弈。如果我们重新经历黑夜，这将多么遗憾。我们会失去多么美妙的画卷啊！妻子俯身倾向自己的孩子，用她爱抚的双臂圈住孩子的头……一阵柔和的光线还是偷偷地探进来了。接受它吧，就让阳光闪耀着上帝赐福的令人动容的光环吧。

我在我的一本书中提到过一棵强壮的大树（我觉得那是一棵栗树），这棵树不靠土壤生存，而只靠空气存活。我们在花瓶中养一些只需要空气就能活的优雅植物。可怜的种植者们和这些植物太相似了。谁可以弥补那些贫瘠的养料呢？是谁让他们,吃那么少却长时间做那么艰苦的劳动呢？是他们赖以生存的完美空气,还有所有可以让他脱离肥料的营养物？

很好！你,有幸成了养育这两棵天堂之树的人,年轻的妈妈依靠你生活,她的孩子也是你的孩子,好好想想吧,为了她能生活,为了她能绽放,有优良的乳汁哺育孩子,你应该首先为她提供食物中的食物：真正的空气。将您纯洁无瑕、优雅无比的妻子置于危险的环境之中,她的灵魂将会凋零,她的躯体将会枯萎,这将多么不幸,这是多么令人伤感的矛盾啊！不,一个脆弱的、伤春悲秋的、惹人怜悯的女人,到大街上去做那些令人恼火、堕落又邪恶的事情,这根本就应该受到惩罚,她在肮脏的灵魂、各种嘈杂的烟气中遭受折磨,这个阴沉的城市上空,盘旋着怎样邪恶的情感和肮脏的梦想啊！

我的朋友应该做出牺牲,全力以赴地把她们安置在可以生活的地方。如果可能,就离开这个城市。你看不到你的朋友了？如果是真正的朋友,他们就应该退出一步。你去不了电影院了？当我们家里有爱情,有能让人重返年轻的快乐,有"神圣的喜剧"的时候,我们还是少想一点儿享乐的东西(让人恼火和震颤的享乐)。你会少了很多在沙龙里流连的时间,少了很多说闲话、嚼舌根的时间。作为回报,每天早晨你都神清气爽、精神振作,时间不会浪费在废话上,你全力投入到工作中,投入到有长期回报,并且不会消逝的真实劳作之中。

我想要一个花园,而不是一个公园；一个小花园。人们不能轻易地相信在植物和谐之外还有什么能够承担生命的责任。所有的东方神话传奇都起源于花园中的一个生命。古波斯民族,这个强大的纯血民族,就首先将世界放置在了充满阳光的花园中。

如果你不想离开城市的话,那么住在最高层。住在五六层的人比住在一层的人更加幸福,因为他们的屋顶上可以开辟花园。至少,那里充满阳光。希望你那年轻而有孕在身的妻子能够享受开阔高雅的视野,在等待的梦幻中,在长时间的缺席中。当孩子出生的时候,当我们把孩子抱到阳台的时候,我希望孩子的第一道目光是落在了那些阳光笼罩、反射出各种壮丽效果、给人无限遐想的建筑上。当我们的眼前没有高山,没有高耸的绿荫,没有美丽森林的时候,我希望有高楼大厦收入眼底(那记录了这个国家的国民生活,那是镌刻在石头上的历史)、有伤痕永存的成熟情感。小孩子们虽然不知道如何表达,但是,他们的灵魂会在很小的时候就因为建筑的效果变得非常兴奋和美好。这样的阳光,这样的一道光线,在这样的时刻,洒落在神殿一角,这一刻会永远烙在孩子们的脑海里。

对于我的童年来说,我能确定没有什么给我留下深刻印象,除了有一次,我置身于阳光普照的先贤祠中,那是在一个清晨,我站在先贤祠里面,看到阳光穿透彩色玻璃,一种神秘的光辉笼罩在神殿之中。在这优雅神殿的轻巧立柱之间,庄严肃穆的墙壁高耸矗立,白云盘旋在上空,一种难以言说的微光将一切渲染成玫瑰色。我的心被震慑住了,我被感染了,我很愉悦,最重要的是我亲历了这种伟大的时刻。这件事情虽然已经过去了;但是那道微光一直珍藏在我的心底,依旧时时照亮我。

第二章
第一道目光的交汇和信仰的开始

母亲的第一道目光神圣又陶醉,年轻女孩初为人母欣喜异常,刚刚创造了一个小小的"上帝",她流露出单纯的惊喜,对这个美妙而又真实的梦产生了神圣感情,这是我司空见惯的,但是这一场景又是难以描绘的。科雷吉欧①懂得如何抓住这一切,他受大自然启发,游离于世俗之外,无拘无束,从他开始,艺术才有了内容,同时也被重新赋予了温度。

摇篮旁围了很多观众,但是这表演却是孤独的,所有在"她"和"他"之间的表演都是这个相同的人。她颤抖地看着孩子。她看孩子的目光,以及孩子看她的目光,产生一道触电般的光辉,这种奇妙的炫目感在两人目光的交汇中迸发。在这鲜活的光线中,在这重建他们原始生命、自然体征的光线中,母亲、孩子融为一体,并无二致。

如果抱在胸前的孩子在怀里扑打抓挠时,她不再有幸福感,但是作为补偿,她拥有了这个孩子,她在孩子狂热的目光中陷入欣喜,如坠仙境。她倾身靠向孩子,感到欢喜异常。她是多么年轻和单纯,初为人母手舞足蹈,这天真的手势将她得到这个神圣结晶的快乐全部展现了出来,她如同初坠爱河般快乐。就在不久以前,孩

---

① 科雷吉欧(Antonio Correggio, 1489—1534):意大利画家,其作品题材几乎只限于《圣经》故事和古典神话,代表作品是帕尔玛大教堂圆屋顶的巨幅壁画《圣母升天》。

子还靠她喂养；现在她却靠孩子而活，全身心投入到孩子身上，"想吃掉他，想喝掉他"。生命角色的调换，令人欣喜；孩子赋予她生机并且接受她，使她沉浸其中，就如同奶汁般醇厚、如同高温般热情、如同阳光般温暖。

这是一个大揭秘，是的，大揭秘。这不是一场徒劳的艺术表演或者敏感忧郁的演出，不只是心中和眼前单纯的快感。不，这是关于信仰的行为，是个秘密，但是这并不疯癫，这是宗教和教育的基础，严肃而又坚实。在这个坚实的基础之上，人类生活才能全面发展。这个秘密是什么呢？

"如果孩子不是上帝，如果母亲对孩子的关系不是一种膜拜，孩子是无法存活的。"孩子是个如此脆弱的生命，母亲这个偶像般的美好形象，将孩子视为神灵，使孩子变得甜蜜，变得惹人疼爱，愿意为孩子自我牺牲，如果没有母亲，我们永远都无法看到一个孩子被养育长大。在她眼中，孩子漂亮、善良、完美无缺。也可以说，母亲将孩子视为一个完美的偶像符号，绝顶漂亮、绝顶善良、完美无缺。

如果一些持悲观态度的神明、不吉利的诡辩壮着胆子和她说："孩子本性为恶，人在出生前就已经堕落了，那些美好的创作原型都只存在于哲学或者神话传说中。"那么这个母亲会感到多么痛苦和震惊！女人们都是安详而耐心的。她们对此装聋作哑。如果她们相信这个，如果她们有片刻将这种想法当真了，所有的一切早晚都会结束。如果她们不确定，或者没勇气，她们将不再会把自己所有的生命投入到这个摇篮中；孩子不可避免地将会死亡。这毫无人道主义精神，历史刚开始就已经结束了。

当孩子第一次看到阳光，当母亲的第一道目光与孩子的眼眸交汇,孩子是有感应的,他会本能地反射出爱的目光,从那时起,他们之间形成了生命中最深沉、最甜蜜的秘密。

但是这一切会随时间而改变吗?她可以相信这场完美婚礼带来的福乐吗?可能有一件事情,是夫妻双方都明白的;孩子满足了女人所有的小心思,让男人也有想牺牲和奉献的冲动。

一幅举世无双的画作记录了这种爱情升华和相互信任的时刻,这幅画被保存在法国卢浮宫。作者是索拉里①(来自米兰),凭借这一作品,他的名字世代流传,永垂不朽。哪怕其他作家都淹没在了历史的尘埃中,他却在我们心中存活了很多年,这是具有双层意义的,这位有两个国家生活经历的画家找到了自己的灵魂;换一种说法,他找到了焦虑人生中最美好的东西,那因敏感而产生的浑身颤栗的感觉?

在这幅画作里,光与影交错争辉,显得神奇而又神秘。天朗日清,在一片和谐的风光下,画面虽然舒适宜人但是也普普通通,一位母亲和一个孩子在一棵大树下休息;再没有其他什么稀奇的了。画面中有的部分会有能刺伤眼睛的强烈色彩(可能是文物修复的影响)。但是为什么人们面对这幅画的时候,内心会如此触动呢?

这位精致美丽的年轻母亲是十分讲究的,甚至比自己能够做到的更加讲究。她的乳房因为饱满而美丽,因为她显而易见的温柔而美丽,因为哺乳的欲望而美丽;除非她的乳房缺少乳汁,否则她会一直如此美丽。但是这个优雅的女人为什么如此脆弱?人们不禁会问,这么漂亮的生命源泉,是用自己的生命换取的吧。

她是谁?是意大利之花,摇曳生姿,却有点儿筋疲力尽?抑或

---

① 索拉里(Andrea Solari, 1460—1524):意大利画家。他是达·芬奇最重要的学生之一。其最为著名的作品之一是收藏于卢浮宫的《绿垫子圣母》(Virgin of the Green Cushion),该画完成于1507年。下文所说作品即为此幅画作。

是一名歇斯底里的法国女人（我更相信这一点）。好像在那个时代不可能是其他民族的人。这是可怕的战争年代、悲惨的时代，但是艺术是敏锐的，它深入表达了时代的痛苦，记录了生活在水深火热中的女人的微笑，她们请求摆脱这痛苦的生活，她们不想以泪洗面。

那漂亮又强壮的孩子躺在枕头上休息，这是个神奇的创造物，是她依偎着的孩子。她根本不能抱他。这画面不成比例，却令人震撼，男人在画作里一点儿神秘感也没有。其实这个孩子出生于一个伟大的民族，他的父亲毫无疑问是属于英雄时期的人物。但是这个年轻的母亲，她来自一个痛苦的时代，科雷吉欧笔下衰落的、优雅的意大利时代。混杂着苦难，饱受着压力，将最后一滴神奇的药水加入其中。

请您注意，在腐朽混乱的时代，尽管母亲营养不好，但是她从来不会放弃喂养她的孩子。而且孩子越有意识，就越会发现乳汁的甜美，越不会拒绝吃奶。母亲没有力量对此报以冷漠的态度。她会倾尽全力，哪怕感觉到自己已经筋疲力尽，只要还有一滴乳汁，她就会去喂奶。哪怕她筋疲力尽，但是为了不让孩子哭泣，她愿意献出生命。

索拉里的画作说明了以下三点：

她是如此虚弱，没有多余的乳汁可以献出，但是可以说她已经倾尽所有，她对此满意微笑，而且激动地说："喝吧，我的孩子！喝吧，这是我的生命！"

或者是因为这漂亮的孩子有点儿无知的贪婪，这美丽的乳房略微受了伤；或者是因为孩子强有力的吮吸刺激了乳房、拉扯到了内部纤维，她曾经感到很疼痛，并且现在依旧在忍受疼痛。但是不管怎么说，她又说："享受这一切吧，喝吧……这是我的命。"

乳汁从身体上流淌，充满乳房，拉扯乳房，最终从乳房中肆意流出。这种痛苦被一种甜蜜的麻木取代了，这种麻木也有一些吸引人的地方，就像伤口也会彰显生命流过的迹象。但是这是幸福的；如果母亲觉得乳汁减少了，她会觉得给孩子的更多了。因此母亲会感觉震惊而奇异，感觉直抵生命存在的本源，她由衷地说："喝吧，我很开心！"

对于男人来说，有一种不可战胜的力量支撑着他们的生活，不管发生什么意外事件，生活都不会脱离这一切。这种力量就是把一切都放在她身上，全心全意地投入到她身上，发自内心的，又源于现实地去认识她、爱她、拥有她。

爱情，看上去很平静，她处在天真无邪的年龄，不像她的母亲，容易因快乐或者痛苦而被刺伤。爱情使两个人成为一个统一体，而这个统一体是非常强大的。如果可能，那么他应该会说："你，唯有你给了我无尽的可能性，你是我的全世界；在我身上没有什么不是你的，没有什么不适合你……我不知道我是否活着，但是我还在爱！"

在印度，人们用上帝做出的一个手碰脚、身体蜷缩成拱形的姿势，象征完美和神圣的生活圈。婴儿总是蜷缩在一起，做出这种姿势，孩子被母亲轻轻抱起、放在胸前。而他，他也总是做这种姿势，他也想要吃奶，所以他也尽可能地靠近母亲胸前。通过这个优雅的、亲昵的、出于自然本能的、让人感到温情的动作，他摸遍了她整个身体，整个身子弓成拱形，和她一样高，毫无保留。他们奉献了自己的全部，身体合二为一。

第三章
游戏：孩子是母亲的老师

没有什么比一个年轻母亲的狼狈更加美丽耀眼、楚楚动人的，面对母亲这个全新的角色，她要去照料一个孩子，逗他笑，和他玩，和他交流。她不戴首饰，也不打扮自己了，对于那些神秘的、热爱的东西，以及那些鲜活的难解之谜也都无动于衷了，隐蔽的事情、等待人们去揭示的事情、她的愿望、她的想法，她都不感兴趣了。她只是欣赏孩子，在他周围转悠，颤抖着用力碰他。她作为母亲把他抱起来。她可爱又笨拙的行为使在暗处观察她的目击者暗暗发笑，并且自言自语地说："这个年轻的女孩儿，为了孩子已经不再是一位娇小姐了。"女孩们总是笨手笨脚；优雅和敏捷已经不再属于这个真正变成妇人的人了，这个由于爱情变得温顺的妇人了。

好吧，女士，您最终会成为一位妇人，那么从什么时候开始您不再是小女孩呢？如果您还记得，15岁的时候，您为了紧随风尚还在玩娃娃。甚至，您单独一个人的时候，还会亲吻它们，安慰它们。"这些娃娃是有生命的，不只是用来玩的……""嗯！那么请您玩吧，可怜的小孩子！我们不管您了"。

"但是，我不敢……和孩子，我害怕。小婴儿是如此脆弱！如果我触摸他，他会哭。但是，如果我离弃他，他也会哭……我摸他，他会感到害怕！"

她是那种偶像崇拜式的母亲，迷失在观察孩子的炫目感觉中，她每天都跪在自己的孩子面前。她喂奶,她的目光与孩子的交汇,她哼唱着摇篮曲,她感觉通过这一切,自己与孩子融为一体了;由于行为太和谐、意愿太强烈,这种融合变得更加强烈。如果他不和你互动,你能知道他是否爱你呢?这种游戏比喂奶本身更能加强孩子和母亲之间的亲密关系,并且会获得精神上养育的所有成果。

以游戏唤醒母亲年轻的灵魂、思想和意志。她的身上沉睡着一个人,去唤醒这个人吧。由此你将会拥有幸福、灵魂、人性、愿望、意志,除了自己不会有其他任何目的。她的自由、她的自助,只是她找回自己而迈出的第一步……啊!这是多么有道理!所有人在经历过这个世界错误的幸福之后,都自愿返回了母亲的天堂!诞生于母亲的乳房,人世的天空下,我们只是为了重回母亲的乳房,再无其他。

"但是我能做什么呢?……毋庸置疑,我发现变成她的朋友和同伴是一件很幸福的事情。但是怎么做呢?能做的很少,我甚至一无所知,亲爱的,尤其是对于她自己将做的事情。让我们来观察一下吧,把孩子们轻轻放在阳光照耀的草地上或者铺满鲜花的地毯上。你只能看着孩子;他的第一个动作指引了你。他将教会你一些事情。"

这些动作、这些哭喊、这些陪他玩的小游戏,一点儿都不是随意的。他不是你在这里看到的唯一的婴儿,这是孩子的天性,人性原本的样子。弗里德里希·福禄贝尔①说:"我们第一位的活动,就是谈论并且更新习性、思想、需求,虽然在当前这个被矫揉造作的社会所改变的活动及过程中可能会夹杂一些混乱的元素,但是我们这些物种首要的就是这些东西。整体来看,这是人道主义

---

① 弗里德里希·福禄贝尔(Friedrich Frobel,1782—1852):德国教育家,被公认为19世纪最重要的教育家之一,是现代学前教育的鼻祖。

和人类未来本性对遥远的过去进行的一次非常彻底的揭露。"这种游戏是一面神奇的镜子，你只可以通过观察来学习这个人之前是怎样的，未来会怎样，为了实现他的目标应该做些什么。

到此为止，我们提炼出教育的第一宗旨，其覆盖了其他所有宗旨：孩子首先教会母亲一些事情，然后，母亲再将所学到的东西教给孩子。也就是说，她从她给孩子的东西中首先提取出第一个胚芽，即母亲首先看到有微光在孩子身上掠过，时间长了，孩子在母亲的帮助下成长，微光就变成了一束阳光。

她说："这胚芽非常好，难道这些微光都是圣人吗？……但是……啊！我曾经想过。有人曾经坚定地和我说过人性本恶。我从来不想什么都不相信。我能感觉到上帝幻化在他身上！"

"这真是让人欣喜又迷人的建议！直抵我的内心！我把目光投向他，让他坚持我所有的规则，他想要的什么也不给！"

说慢一点儿，我亲爱的小东西，慢一点儿！我们首先观察一下，他是否确定他想要或者是否知道自己到底想要什么呢。不如我们来看看，当他被一堆乱七八糟的东西包围而倍感压力的时候，他就不会再等待你去救赎他，不会等待你给他选择的权利，不会等你点亮他心中的意愿主体了。

这正是福禄贝尔闪现的天才般的灵感，经过多次精简之后，他发现这正是圣贤们已经一无所获的地方，这就是教育的秘密。

这就是人，这就是教化。福禄贝尔这个德国农村人，哪怕他变成了一个灵巧的人也是徒劳的，他保留了童年特殊的记忆，以及纯粹的源自摇篮中的印象。他说："我曾经被裹挟在黑暗之中，浓浓的雾弥漫周身。我什么也看不见，什么也听不见，但这首先就是一种自由；随着我们的感觉被转化为很多的图像、很多的声音，现实生活使我们感到压抑。一个完全不能理解的世界一齐向我们扑来,毫无章法、毫无秩序,完全不会考虑我们可以接受的程度;我们感到震惊、不安、心事重重、非常激动。我们苦于这些转瞬即逝的影像,这一切使我们变成了孤身一人。"

这就是最初的教育,对于孩子来说完全行得通,这是一场救赎,孩子们曾经在混合了多样化景象的混乱世界中被压迫,这对于他们来说是一种解脱。母亲通过命令为孩子一个个地带来这些东西,为了他们能够自由思考、观察或者利用这些他喜欢的小东西,创造真正的属于他们那个年龄的自由。

为了在这条路上找到一个好的确定的方法,应该去深入地了解这个趋势。她日日夜夜地抱着这个孩子,看着孩子,最简单的事情就是去了解他是谁,他想要什么,以便为他做好一切。

第一点,他想要被爱,他需要你关爱,并且向他表示出爱……哦!这是多么简单的事情!

第二点,他需要活动,需要大量的活动,而且需求越来越多,越来越扩大他小小的行动范围,到处移动,变换玩耍的花样,一会跑到这儿一会跑到那儿,他需要自由自在……

第三点,一旦孩子已经开启了发现之旅,那么他会对很多新鲜的事物感兴趣。他想去认识这个世界,而且是通过你去认识,并且他总会找你,而不单单只是靠他那种无知和弱小的直觉,不单单靠一种不知道的感觉来告知自己将要来临的一切,你就是大自然的蜜汁和生活中的奶汁,甜蜜、诱人又香甜。

第四点,尽管他还那么小,几乎不会说话,也几乎不会走路,但其实他已经像我们成年人一样懂事了;他的内心、他的眼睛同样也会判断周遭的一切,并且他会觉得你是那么美丽。对于他来说,如果与你相似,那么他会认为每一件东西都是美丽的。所有近处的或者远处的一切,都让他想起了妈妈那温柔美妙的形象,他会单纯地说:"这个真美。"如果这些东西都是些毫无生气的东西,那么他就找不到多少和漂亮妈妈相关的东西了。但是尽管母亲强有力地影响了他自己的判断,人体器官和构造的对称性还是使他的思想更加和谐,比如人长有两只手、两只眼睛。

另外,在孩子身上表现得很神奇或者真正神圣的东西,就是他生活的丰富性,他非常肆意地对所有事物感兴趣。最简单的事情对他最合适。那些鲜活的、安排有序的生命可能使他发笑,但是他们却形成了独立的行动;孩子只是为了一探究竟,只是出于好奇,把那些东西折断了,但其实他毫无恶意。

所以还不如给孩子一些形状比较基本的东西(就是说一些零件),和一些造型规整的东西,孩子玩的时候可以把他们归类。大自然通过第一次结合的试验,可以锻造出水晶。那么我们就要像大自然一样,给孩子们那些形状像水晶的东西。你确信这是有作用的,就像很多材料一样,他们把它们并列在一起,把它们叠加在一起。他的天性如此。如果我们什么也不给他,他就会玩沙子,沙子会流走,弄得一片狼藉。

尤其是,在他眼里从来没有束缚他的模型,不要把他教育成一个模仿者。请确认在他的思维中,至少在他的记忆里,他将会发现自己亲手创造的小建筑物的美丽之处。就在某个早晨,你竟然发现他自己整理了自己的房间,这真是令人称奇。

你惊叫道:"简直是奇迹!这是他自己整理的……我的儿子是设计师啊!"

你刚刚发现的这一切其实是人类的本能。

另外加一句,通过自己创作一些东西,他自己也能去创作更多东西。他是他自己的普罗米修斯。

并且因为这个,年轻的母亲,虽然你不敢说出来,但是出于你内心单纯的本能,你首先会非常清晰地感觉到你的孩子曾经是上帝。

但这也是一个母亲曾经害怕的事情,"如果孩子这样发展下去,"她说,"他很快就变得独立了,他马上就会离我而去了!"

不,这并没有什么可怕的。因为还有很长的时间,他会依赖爱,他属于你,你是他的幸福源泉。如果他去创造什么东西,那他这么做一直是为了你。"看吧,妈妈,看看(如果没有你温柔目光的爱抚,没有你双眸的赞许,那么对他来说没有什么东西是美丽的)。这都是我为你做的……如果这个不漂亮,我就去做个别的。"他把石头码在石头上,木头叠在木头上……"这是一个小椅子,妈妈可以坐……这是两个支柱,一个横梁,这是一个屋顶,这是一个小房子,妈妈可以和她的小宝贝一起居住。"

因此,你是他的全部生活圈子。你是他的起点,如果他离开你,也会再回到你身边。他的所有尝试,他最初的创作作品里倾注的一切努力,都是将你的形象灌注在自己的作品中,角色调转了,现在他是把你安置在他的世界里、他的家中。

童年生活和日后非常幸福的生活,还全部包含在这种爱之中!……谁能毫无遗憾地记起这一切呢?

第四章
孩子是多么脆弱和神圣

一想到整体上孩子的存活率很低,我们就开始强烈地希望、不惜一切代价地希望孩子们变得幸福。

有四分之一的孩子在一岁的时候就夭折了,这就是说,这些孩子还没有活过就死去了,还没有沐浴过阳光神圣的洗礼,还没有在出生后的第一年通过阳光洗礼来使大脑升华。

有三分之一的孩子在两岁的时候死了,这就是说,他们几乎还没有感受过母亲轻轻的爱抚,还没有品尝过这人世间来自母亲最美好的馈赠。

有一半的孩子(这发生在很多国家),还没有长到青春期,还没有沐浴过爱情的曙光,就被过多的劳作压垮,被枯燥严苛的学业累垮,他们已经不能到达第二生长期了,不能拥有爱情的幸福,不能感受让人着迷的爱情。

我们甚至可以说对于那些被遗弃的孩子来说,最好的孤儿院就是墓地。在莫斯科的墓地,近些年来,在37 000名死亡者中,被遗弃而死的孤儿有1 000人。在都柏林的墓地,12 000名死亡者中有200人,也就是1/60。巴黎的数据呢?我曾经看到过,我感到欣慰,但是结果并不很乐观。我们发现两个来自非常不同阶层的孩子的命运:第一,是那些有人领养的孤儿们,他们是有机会存活的;第二,就是被遗弃的孩子,更直接地说就是那些刚出生就被抛弃的孩子；如果有人喂他们食物，可以将他的生命延长几个月。

这里我们只说那些幸运儿，那些有母亲的孩子，那些被温情围绕的孩子，未来有人照顾的孩子，让我们来看看他们：四岁的时候，他们都很漂亮，但是八岁的时候都很丑陋。等到我们开始想培养他们的时候，他们变了，他们变得很粗鲁，变得扭曲。我们将其归罪于自然规律；我们称这个年龄为可憎的年龄。但是那些真正可憎的、无果的、冷漠无情的是人们的愚蠢，孩子本该经历一种不断变换的生活，但是人们野蛮地禁锢了孩子，让他的生活一成不变；他们小小的脑袋非常敏感，非常富有想象力，但是人们却让他们接受诸如算术和阅读这样抽象的东西。其实这个过程应该需要很多年的精心过渡，起初可以做一些期限很短的、非常简单的、需要活动的劳动（而不是自动化流水线的工作）。我们的收容所还远远不能满足这种条件。

这种教育的问题不只是未来发展的问题，对于大多数人来说，这是生存或者死亡的问题，这总是让我陷入忧思。现在，全世界有两种完全相反的教育体制，我们看到这两种教育体制都在陷落。

教学式教育、传统式教育、强制式教育，这些在中小学（或者在一些小型神学院的讨论课，这些地方都采用同一种教育方法）已经普遍存在的教育方式，在欧洲的地位已经被削弱了。人们对这种教育方式的无力已经司空见惯，最近一些试图改善教育方式的试验更是使当前的教育方式混乱不一。

另一方面，一些崇尚自由的学校致力于塑造人才而不是教育人才。这种理念是源于卢梭、裴斯泰洛齐①的思想。他们号召回

---

① 裴斯泰洛齐（Johan Heinrich Pestalozzi, 1746—1827）：19 世纪瑞士著名的民主主义教育家。他受 18 世纪启蒙思想影响，认为教育是社会改革和发展的重要手段。下文中的《爱弥儿》即为其所作。

归孩子的自然天性,这种理念曾经在德国、瑞士受到追捧,但是最终也被淘汰了。

这种教育理念深得母亲们的心。不管孩子们曾经经历了什么,会有怎样的未来在等待,他们曾经都是幸福的。父亲们发现这些学校采用的教育方式非常陈旧,对孩子们的教育太少、启发太少。尽管母亲们会舍不得,但是所有的孩子还是会被送到神学院的讨论课(世俗教育或者是教会教育)接受教育。很多孩子在这种地方被消磨,变得憔悴,甚至死亡。很少很少的孩子能学到东西,并且这些孩子若想学到东西,就得付出难以忍受的极大努力。而那种崇尚自由的教育采用的教学方法非常多样,每一门课程都是由单独的教授来授课,老师们从来不给孩子们讲义,只会去刺激孩子们的思想。

对于我刚刚特别谈到的女孩子们,在这个时代,圣方济各①已经写出了他的畅销书,《爱弥儿》的作者刚刚勾勒出索菲的形象,女孩子们是不会再被抚育长大的。没有什么让她们准备或者预测未来的生活。有时候,比较有天赋的女孩子会注定成才,有时候(在贫穷阶层),一些有开拓性的教育机构会让女孩子接受教育。但是没有任何培训是适合女性、妻子或者母亲的,没有任何教育是适合这一性别的。

这些材料我读过很多次,有很多东西都平淡无奇、毫无意义,以至于我已经厌倦了这些书。另外,学校生活和我自己的教学实践都给我留下了很多阴暗的东西。今年,我决定更换路径,去研究一下人体的首要器官,去探究事实,通过实际观察来磨炼我的思维。身体能够表达出很多思想上的东西。能够揭示人类自身意愿

---

① 圣方济各(San Francesco di Assisi, 1182—1226):天主教方济各会和方济女修会的创始人。

的仪器是很常见的,那些年轻灵魂尝试使用的神圣仪器也是很常见的,我们可以凭借这些仪器去了解人体力量和人体尺寸。

春天到了。解剖工作在克拉马①结束了,在这个地方,冬季时人很多,但是现在已经有了孤寂的气息。小鸟立在树上,花坛开满了花,装饰着阴森的巷道。然而没有任何一种花可以和我曾经研究过的相提并论。这绝不是一个宽泛的比较。我的印象是这样的,没有什么令人讨厌的。所有都是相悖的,这是一种崇敬、温柔和怜悯的感情。第一次看到一个一岁孩子的大脑的最底面(将大脑翻起来显示出的最内侧的一面)的时候,就像看到了一朵巨大而又强壮的山茶花,沟回处布满崎岖的象牙,纹理上装饰着精致的玫瑰,另外还泛着略显苍白的天蓝色。我说是象牙白,再精妙不过了。那是一种毫无瑕疵的白色,但是有种软弱无力的温和,独一无二又令人怜悯,相比之下没有什么是有意义的,我认为,大地上一切其他东西都显得黯然无光。

在这一点上,我没有弄错。第一感觉毫无疑问很强大,而且并没有让我产生幻觉。尽管勃劳德医生和每天画解剖图的非常娴熟的艺术家,他们都非常习惯于看这些东西,但是他们的判断都和我的判断毫无二致。这就是真正的花中之魁,精致、优雅、纯洁,在所有大自然的创造物中,这是美丽到最令人动容的作品。

我所研究的这个广泛的架构,使我能够遵循一种谨慎的方法论,更新和确认我的观察结果,一方面在一定年龄段的孩子中进行不同性别之间的比较,另一方面在孩子和成人之间做比较,甚至一直研究到老年人。没几天的时间,我已经浏览了所有年龄段的大脑,我跟踪观察到大脑年复一年历经时间后的演变。

---

① 克拉马(Clamart):法国巴黎西南部城市。

最年幼的一批观察对象中，有一个出生仅仅几天的小女孩，还有一些年龄一岁多的小男孩们。小女孩还没有见过阳光，那些小男孩已经沐浴过一段时间阳光了。小女孩的大脑是漂浮状态，处在初级原始阶段；男孩们的大脑正相反，他们的大脑已经有力而紧实，几乎和年龄稍大的孩子们，甚至和成年人们的大脑一样。

度过了这经历巨大革新的第一年，思想的发展（在大脑表层清晰可见）比年岁的增加更加提升了大脑表层的演化速度。一个四五岁的小女孩，聪明伶俐，大脑表层会有比很多二十五岁或者三十五岁的粗俗妇女有更多的大脑沟回，而且轮廓更加清晰。小脑在它表层展示出的这个被我们称之为"生命之树"的神秘图案，在这个仍然很年轻、很美丽、意志坚决的小女孩身体里更加枝繁叶茂。

然而这并不是一个特例。在很多年龄相仿的孩子身上，我发现了几乎相同的特点。我最终得出了以下结论：在孩子四岁的时候，不仅是他的大脑、脊髓会得到巨大发展，而且整个神经系统都会发生演变。在肌肉生长的很长时间之前，当生命依旧很弱小的时候，对于感觉神经和行为神经来说，它们终将有一天会发展成自己将有的样子；这就是最和谐、最有吸引力的人类个体。

但是不管孩子被养育到多大，他总是很有依赖性并且完全受我们的支配和控制。四岁孩子的大脑，就像象牙板一样，非常纯净和整齐，感觉神经清晰可见，仿佛在等待着我们在上面雕刻作业，好像在对我们说："请在这里写下您想要什么……我会相信，我也会遵守，我做好了遵守一切的准备。我已经画下了那么多东西并且它们是如此地适合我！"

这个年龄的孩子完全无法避免任何苦难，无法得到自己需要的东西。但是他们非常超前，有爱和理解的能力，好像在祈祷证实自己的存在。我们曾谈论过祷告本身。就算要死了,人仍然会去做祷告。

我非常感动,同时也恍然大悟。这可怜的小姑娘的神经向我揭示并且让我清晰地觉察到了决定孩子命运的真实矛盾:

一方面,在众生之中,孩子天生是爱活动的生物。孩子有保持身体平衡的力量,他们的运动神经是很发达和活跃的。这永恒的骚动使我们不安并且总是激怒我们;我们不会幻想,在这个年龄他能过自己的生活。

另一方面,孩子的感觉神经是很完整的,因此他承受痛苦的能力,以及爱的能力是超过我们通常想象的。我们在收容所看到的孩子们,很多是四五岁的时候被人带过来的,那些孩子总是郁郁不安,而且最后会丧命。

在这个年龄,生命如此娇嫩,最让人惊奇的事情就是神经系统中已经强烈地表达出对爱情的需求,甚至比成年人更敏感。我对此感到恐惧。爱情,还在性器官中沉睡,但是看上去已经在脊髓神经中负责刺激性冲动的位置苏醒了。那是最轻微的召唤,毫无疑问是这些观察得出了这种推测。所以,当我们看到天真的孩子卖弄娇俏、突然间羞红脸蛋、毫无缘由又转瞬即逝地做出一些羞耻行为的时候,就不应该表现出震惊。

这就是恻隐之心的症结,也是人们应该颤栗的原因。这个生物永远都是鲜活的,同时不要忘记他也是敏感的。开恩吧!耐心点!我求你们了。

我们生硬地将孩子们的自然生长过程打断,有时候也常常是用温情打断。激情昂扬、情绪变幻不定的母亲们,催促着孩子成熟,不断输送狂躁因子,刺激着孩子。我想这一定给孩子们留下了痛苦的印象,我更希望呈现在他们眼中的是温柔的生命体。孩子们需要的是平静、温柔、认真的爱,需要一个纯净和谐的世界。我们解剖的这个小小生命,她自己已经成长到充满爱的阶段,她害怕被强烈地抚摸,这抚摸对她来说其实和酷刑毫无区别。珍惜她吧,如果她能活着多好啊!

第五章
五岁时的爱情——玩具娃娃

内克·索绪尔①是一位十分出众的女性,她认为男孩和女孩直到十岁都几乎是一样的生物,人们对女孩们所说的话也适用于男孩,对男孩说的话也同样适用于女孩。但如果认真观察,无论是谁都会发现其实他们有着巨大的差异。

对于那些小女孩们来说,即使在她们处于行为轻率的年龄,她们也是非常得体有礼的。她们很温柔。你们几乎不会看到一个女孩子去伤害一只小狗,闷死一只小鸟或者拔掉小鸟的毛。她们都是善良的化身,有怜悯之心。

有一次,我有些不舒服,就在沙发上躺下了,半盖着我的大衣。一个可爱的小女孩跑到我跟前,想帮我盖好被子,把我安置到我的床上,她是跟着她母亲来我家做客的。这个娇嫩精致的小生命,我们应该如何保护她那颗心灵呢?我们还要注意不能让她们觉得被过分关注,我们不能显得过于感动。

小男孩就完全是另一副样子了。小男孩和小女孩不可能长时间在一起玩耍。如果小男孩们起初建了一座房子,他们更希望小女孩变成一辆汽车;他们需要一匹木马,用来鞭打和征服的木马。小女孩在一边自己玩。男孩做女孩的兄长,或者她的小对象,都是

---

① 内克·索绪尔(Necker de Saussure,1766—1841):瑞士作家、教育家,早期鼓励女性接受教育者之一。

没用的。如果小男孩更小一点儿,那么小女孩更会对他失望,于是就宁可自己在一边玩了,这就是最终会发生的一切。

尤其是冬天,在家里您更能观察到这样的事情,人们闷在家里,不跑不动,户外活动大大减少了。有一天,有人稍稍埋怨了她几句,然后她就静悄悄地去房间角落里包一个小东西,可能是个小棍子,有几片布头,可能有块儿她母亲的裙子的边角料,中间有个纺线的梭子,另一边儿稍微高一点儿的地方,标记了身材和头部,然后她轻轻地抱起这个小东西并且在怀里摇晃它,轻轻地说:"只有你,只有你是爱我的;你从来都不埋怨我。"

这只是一场游戏,但却是个严肃认真的游戏,比我们想象的更加严肃认真。这个新娃娃到底是谁,难道是这个孩子的孩子吗?让我们来审查一下这个神秘生物所扮演的所有角色。

您认为这个娃娃只是孩子对母性角色的模仿吗?孩子为了快点儿长大,为了能快点儿长到和她妈妈一样大,她自己也想有一个属于自己的小女儿,她对小娃娃发号施令,进行严格的管理,抱她或者批评她。这些因素会有影响,但这不是一切:除了这种模仿的本能,还有另外一个因素,就是成熟给予所有女人、所有没有以母亲作为模范的女人们的一种东西。

按照事物原本的模样来说:这是第一等的爱情。理想状态是这爱情不是来自一个兄长,而是来自一个甜美、可爱、符合她想象的小妹妹,抚摸她并且宽慰她。

另一个观点,也是很真实的一个观点,就是说这是第一次关于独立的尝试,是个人低调的尝试。

这是一种高雅的形式,但不为人所知的是,她会有意愿地提出一些反对意见,提出关于女性主义的矛盾之处。她开始了作为"妻子"的角色;她总是处于强权之下,她有些抱怨她的母亲,后来又有些抱怨她的父亲。她需要一个亲密的朋友、一个非常亲密的知己，能够和他一起畅想未来。畅想什么呢？可能现在是没有什么可以畅想的，但是我不知道将来谁会到来……嗯！你说的是多么有道理！我的女儿。哎呀！你未来的小幸福会掺杂痛苦！其他爱你的人们，会让你多么伤心，痛哭流涕！

我们不能开玩笑。孩子的热情是严肃而认真的。母亲应该配合孩子，大度地欢迎女儿的"孩子"。而不应该轻视她的玩具娃娃，哪怕是任性的孩子，对于玩具娃娃来说，她也总是一个好母亲，她会非常娴熟地抱着它，不会溺爱它，也不会打骂它，她总是表现得很理性，就像玩具娃娃就是她自己一样。

大人们读到这里的时候，作为父亲、兄弟、亲人，我请求你们，不要嘲笑你们的孩子。审视一下你们自己，难道你们不和孩子很像吗？您有多少次，在那些所谓的最重要的大事里，您的脑海里一道灵光闪现，然后会心一笑……那一刻您承认您就是在玩一只玩具娃娃。

请您注意，小女孩越是心仪她的玩具娃娃，玩具娃娃就越是她最简单、最基本的作品，也是她最私人、最用心的作品，当然也可能会使她堕入伤心难过的境地。

法国北部的一个小村庄是一个贫瘠的地方，那里的人们劳作繁重。我见过一个非常乖巧、很小就懂事的小姑娘，她只有兄弟，而且都是哥哥。她的到来太晚了，她的父母本来不打算再要孩子了，不太想让她出生。她的母亲是一位为人严肃的农妇，总会把她带去田间劳作，而其他孩子都在玩耍。年龄更大一点儿的哥哥们也从来都不太关心这个小妹妹玩的游戏，因为本来处在童年期的小男孩就会比较生硬轻浮。她本来想自己做点儿园艺，但是大家都笑话她的园艺作品，还把它们踩烂。她自己用破棉布条做成了一个小小的倾诉者,对着它倾诉哥哥们的恶作剧,还有妈妈的埋怨。"你要活下去。"玩具娃娃非常深情地说。它非常敏感,用最美的声音完美地回答小姑娘的倾诉。小娃娃听到那深情的吐露、动人的叙述,也伤心起来,最终两个人相互拥抱,以泪洗面。

就在一个周日,这个玩具娃娃被人发现了。大家都使劲笑话它,那些男孩子们拉着它的胳膊,他们发现把它挂到最高的那个树杈上简直有趣极了。那树杈实在是太高了,玩具娃娃在上面根本待不住。小女孩哭喊、尖叫,但都无济于事。小女孩非常伤心,由于太喜欢这个娃娃,她拒绝重新做一个新的娃娃。天气不好的时候,她就会想起这只娃娃,一想到它在冰天雪地里瑟瑟发抖,小女孩就会很伤感。等到春天来到,园艺工人修建树枝的时候,小女孩请求园艺工人把它找回来。尽管别人和她说小娃娃早就被北风刮走了也无济于事。

又过了两年,母亲去给哥哥们买衣服,卖衣服的店主也卖玩具,他看到母亲什么都没给小女孩买,小女孩只能在旁边默默看着自己的哥哥们,于是店主出于好意,想送给小女孩一些什么,就往她胳膊里塞了一只德国小娃娃。小姑娘吃惊极了,她非常开心,手舞足蹈。她拿不稳这个小娃娃。这个小娃娃是移动式的,非常乖巧听话。小姑娘把娃娃放到梳妆台上。然后却再也不想打理它了,也没想过怎样让它变得更漂亮更耀眼。小娃娃就这样被丢到一边。男孩子们让这个小娃娃跳舞,一直到用坏了这个娃娃;它的胳膊被扯掉了,变成残肢断臂;然后它就只能躺着了。它变成了新的承受苦难者,小女孩也为此日渐消瘦。

一位女士觉得这个小姑娘太可怜了,真是太可怜了,于是心生怜悯,就在弃置品中找来了自己曾经玩过的一个漂亮至极的小娃娃。这只娃娃虽然经岁月磨损,但是看上去依旧比木头做成的娃娃好多了。它有完整的身躯；尽管一丝不挂，然而看上去还是活灵活现的。小女孩的好朋友们使劲抚摸它，在这种友谊的刺激下，小女孩生发了自己的偏爱，这也是启示她关于情欲的早熟生活的第一个符号、第一道微光。小女孩有段时间生病了，在这期间，我不知道哪个孩子是否是出于嫉妒，残忍地折断了这个娃娃。它的小主人从疾病中恢复之后，发现它竟然已经被折断了头。这第三次悲剧对她的打击实在是太大了。她失望极了，再也不笑了，再也不出去玩了。幻想总是破灭，她对生活绝望了，再也不提起这个娃娃了，没有什么事情能够拯救她。小娃娃死了，只留给所有人一个真正的葬礼，所有人都看到过这个甜美、温柔、天真、没有一点儿幸福却依旧深情而充满爱的创造物。

第六章
女性是一种宗教

在教育方面，父亲总是有过于主导未来的想法，也就是说对于不确定的未来总是拥有主导话语权。

孩子得能够存活！实际上这是最困难的。男人们从不怀疑这一点。尽管他们天天看到孩子的母亲十年如一日地努力抚养孩子，悉心地看管孩子，看到女人每天都在为了拯救、延长这个脆弱的生命而贴心地照顾孩子，男人们还是理智冷静地看待这一切。因为至少他知道孩子死亡率的官方数据，那些数据恐怖而又不可置疑。刚出生的孩子，很长时间内都有死亡的可能；如果孩子没有母亲，那必死无疑。对于大多数孩子来说，只有摇篮中的时光是度过一个又一个夜晚的短暂的光明时刻。

那些从事写作和出版的女人们洋洋洒洒写了很多书，描述自己性别的不幸。但是如果孩子们会写书，那么他们得有多少东西要说啊！他们可能会说："请您珍惜我们，珍惜我们吧，这严酷的大自然赋予我们这未来的几个月甚至只有几天的生命，在这短暂的生命里，我们是如此依赖你们！你们在力量、常识、经验上都有优势，你们能把我们照顾得更好！……你们只需要一点儿技巧、一点儿悉心的照料，我们就会非常温顺，我们会做你们所想要我们做的一切。但是不要缩短我们沐浴温暖阳光的时间，不要缩短我们躺在母亲裙子里的时间……明天，我们将会回到泥土里。人间所有的财富,我们只带走眼泪。"

至此,我们迫不及待地得出结论,我希望孩子们得到无尽的自由,这个自由对于我们来说是一种束缚,一种我们加在孩子天生的成长趋势中的束缚,一种希望孩子们能顺从我们的束缚。

相反,就如人们看到的,我的出发点是福禄贝尔首先提出来的这一深刻而又奇特的想法:"在'孩子们被禁锢'这种必须顺从的第一印象中,他们将会非常不幸。母亲用一些和谐的概念代替了劳心劳力的创造自由,对于他来说,这是一种解脱,母亲是启蒙者,并且通过树立秩序来引导孩子。秩序是精神的需求,秩序对于那些孩童一般的成年人来说是一种幸福。"

无规律的活动、无节制的刺激,对于已经长大的孩子们来说都不再是必需的了,因为各种混乱的感觉都已经给了婴儿时期。我观察到人们总是不小心地给已经长大的孩子留下幻想,然后幻想破灭又会给他们带来小小的不幸;我也总是被震惊,震惊于常常看见那些孩子们胡思乱想、空欢喜一场,然后身心俱疲。由于缺少别人的引导,他们每时每刻都会遇到现实生活中的种种障碍,那些障碍毫无声息,但是却难以逾越;他们对此气恼抱怨也是徒劳。然而相反的是,小孩子们的行为是受到神意和自然规律所引导的,几乎不会受到强权暴政的控制,他们生活在真正的自由中。

在既定规则中被惯用的自由,本身就是可爱的,这种可爱的品质早晚都会促使人类做出超越天性本身的神圣尝试,给予人类更高级形式的自由,让人类去征服天性中的天性,这种更高级形式的自由就是"想要拼搏"和"想要自我牺牲"的意愿。

拼搏的品质本身根植在人的天性中,人类天性中带有的这种拼搏的属性是最完美的。我期望的是人类能够自由、自愿地去拼搏。

我提前做出解释，是为了回答那些还没有阅读本书便做出批判的人。我现在远不是在给我手中的小生命强加"拼搏"的意义。她聪明伶俐、天真可爱。但是她依旧还不是一个完全的人。上帝保佑我，啊！可怜的小生命！我向你说了这么多东西。如今你所有的责任就是活着、长大、好好吃饭、好好睡觉、在麦田中奔跑、在花丛中嬉戏。但是人们不能总是奔跑，如果你的母亲、你的姐姐和你一起玩耍，那么你将会更加幸福，也会使你劳动的时候变得更加灵巧，因为劳动本身就是游戏。

责任感，培养出自内心的责任感，是教育的终身大计。孩子们很早就感觉到了责任的存在；我们所有人几乎是从出生开始，就在心里刻下了"正义"二字。我本来要召唤正义，但是我现在已经不想要了。完善的生活本应该在其设置障碍、限制行为之前就建立起来。那些设置道德枷锁、在所谓义务上做文章的人，那些和以后生死不知的孩子们较劲儿的人，那些想方设法压制孩子身心自由的人，都是些精神失常的人。嗯！不幸的人，放下你们的剪刀吧；尽管也许你是为了修正、裁剪出孩子的人生，但是请你至少关注一下孩子本身的天性。

教育的依托、教育的灵魂、教育的终身大计，很早就在人类的意识、善良的本性以及正义感中体现。爱的感化、温情的呵护、秩序的规范、和谐的感染，使孩童的灵魂获得健康、完整的真正生活，能够使孩子更多地看到生活中的正义，看到那种闪现在她身上，并且根植于内心的正义，这是一门伟大的艺术。

这就是那些范例和箴言（至少在初期）的精辟所在。孩子们自然而然地会从一种人成长为另一种人。他们不用去刻意寻找，就会自己发现生活的真谛："我应该好好地爱我的母亲，因为她是如此爱我。"这就是责任。没有什么比这个更加自然了。

在这里，我撰写的并不是关于教育的一般书籍，我也不应该让自己止步于通识教育，而是应该强调我想表达的特殊主题：对女儿的教育。我们要忽略男孩和女孩之间的相同点，主要调强他们之间的不同点。

女孩更加深刻。表现如下：

在现代观点中，对男孩的教育主要是锻造他们的力量，锻造一种有效率、有生产力的力量，激发他们的创造性。现代男人无非这样一种生物。

教育女孩则是创造一种和谐，使宗教得到和谐。

因为女性是一种宗教。

女性的命运就是这样的，就如同一首宗教诗歌，她所处的位置越高，那么她在公共生活和现实生活中越是有效率。

在男性身上，男性的用处就是效率、生产力，有能力分清理想和现实的不同；产生神圣作品的艺术有时候能够拥有这种作用，也就是说让艺术家们变得世俗化，虽然他们在作品中表现了美，但是现实中他们只保留了其中很有限的美。

女性从来，并且一点儿也不是这样的。

女性常常是怀有一颗平常之心的，她并不是一首鲜活的诗歌，不是扶持丈夫、抚养孩子的和谐之声，不会总能使家庭保持神圣、高尚，女性已经不再有这种使命，也不会再对此采取任何行动，她们甚至看上去会有些庸俗。

母亲坐在女儿的摇篮旁，可能会自言自语："我们要珍惜和平，反对战争，避开烦心恼人之事，给孩子们和平的环境，保持上帝赋予孩童的最高和谐。"

"如果我死了，是她，十二岁的她，在我的墓碑上，用她小翅膀扶起她的父亲，把他送入天国。"

"是她,在十三岁的时候,请求男孩帮个忙,这使男孩变得非常自豪,并且骄傲地说出'我将来会长大的'。"

"是她,在二三十岁,甚至一生的时间内,每天晚上鼓励她那被工作累得半死的丈夫,使他不再烦恼,原本兴趣枯竭却能突然生出一朵鲜花来。"

"是她,在看不见地平线的糟糕天气里,在一切都黯然无光的日子里,让丈夫发现了上帝,让丈夫在她的乳房中重新接触到,并且重新找到了上帝。"

养育女儿,就是养育社会本身。社会由家庭组成,女人的重要作用就是使家庭和谐。养育女儿,是一项崇高但是没有收益的事业。作为母亲,虽然你创造了她,哎,但是她终究会离你而去,让你伤心滴血。她命中注定会属于另一个人。她为"其他人"而生,不是为你,也不是为她自己。就是这种特点使女性比男性更崇高,使女性成为一种宗教。女性是爱情的火种,是家庭的火种,是未来的摇篮,并不是普遍意义的摇篮,而是孩子的学校。总而言之,女性就是神坛。

在上帝的主导下,所有被推翻的男孩教育体制都在此结束了。争议也就此停止。各种关于方法论的争执也都在这种温和的文化环境下过期失效了。所有缴械投降的不和谐之声都在上帝的荣光中变得尴尬。

这一切不能归罪于激烈和暴力的行动。她应该知道谁将会上升、将会超越人类所有力量,而不是深思熟虑去考虑细节,以此来面对一个可怕的世界。

她会走到这个投机活动的顶峰吗?为什么不呢?但是这根本不会跨越我们的探讨领域。我们为她找到了直击中心的道路,而不是让她那颗优雅的心过早地遭受折磨,成为失去思想的灵魂。

她应该是怎么样的呢？她应该是和谐的。啊，上帝！她应该以哪种镜子作为对照，要以谁为榜样来修正自己呢？

每天早上，每天夜晚，你都做这样的祷告："我的上帝，请您把我塑造得美丽无比吧！……还有我的女儿需要您照看一下，她要存活下去。"

女人在尘世间的目标、很明显的使命，就是爱情。人就应该生于悲怆、与自然为敌、前途暗淡、思想扭曲，目的是宣称这充满魅力的机体和这种内心的温柔只会使女人陷入孤立无援，甚至为了宣称反对上帝本身。人们说："除掉女人，男性应该是唯一的性别，这是最确定的。爱情虽然是特例，但冷漠是无法改变的规则。她知道她应该自给自足，工作、祷告、死亡，在角落里拯救自己的灵魂。"

我，我回答她说，她永远不会缺少爱情。我同意这一观点：作为女人，她只能通过创造男性的幸福来自我救赎。女人应该去给予爱，去孕育孩子，这是她神圣的责任。但是我们来一起谈谈"责任"这个词。如果她没有嫁人，没有成为母亲，那么她可能会成为一位教育家，这一点儿不比母亲的责任少，她培养的是思想。

对的，如果不幸降临，她出生在一个倒霉的时代，最可爱的女孩都不能被爱，那女人会转向孩子们，将他们紧紧拥抱在自己怀里，她会说："我什么都没有失去。"

男人们非常清楚地知道一件事情，一个神圣而吸引人的秘密：大自然藏在女人的怀里；这是个神圣而朦胧的东西，在她身上，会有爱情浮动。对于男人们来说，爱情总是欲望。但是对于女人们来说，她们自己可能都不知道，在最盲目的冲动之下，母性的本能仍然主导着其他一切。当一个自私傲慢的人对情人说他自己赢了的时候，他可能常常看到女人总是将自己的梦想让步于对孩子的爱和希望，那些梦想差不多是从她出生开始就在内心酝酿的。

这是关于纯洁的最高级的诗歌。在每一个年龄段的爱情中，都会有新的感觉要表达，母性的本能规避了这些感觉并且将爱情带到了一个更高级的位置。

养育一个女孩，就是辅助她的转变，就是说在生命中的每个等级，根据她内心的变化给予她爱，帮助她延展生命，需要通过这种纯粹但是又非常鲜活的方式养育她长大。

一言以蔽之，这首崇高而美妙的诗歌就是：从摇篮中起，女性即母亲，女性就散发着狂热的母性。对她而言，大自然中的一切东西，无论是鲜活的还是死气沉沉的东西，在她眼中都像是个小孩子。

我们越来越能感觉到这是多么幸运。女人独自一人就能养活一个人，尤其是在那种需要低调谨慎，需要收敛自由意志的年月中，她用自己低调的温情使男人变得更加和谐融洽。但是为了一鼓作气地摧毁和粉碎人文主义之花，人们不再需要女人了，就像人们目前为止做到的一样。不过，只要人们想将孩子培养成有无限可能性的人、有纯真品质的人，女人依旧会作为唯一可能的教育家被认可。没有什么教育能比女人更加细腻、温柔、耐心了，她们能体会到如此多的细微变化并且采取坚定的立场。

世界是依靠女人才存在的。女人身上有两种特质，所有文明的形成都离不开这两点特质：她的宽容和她的细腻——这种细腻尤其是她们纯真的表现。

男性的世界是什么样的呢，男性没有这两点特质，那会怎么样呢？忽略这一点的人们，也忽略了如果没有宽容、细腻和女性的这种纯真，爱情也不复存在。爱情啊，爱情就是人类行为最有力的刺激。幸福的折磨！纷乱的思绪！如果没有这酸甜苦辣，谁愿意要这人生呢？

女人应该完完全全是宽容优雅的。她可能并不天生就是个美人。但是宽容优雅对于她来说是纯粹的。她将其归功于大自然，是大自然创造了她并且赋予了她这份宽容。她也将其归功于人性。这份宽容使阳刚的男性散发魅力，也给整个社会带来了一抹神圣的微笑。

女孩子需要怎么做才能够保持这种宽容优雅呢？她需要能感觉到自己一直是被爱的。她需要被平等以待。不能一会儿被施以暴力，一会儿又被温柔以待。她需要循序渐进的成长，而不是疾风骤雨的勉励；她不需要任何形式的大跃进、苛求的上进。她不需要用过多的外部装饰来自我美化，她应该一点儿一点儿地、由内而外地，让全新的美丽之花慢慢绽放。

宽容优雅是爱的一种表现，是爱在纯洁背景下的表现。纯洁，就是女人自己的特征。

从女儿出生那一刻起，这种观点就应该成为一位母亲永恒的思想。

孩子的纯洁首先是来自母亲。应该保证孩子能够随时发现一份天真、触摸到一道阳光、生长在完全透明的状态下，就像一块刚刚烧炼好的、没有任何气孔的玻璃。

从早到晚，一个又一个刚刚出生的小女孩都在做净体礼，她们沐浴在温和的水中，有时水还有点儿凉。然而此时此刻，一切都显得黯然失色。小女孩越是看到她殷勤体贴的母亲干净利落，越会向往成为母亲的样子，或者说越想拥有和母亲一样的心灵。

这里的纯洁还包括所处社会的纯净，或者说是空气的纯净。纯洁是一个有影响力的词。偷偷地讨好和宠爱一个小姑娘没有什么好处，所以没有人会这么做，因此她会发现只有自己的母亲是正确的并且和母亲越来越好。

饮食结构和食物的纯净。这是什么意思呢？

我听说小女孩们吃的就是普通的儿童食物，也就是乳状、偏甜、温润、刺激性很少的食物；如果她跟您在同一张餐桌吃饭，那么您一点儿也不能让她动您的食物，因为您的食物对于她来说就是毒品。但是，法国掀起了一场彻底的饮食改革运动；法国传统的有节制的饮食结构被抛弃，邻国的饮食结构被采用，他们的饮食结构更加油腻、更加辛辣，其实这样的饮食结构更适合他们是因为当地的气候比法国更加严酷寒冷。更加糟糕的是，我们还将这种饮食结构强加给了我们的孩子们。昨天还在喂奶的妈妈们，今天就开始喂孩子带着血的肉、刺激性的危险饮品，比如葡萄酒，甚至还有刺激性饮料，比如咖啡，这真是不可思议的场面啊！母亲看到孩子变得残暴、反复无常、易于激动。这些都应该归罪于母亲自己。

另外，母亲都忽略了一点，更加严重的是，她们这一代的法兰西姑娘都是如此的早熟（我看到过同睡一个摇篮的情侣小婴儿），她们的觉醒意识是直接被这种饮食结构刺激出来的。这并不会使她们变得强壮，反而会让她们躁动不安，变得孱弱而精神紧张。母亲发现小女儿这么小就已经反应敏捷，有这样一个活跃的小姑娘真有趣、真快乐，小姑娘是如此敏感，甚至可以说是殷勤。这一切都源自她的母亲。是她自己过多地刺激了孩子，她希望孩子是这样的，她自己还不知道这样会使她的女儿娇惯败坏。

对于小女孩来说，这种教育一点儿好处都没有，亲爱的女士，这对于您也不会好到哪去。请您说吧，没有她的同意，您没有勇气什么也不吃。嗯，很好！请您自己克制自己，或者说至少请您谨慎地采用那个饮食结构，因为那个食谱对于疲乏的男人可能是比较有益的，但是对于较弱的女人来说却是致命的，这个食谱会让女人变得粗俗不堪、心神不宁、暴戾麻木、昏昏沉沉。

对于女人和孩子来说，吃素食，不吃散发恶臭的肉类食品，选用纯净的食材、温和的食物，不以任何动物的死亡为代价，这样的饮食结构是一种恩泽，是一种爱的恩泽。这样的饮食会使人不对任何事情反感。女人和男人相比，显得更加纯洁的强有力原因，就是女人们对于水果和蔬菜的偏爱，这种纯净的饮食结构非常有助于灵魂的纯洁，是真正和花朵的纯洁非常相似的。

第七章
十岁时的爱情——花朵

当善良的福禄贝尔在他漂亮的手中塑造了我们小女孩的基本雏形（大自然是通过这个基本雏形开始演变的，比如水晶等）时，他就已经开始号召培养孩子对植物的热爱了。建造一座房子，那很漂亮。但是养育一株绿色植物，创造一种新的生活，迎接一朵含苞待放的花朵，是更加完美的事情，人们会在自己的精心付出中受益匪浅！

在小女孩的童年时光，一颗美妙的红豆就已经被静静地埋入土壤了，期间并没有什么庄重的仪式。但是，请注意！孩子五岁的时候，这种事情是不可能发生的。人们怎么可能对这颗红豆不闻不问，任凭这颗红豆自由生长呢？所以人们从这颗红豆被埋下的第二天起，就去参观这颗红豆了。大家把它挖出来看，然后重新小心翼翼地埋回土壤里，但是它并没有长得更好。它年轻的小奶妈小心翼翼、温柔至极，一刻不休地照顾它；给它重新松土；从来没有停下过手中的洒水壶。因为土壤非常吃水，所以它好像看上去总是需要浇水。然而，这颗红豆在这样的精心呵护下，反而很快枯萎，死了。

园艺活动是一项充满美德、需要耐心的工作，可以很好地塑造孩子的性格。但是让孩子从几岁开始从事园艺活动才合适呢？福禄贝尔教育出来的孩子可以在四岁的时候就去做这项活动，但是我们的孩子可能需要再大一点儿。我想女孩子们因为（相比于男孩子们来说）更有热心、更有温情去照顾自己喜欢的植物，因此更有耐心去精心培养植物，等待它们成长。当一次试验成功之后，当她们看到自己努力培养的小生命破土而出的时候，当她们欣赏、触摸、亲吻这棵小植物的时候，一切就成功了。她们是如此渴望这种奇迹能够继续，这使得她们的性格也变得更加耐心了。

孩子真正的生活就是田野间的生活。哪怕是在城市，我们也应该尽可能地让孩子接触绿色的大自然。

但是对于这一点来说，人们并不需要给孩子一个大花圃、一个大公园。拥有的少反而才会倍加珍惜。只在家里的阳台上，或是屋顶的延伸处有一盆小小的紫罗兰的孩子，相比那些拥有一个大花坛的孩子来说，她们会更好地珍惜并利用自己手中的这盆小植物，拥有大花坛的孩子只会浪费那丰富的资源，只知道糟蹋和破坏。孩子自己对花朵的精心照顾、认真观察，别人向孩子指出周围环境和季节变化对花朵的影响，仅仅是这些，对孩子来说，就是一次完整的教育。观察、经验、思考、理性，都自然而然地随之而来。窗台上摆放的一盆土中偶然钻出一株草莓，谁能知道圣贝尔纳教派的修士能从中得到什么启发呢？其实这是受益匪浅的，这是一种和谐生活的开端，一种自然的、简单的、普遍的、充满童趣的，同时又不乏科学性的和谐。

这枝花构建了一个纯净、天真、和平的世界。小小的人性之花也在此绽放，因为她们在基本点上都是相似的。女人基本都生活在焦虑之中，尤其是小女孩；植物是没有神经的，对女人来说这是一支温和的安定剂，能够使人焕然一新，是一种相对纯洁之物。

这株植物在开花的时候，通过自身内部的过度刺激，看上去好像被动物化了。在某些物种之中（尤其是微小生物，在显微镜下才能观察到的物种），就高级生物的爱情器官来说，花朵是高级生物展现出来的一个令人惊异的身份。但是孩子们从没有被警告过，要防范植物散发的令人极度兴奋、具有吸引力的气味。这种极度兴奋的机动性会长久地影响着人们。

第八章
简单的家务——小花园

如果让小女孩挑选玩具,她肯定会选择厨房用品或者家居用品的微缩模型。这是她的自然本性,也预示着女性在未来应负担的一种责任。女性会养育男性。

这是一项高尚的、神圣的责任!尤其是在当前,我们能接收到的阳光比赤道地区少多了,很多植物的生长需要根本得不到满足,如果植物不够成熟,那么男性也不能完全吸收得了。女性则是这种阳光供给的延续;女性知道食物应该被煎炒到什么程度,软化到什么样子才是最适合男性的,才能促进男性血液循环,使男性精力充足、身强力壮。

这过程就像是另一种供养。如果她愿意,她可以用自己的乳汁养活自己的丈夫、孩子以及她自己。如果她不愿意,她可以借助大自然提供的营养品养活他们,当然这需要经过她的加工,她用自己的柔情和用心,使食物变得美味可口。将食材从生硬的难以下咽的东西变成美味的糕点,一家人因她的爱和用心变得更加融洽。在她手中,牛奶有上百种样子;她加入细砂糖,加入香料,牛奶就变成了轻奶酪,变成了令人垂涎欲滴的食品。秋天是水果成熟的季节,很多水果过季就会快速腐烂,而女人懂得如何收集和保存水果,发挥魔力将它们做成人间美味。一年匆匆而过,她优秀的孩子们离开了家,远离了母亲为他们铺设好的生活,但是冬天的第一场雪到来之前，他们本想建立起来的逃亡的快乐就融化了。这些孩子在她眼里一直都是忠诚、纯洁、清澈透明的，就像她透明的生活一样，就像她的内心一样。

哦！这是一种美丽而温柔的力量！女性的这种力量才是培养孩子过程中所真正需要的。日复一日，虽然漫长，但是每天坚持创造一点儿，持久不断地坚持。母亲反复打磨孩子的身体、心灵、脾气和精力。增加或者减少他们的活动，舒展或者紧缩他们的神经。虽然变化并不鲜明，但是最终结果却很深刻。有什么是她做不到的呢？轻浮的孩子、玩世不恭的人、叛逆不羁的人都被她改变了，变得温和，变得有纪律性。男人被工作压榨，被过度的欲望充斥，却因为她而一点点儿变得年轻。某天早上，男人内心充满爱，情不自禁地对她说："我因为你重焕生机了。"

当女人散发出这种巨大的力量时，她没有必要重新创造男人，而只需要治愈男人。她只需要让自己变成医生。她是医术高超的医生，每天保障男人的健康，保障男人身体的和谐与平衡，使疾病的大门对他关闭。妻子抑或母亲，要付出怎样的心血才能做到这一点，才能与大自然抗衡，减轻一些令人憎恶的疾病呢！

爱情是精神上的，男人对于爱着的人，除了精神什么也看不见。女人对男人的细微照顾产生的高级和崇高的结果，使男性成长，使男性变得崇高，使男性变得高贵和温柔。

一位年轻优秀的女士，精致漂亮，但是有些弱柳扶风，并不想把自己给夜莺做饭的厨房留给任何人。这只夜莺是一个长了翅膀的艺术家，它就像人类一样；为了重新建造自己正在被烧毁的家，它想要一口给狮子做饭的锅。它需要血和肉。这位女士的仆人对此很抵触、很反感。但是她一点儿都没有反感；她只听到了夜莺的歌声，看到了一颗被爱的灵魂，看到了使她充满力量的喜悦。她收获了一份灵感（血液、大麻和罂粟），收获了生命，收获了沉醉和遗忘。

厨师们完美地注意到孩子们的饮食口味，并自觉地去发掘他们的口味。这是滑稽的效仿吗？还是他们就是美食家？

但是我并不想鼓励滑稽的效仿，就如同他做出的建议一般。当遇到很重要的事情时，人们习惯于让孩子去做游戏，去给她们的玩具娃娃做顿饭来消磨时间。我更喜欢给孩子更多时间去体验，当孩子们对于园艺的尝试越来越娴熟、越来越认真的时候，我更偏向于给孩子们更多的时间去享受，而不是马上引导孩子做一些她父亲感兴趣的东西，也就是赖以谋生的东西，不希望孩子马上学会伺候他们，不希望过早地享受在餐桌前说"谢谢，我的女儿"的愉悦。

每一种艺术都会在我们身上挖掘出一种新的品质。做家务要求精致整洁，做烹饪基本上要技艺精巧。性情和性格的均等在此发挥的作用远比我们想象得多很多。没有任何一个善变的人或者粗鲁的人能够做好这些事情。精确的感觉是很必需的，请您果断一些做出决定，在应该结束的地方做个了解，懂得适可而止。

更重要的事情是，请你们当面指导孩子做园艺，这个过程对于孩子来说是最大的馈赠。其实做园艺只是一种娱乐，但是，当园艺活动与自然、与所爱之人的健康联系到一起的时候，当园艺成为家务附属的时候，园艺就变成了重要的事情，人们会更好地教孩子做园艺。指导孩子观察、记住各种各样的生长条件；教会孩子遵守时间，教会他要有耐心，使他年轻的意志接受普遍真理；让孩子去实践，但是要让他知道实践并不一定能收获全部，还要懂得自然的竞争法则。最后，也许他总是失败，但是要让他从不气馁；这就是教养，这是通过很多种劳动培养起来的品质；这才是完整的人文生活。

烹饪和园艺是两种目标一致的劳作。烹饪要在厨房中将食物制作成熟,园艺是在户外开始一场劳作,会沐浴阳光。两者相互置换自己的能量。园子里的植物供给厨房,厨房的废物为花园补充养料。请您不要歧视厨房里倒掉的废水,虽然它令人作呕,但是对于花园里纯洁高贵的花朵来说,它是最完美的肥料。煮咖啡之后的渣滓、废水,对于各种植物来说,都是一束火焰,是生命之精髓,都会被它们热切地吸收;哪怕历时三年,它们甚至也还能从中汲取热量。

孩子应该知道这种生命的自然需求法则。如果您的孩子忽略了这种物质替换规律和自然循环规律,那么您的教育一定是一种愚蠢的保守主义教育。我们高傲的姑娘们只知道折下花朵,而不知道其实植物比动物需要吸收更多养料。植物以什么为生呢?靠自己吗?她们心里暗暗猜测。植物的胃口都很好,不断吸收土壤中的养料,但是它们不知道,也不去想自己有去重建自己的责任。可能只是到了面临死亡的时候,它们才知道应该去做这一点;它们需要长久地汲取养料,但是每天都在消损。在自然规律的作用下,生命体每天都会经历耗损和凋落,但这是有利于低等生物生长的。

这种注定的生命循环并不是没有其伟大之处的。它的严肃之处在于能够触碰到孩子们的纯洁健康的内心,就是说人类每天都会经历消损代谢,这就决定了人们会去植物之中寻找能量,植物们从我们的近亲,也就是动物身上,日积月累地获得的用以维持生命的能量。

这是一种有双重意义的教育。对于小女孩来说,这并不是一无是处的,年龄和美丽给她们带来了第一抹骄傲,带来了生命张力,这偶尔会使她们想到:"我就是我;其他东西都毫无存在的必要。我就是世界的花朵,魅力无限,世界上其余的东西都是垃圾。"

你是花朵?你很有魅力?你很年轻?好的,完全同意。但是不要忘记了代价是什么。请谦虚一些吧,你还记得大自然出卖生命的筹码吗?悄然无声又庄严肃穆。在全部生命都彻底死亡之前,每一天都会有一些生命先死亡;在这场充满虚伪的微笑、装饰精美的大自然的盛宴上,每一天都会有新的生命重生,哎!但都是以那些无辜小生物的死亡为代价的。

对于动物们来说,只要它们活着,至少都是幸福的。我们要告诉孩子们这些动物有生存的权利,告诉孩子我们对于动物是有同情心和遗憾感的,因为人类的发展迫使我们去毁灭它们。我们应该小心谨慎地教会孩子动物对于我们的益处,哪怕对于我们来说,现在它们是有害的。孩子的心灵都过于诗意化,但是孩子又一点儿也不是诗人。尤其是小姑娘,她只会通过本能去感受这一切,很少触及思想领域。鸟类展现出了英雄主义般的母爱,历经艰难困苦搭造自己的鸟巢,让自己的孩子们遭受艰难困苦的考验,用翅膀拍打它们。还有,她们观察到蚂蚁、蜜蜂等,也都在遵循某种宗教仪式,这些生物展现出某种天赋,犹如艺术家一般,都是由母爱激发出来的。比如,蚂蚁需要做大量工作,上上下下搬运它们的幼卵,根据空气、阳光以及气温的变化,经过精确计算,搭建出30—40层的台阶,这种大工程真是让人心生敬仰。在这无数小生命身上,孩子观察到了存在于各个生命体中的高级秘密,仿佛被第一道微光笼罩,这种发现使人快乐,仿佛带来一种阳光普照般的希望,使孩子们感受到一种伟大的、普遍意义的爱。

我知道,在尘世间对于我们个体来说,不停创造和再创造是能够产生幸福的,所以我竭尽全力去让她们在每一个年龄段都快乐,也就是说,让她们去创造。

孩子四岁的时候，我在她美丽的小手中放置了一颗形状不规则（类似于一个未经过人工雕琢的天然晶体）的物品，她通过自己的想象，用这些物品和她的积木搭建了小房子和想象的其他东西。

然后，我们告诉她大自然是如何将那些相对立的物质连接起来，产生了真正的水晶的，那些水晶熠熠生辉、五光十色，那是多么美丽耀眼！这样之后，孩子自己也会去模仿，然后去锻造水晶。

从此以后，她用自己稚嫩的双手播种、培育植物，精心照料它们，按时浇水，给那些植物带来爱的滋润，看着她们开出美丽的花朵。

蚕热忱地收集幼卵（蝴蝶的育种），照顾它，看管它，用自己的热量孕育它，日日夜夜将它保护在自己还未成熟的胸怀中。直到一天清晨，它非常幸福地看到一个崭新的世界，从蚕蛹的身体中破壳而出，从蚕蛹的爱中绽放成一只美丽的蝴蝶。

就像这样，孩子总是能够通过创造去制造幸福。请继续下去吧，去爱、去养育孩子，我的小女儿。我亲爱的小女儿，请你将自己与伟大的母性联系在一起。你柔软的内心不会因此失去任何东西。去创造吧，在深刻的平静之中去创造。第二天，这将会使你花费更多的力气，你的内心会流血……啊！请相信吧，我的内心也是一样的。但是去享受吧，今朝有酒今朝醉。没有什么比起看到你小小的创造力更加甜蜜了。我对此很确认，不管发生什么，你都有你在这个世界上的存在位置。这一点体现在神圣的作品中，就是竞争和创造。

第九章
十四岁的母性——脱胎换骨

对于这个小女孩来说，我只担心一件事情，就是幻想。我看到有人四岁的时候就开始幻想。但是，幸运的是，她已经做好了防范：第一是通过自己活跃的生活；第二是她降生到世上，便有了一个亲密的人为她的未来做长远打算，那就是她的母亲。

女性终其一生都需要倾诉。

因此，她还很小的时候，母亲就会每天晚上陪着她，心贴心地和她聊天。

哦！相互倾诉、提出问题，甚至是相互争吵……这都是何等的幸福啊！"你说吧，我的孩子，不要停止！如果你做得很好，那么我会拥抱你。如果做得不好，那么明天我们一起去做得更好。"

她把自己的一切都说出来了。嗯！她冒了什么险？"很多，因为如果我做了坏事，妈妈会很痛苦……"她依旧继续说，"不，我亲爱的。在我本该哭泣的时候，让我在你的心上哭泣吧。"

那诚挚的忏悔构成了童年的整个秘密。孩子通过每天晚上的忏悔，对自己进行教育。

伴随着甜美的枕边话，她深深入睡了。但是，然后怎么样了呢？她醒了。十三岁半已经过去了，她有些忧伤。你需要什么呢，我亲爱的小女儿？到此为止，玩和娱乐的东西你什么也不缺。当你的玩具娃娃不够用的时候，我会送你一个；你就与你的玩具娃娃一起玩吧。你非常喜欢花朵,同样花朵深深地爱着你。你那些自由的鸟儿们追随着你,直到忘记了它们自己的归巢,甚至有一天,小灰雀为了你离开了它的妻子。

我猜想,她需要几个朋友,不是鸟类、不是花朵、不是蝴蝶、不是狗,而是和她同类的朋友。在她四岁或者五岁的时候,母亲将她带去了幼儿园。但是现在,在乡村里再也没有别的小女孩陪她玩了。她还有个小弟弟,比她小很多。尽管她非常喜欢弟弟,弟弟也一刻不想离开她,但是她想要的是将弟弟变成一个小女孩,或者说弟弟也只想将她变成一个小男孩。家人们适时地将她安置在一位朋友的家里,朋友家里的男孩子比较多,远离了母亲和姐姐的溺爱,让她去提前适应应该去学校上学的日子。有了男孩子在,她变得不太习惯。小女孩对异性朋友怀有巨大的反感;他们的尖叫声、打闹声,以及他们的玩笑,都会吓跑小女孩。她整个人都很像她安静低调的母亲,喜欢遵守秩序,喜欢安宁、沉静,喜欢孩子们低声低语地做游戏。

但是我看到她独自一人在花园的小路上散步。我叫住了她。她走过来了,走得很慢,心情沉重,眼眶湿润。为什么呢?她母亲亲吻她、抚摸她,都无济于事;她沉默不语。她回答不出来,因为她也不知道那是为什么。我们比她知道得更多,我们应该为她找到解决方法,为她找一份新的爱。

她的母亲对此感到非常后悔,想从今天起就带她离开这种窘迫、不安的状态,她的母亲送给她一些东西,更确切地说是送给她一个人。

母亲直接将她带到了乡村的学校中,向她介绍了这里的小朋友们。首先是一个高个子的女孩儿,她是一个热爱幻想的人。她觉得这里的小孩子都有点儿庸俗,而且还发现,这里的孩子都缺失一些本该拥有的东西。这个孩子穿得太少了，应该给她一条裙子。那个孩子来学校的时候没有带早餐，因为他的母亲没有面包了。另外一个孩子没有母亲，父亲也去世了，她四岁的时候就孤独一人了，人们尽量抚养她……她年轻的心被唤醒了。她什么都没说，她走到那个失去双亲的小女孩身边，帮她整理了一下衣服。她并不笨拙。看上去她要一直照顾这些孩子了。她给他们洗澡，把这个孩子安顿好，给另一个孩子找面包、黄油、水果吃，给出所有一切她所拥有的……维特喜欢看着卡罗特给孩子们分发小蛋糕。对于我来说，此情此景有一种喜欢的感觉。

　　那个失去双亲的女孩对其他人都很感兴趣。一个很漂亮，另一个很乖！也是她们俩，一个生病了，一个被打了，所以应该安慰安慰她们。所有的女孩子她们都喜欢，她们感到所有的女孩子都很有趣。手中有这些美妙的娃娃，是多么幸福的事情啊，它们好像会说话，它们好像会笑，它们好像能吃饭，而且它们好像都有想法，它们几乎和活人毫无差别！和它们一起玩是多么开心啊！在这种前提之下，她自己开始去玩了，她是个天真的大个儿孩子。甚至在家里的时候，她都会想；她拥有更多幻想，她是鲜活的，同时也是开心又严肃的，就像我们一样，一下子在生活中有了强烈的兴趣。她现在不再孤单一人了，她去找她的母亲，对她倾诉，她需要母亲。每天，她只要有时间，就会与孩子们一起度过。她全身心地投入到这个多种多样的小世界中，当我们近距离观察她或者融入她的世界的时候。我们发现她在那里有友情，有同样被收养的兄弟姐妹，有自己的偏爱，有被慈悲心激活的柔情，有时候有轻轻的微笑，有欢喜，有交流，我还知道什么？甚至有眼泪。但是起码她还知道自己为什么哭泣。对于年轻的女孩们来说，最糟糕的是，她们都不知道为什么会哭泣。

她五月份的时候刚刚满十四周岁。她就像是第一季的玫瑰。几场雨水过后,即将迎来它的旺季,它也会从此变得更加美丽和紧致。她也是,她曾经经历过一场小暴风雨、一场流感和一些艰苦的岁月。她第一次出门,还有一点儿虚弱,有一点儿苍白。她眼神中稍微闪着点儿忧郁,有点儿不可察觉的细微差别。(可能是一朵虚弱的丁香花?)她不是非常高大;但是她长个头儿了,变得优雅而纤细。本来躺下的时候她还是个孩子,可是没有几天,醒来之后好像长成了一位大姑娘。她变得更加轻盈,但是缺少了点儿活力,她也不再适合母亲给她的昵称了:"我的鸟儿!我的蝴蝶!"

　　她的小花园也变得像她一样,非常漂亮了。她第一次对别人献出殷勤就是给父母献花,父母曾经悉心照顾自己、对自己百般宠爱。她带着一点点遗憾,微笑着与父母再次重聚。她发现他们非常殷勤,双方互不说话,即使想法一样也都不露声色。

　　好长时间以来,这可能是他们第一次将她叫到自己身边来。当她还是个蹒跚学步、无法站稳的小女孩的时候,她需要父母在左右看护。但是,现在,她已经长大成人,几乎和自己的母亲一样高,她敏感地发现,现在是父母需要自己照顾他们的时候了。他们用真心呵护自己的女儿,这是多么令人动容的爱啊,她的母亲甚至情不自禁地泪水涟涟。

　　"亲爱的妈妈!您是怎么了?"她埋到妈妈的脖子里。她的母亲双臂环住她,轻轻抚摸她,但是却没有回答,她害怕自己会心痛。最后,母亲振作了一下,尽管苦楚的泪水还是溢满眼眶,但是她强颜欢笑地对女儿说:"我刚刚和你爸爸讲我昨天晚上做的梦。你自己一个人在花园里玩儿,被玫瑰刺扎伤了手指。我想照顾你,但是却无能为力:因为一生之中,你总会难免受伤……而我已经死了,我只能在天上看到这一切。""哦!妈妈,您永远都不会死的。"此时的她像个小百灵一样，扑到了妈妈的臂弯里。

此时此刻，这三个人的心紧紧交融在一起。我说他们是三个人，这简直是错误的！不，他们现在是一个人。他们活在女儿的爱中，女儿同样也活在他们的爱中。没有必要说什么，他们是如此融洽。人们甚至都没有发现，现在已经是傍晚了。周围渐渐暗下来，越来越模糊，她倚着父亲的手臂，母亲靠着小女儿，紧紧抱着她。

鸟儿的歌声听不到了，只听到它们发出的轻微嘈杂声，那是在夜晚来临之前，它们挤在窝里最后的亲密谈话。非常迷人而富于变化。一些鸟儿叽叽喳喳，聚在一起非常欣喜；另外一些鸟儿则明显忧郁一些，它们对于夜晚的来临非常不安，好像在说："谁能确定明天我们还能醒来呢？"百灵鸟妈妈非常自信，它从地面上径直飞回窝里，几乎用双脚步行穿过过道。母亲看见此情此景异常感动，对百灵鸟妈妈问晚安："上帝保佑你，我亲爱的孩子！"

没有什么比童年时期的性意识觉醒更简单了。对此，人们忽略了常识，也就是说忽略了让人一次学会一切的常识，这是一件危险和严重的事情。那些不谨慎的父母是怎么想的呢，他们放任小女孩在偶遇的风险中成长？偶遇的风险是什么呢？往往是遇到一个毫无天真、没有想象力的同伴。偶遇，这个词是个略显轻浮、充满情欲、洋溢青春、与亲戚最亲近的词语（而且大多数时候我们并没有意识到这一点）。母亲们说不，并且感到气愤；因为她们所有的孩子都是完美的。她们都和自己的儿子太亲密，以至于不相信显而易见的事实。

不管怎么说，哪怕她不是母亲亲生的孩子，这个事实都是惊心动魄、令人恐惧的；她扼杀了这种意愿；这个可怜的小女孩，此时此刻，在重新回到母亲的心中之前，一直都是被忽视的对象。

对于这个小女孩来说，在很早的时候，她就清晰地知道了植物的生长、昆虫的种类,她知道所有的生命体都是从卵生开始,她知道整个大自然都一直贯穿着排卵工作,对于自己被安排到这种自然规律中,她一点儿也不感到奇怪。这种现象体现在每次月经血的出现,当我们在厕所看到经血的时候,又显得非常自然。

在世界发展的普遍规律中,这一切看上去都显得非常高贵、伟大、纯洁。当我们看到摧毁死亡的东西被重新修葺,我们发现了这其中的更伟大之处。母亲对她说:"死亡在压迫我们,死亡在催促我们,我亲爱的女儿,解药就是结婚。我和你爸爸早晚都会离你而去,为了得到慰藉,你应该早做准备,尽可能在我们离世之前离开我们,应该结婚。你会像我一样,在巨大的疼痛中生下你的孩子,你将会给这个孩子带来生命,没有你孩子就活不下去,或者说,如果孩子活着,他们也早晚都会离开你……这就是我预先看到的,这也是让我感到心痛落泪的事情……我错了;这是我们的命运,上帝让我们如此存活。"

第十章
历史是信仰的基础

在现代作家中，卢梭首先有力地提出了关于教育方法的问题，在我看来，方法论并不是教育的全部。因为方法论只是研究人们应该如何教育学生，或者说如何在孩子自由的行为中去帮助孩子成长、促进孩子进步，孩子以后可能会锻炼出一种自学全部知识的能力。我没有去核实卢梭写的书，我只是发现，对于教育的第二个问题他只字未提。教育的第二个问题就是教育的主要目标。孩子们能学到什么？假设卢梭已经成功建立了一个成熟、有力、鲜活、独立的思想体系，那么这个体系的施加对象是什么呢？一定存在一些知识能够使自己发现身体生长和智力发展的规律？光是创建"主题"是不够的，我们应该决定主题所施加的对象。我称这个目标为教育的实质。

我认为，教育的实质对男孩和女孩来说，应该是完全不同的。

如果我们想在教育上获得成功，做到这里是远远不够的，我们应该重视区分这两种性别的差异，重视造成这两种性别相互对立的因素，以及使两者在自然体态上完全对立的因素。

其他的因素就是两者的使命和自然趋势了。也是教育，但是在教育方法上是不同的，对于女孩来说，要让她变得和谐，对于男孩来说，要让他变得强大，对于思想体系下的主流研究来说，此处的教育目标是不同的。

人类，被号召要投入工作、投入到与世界的战斗之中，伟大的研究就是历史，是对战斗的记述。借助语言的表达，历史给予了人类民族的天赋。权力操纵着历史，历史为权力服务，在权力的控制下被书写，历史被永恒的正义发掘、改写和修正。

对于女人来说，对自然的研究就是连接自然和男人之间的温和媒介，是连接父亲和孩子的纽带，实用、年轻、美丽的研究就是对自然的研究。

男人，从一个悲剧走向另一个悲剧，每一步都不同，从一段经历走向另一段经历，从一场战争走向另一场战争。历史将会常伴左右……并且总是和他说……"前进！"

女人，正相反，她遵循自然循环中的高贵、安宁的史诗，遵循和谐历史时期所经历的宁静时刻，关注自身，她有一种永恒、令人动容的优雅和忠诚。这种自然回归，在其行为中加入了宁静，如果可能的话，我敢说这是一种相对的不动。这就是自然研究不会衰落和凋零的原因。女性信任这一点，因为自然就是一名女性。我们愚蠢地为女性主义添加了一段历史，那是一名野蛮和粗鲁的男性，是一位急匆匆、风尘仆仆的旅行者。上帝将这个双脚精致的女孩子和这个野蛮的朝圣者紧紧结合在一起；她很快将会凋零，气喘吁吁，一败涂地，跌坐在路上。

历史！我的女儿，历史！我应该为你奉献。我将会把女儿交给你，真诚、强大、简单、真实而又苦涩，就如同她有的样子一般；不要害怕，我已经被这柔情蜜意融化了。但是他没有强迫我，可怜的孩子，让你痛饮一切，让你浸在这比毒药还毒的、可怕的补品之中。

我在历史中亏欠你的，首先是把你控制住，在你还在襁褓之中，我就应该向你说明的是你道德生活的基础。我向你首先说的是你是如何出生的，你母亲生你的时候所经历的痛苦，因照顾你而付出的艰辛，还有她因你而产生的所有的担惊受怕，她经历过多少次痛苦、哭泣，甚至差点儿因你死掉。我的孩子，这历史就是你最珍贵的传奇故事，是神圣的宗教记忆，是你在人间的第一次朝圣。

然后，我要总体上和你说说，你的第二个母亲，你的伟大的母亲，就是你的祖国。上帝眷顾你，让你出生在法兰西的土地上，我的孩子，这片土地吞噬一切，在这片土地上没有人会觉得冷，错了吗？什么原因？谁知道呢？我们，我们对此一言以蔽之："痛并快乐着，我们只在法国才有如此的感觉。法兰西民族是个知道生死的民族。"

在你祖先的漫长生命中，你将见证伟业，如果你知道那个神圣的时刻，祖国登上神坛，巴黎对整个法国说出夙愿，说出所有人的意愿："在万物之中迷失。"

法国就是通过这种团结一心的努力，成了一个有人性的人。能够感知自己内心的跳动，会诘问自己，会在内心的第一次跳动中寻找世界上最神圣的手足之情，寻找解放大地的愿望。

这就是你的本源。哦，亲爱的女孩子！记住这些吧，从此你只爱英雄！

你将从法国走向全世界。我们一起准备，所有的一切都好像你做的园艺活动，这里的土壤很适合培育国家。土壤、气候、地形，有无数种方式可以决定人类的行为，你对此进行的研究总是很生动有趣，历史总是被超前创造。大地主宰，人类服从；什么样的植物、什么样的体制就会培育出什么样的文明。有时候，人类的内部力量能够反应并且战胜一切。在这场战斗中，你最要好的童年朋友、大自然、自然科学都会联合起来，与生命诞生的道德科学做斗争。

对于男孩和女孩来说，历史教育是一样的吗？

是的，可能这就像信仰的基础。历史给人类带来了道德硕果、带来了内心的支撑和生命的补给：也就是说，关于正义的问题、关于对责任和上帝的信仰中表现出的历史和谐，人类的灵魂是对等的。

但是应该听说过，人们被号召参加多项事务、参加世界大战，历史应该对此做出特别贡献。历史对于人类来说是经历的宝藏，是装满各式各样武器的仓库，明天我们就可以拿起来上战场。对于女孩来说，历史尤其是一种宗教和道德的基础。

看上去很灵动的女人，也会日复一日身材走样，在这人世间，女人比男人更应该去努力满足两种使人坚定的条件。女人是一座神坛，纯洁健康，男人的生命因女人而延长，在这神坛之中，男人可以随时找到信仰，重新找回自己的意识，并且变得更加纯洁。女人是一所学校，在这所学校中，每代人都收获自己真正的信仰。父亲花很长时间去思考教育，而在此之前，母亲早已经亲历亲为地投身教育，母亲的功劳也永远都不会被抹去。

她应该有信仰。

陷阱马上就会出现。随着信仰的动摇，最危险的陷阱即将到来。她还不到20岁，可能结婚两年了，有一个孩子，我们开始审视这片土地。那些无所事事的小姐们会来中伤，她们会嘲笑一切事物，嘲笑她父亲教给她的一切，嘲笑她母亲单纯的信仰，嘲笑她丈夫的严肃，让她相信她的一切都应该被嘲笑，相信在这个世界上没有什么是确定的。

她应该有信仰。利欲熏心、阴险轻浮的小姐们只会让她觉得恶心，她不应该和那些娇小姐一般见识，她温柔而坚定的内心是这信仰的基础，根植在她的理智之中，保留在她内心的单纯之中，珍藏在和谐、统一的民族之心中。

父亲和母亲应该早早形成共识,在历史持续不断的演进之中,应该根据她所处的年龄管教她,让她一直保持道德感和神圣感的一致性。

她的母亲主张无神论,我想说的是通过语言的温柔来描述她母亲的弱小,应该首先向她说明一些用她自己的方式记述的伟大历史事件。她的父亲,会在她合适的年龄(10 岁?12 岁?)去选择一些小众作家的作品给她阅读,比如说希罗多德①的记叙文式《长征记》②《亚历山大远征记》③《圣经》里优美的篇章,以及《奥德赛》④,还有我们的"现代奥德赛"和优秀的旅行者所写的著作。阅读这些书籍都很耗费时间,而且这些书籍蕴含的都是同一种思想,也就是说虽然每一部作品展示的风俗、习俗、信仰都不一样,但是很少有角色会有变化。作品中表现的大多数的不协调都是显而易见的,但是有时这是民族或者气候的独特性所要求的。我们光靠常识就能判断一切。

比如就家庭方面来说,我们无疑能感受到她不可能和出生在水深火热境遇下的印度妇女有一样的命运,那些女孩在 8—10 岁就被嫁出去了。但是,即使我们身处在一种自由和自然的世界中,家庭的理想也是绝对相同的。这是琐罗亚斯德⑤、荷马的作品中

---

① 希罗多德(Hérodote,约前 484—前 425):古希腊历史学家,著有《历史》一书,被称为"西方史学之父"。
② 《长征记》:古希腊历史学家色诺芬所做。根据色诺芬率希腊雇佣军从波斯回希腊的经历写成,内容上有夸张成分,但真实记录了沿途的地理风貌和人情习俗,具有很高的史料价值。
③ 《亚历山大远征记》:古希腊历史学家阿里安所做,记录了亚历山大大帝建立强大的马其顿帝国的过程。
④ 《奥德赛》:古希腊诗人荷马创作的史诗,描写特洛伊战争后,奥德赛归家途中的漂泊经历。
⑤ 琐罗亚斯德(Zoroastre,前 628—前 551):古代波斯人,建立琐罗亚斯德教(中国史称"祆教""火祆教""拜火教"),曾是西亚非常有影响力的宗教,古代波斯帝国的国教。

体现的思想，也是苏格拉底著作中的思想，在罗马、在我们这里也都是一样的。我们在亚里士多德的作品中看到，希腊女性一点儿也不独立，但是却总能强有力地影响国家。我们在修昔底德①的作品中能读到这一点，在他的作品中，人们曾经对莱斯博斯岛大屠杀进行投票，但是当他们晚上回到家里和自己的妻子商量完之后，就会改变主意，毅然决然地改变禁止屠杀的决定。

  法律深深地欺骗了我们。比如说，所有地方的人都认为，女婿给岳父付款，就是购买了妻子，同时也认为妻子就是奴隶。人们认为这没有什么大不了的。这种形式的婚姻依然存在于非洲，只有在原始部落里，妇女才是自由的，甚至可以统治、管理国家，而不是让男人统治。其实，这笔付款并不是用来购买妻子，而是对于妻子离开原生家庭的赔偿，对这个孩子不能再为这个家庭谋取利益的一种补偿，实际上，她未来只会给她即将嫁入的家庭谋利。

  令人称奇的是，那些怀疑者坚定地采取措施制造了不和谐的事件、制定了规则外的特例，公告天下规则不再是规则。道德和道义的反抗者除了在令人疑惑的事件中寻找最可疑的线索之外，也没有什么其他方法可以解决问题了。

  "但是，"父亲说，"在扑朔迷离的众多事物中，我去哪里获得洞察力来指引我自己、指引我的孩子呢？"

  最简单而强大的批判是由内心升起的，这比精神领域产生的批判要强大得多。批判产生在王权中，产生在对现在和过去的兄弟们泛起的些许同情之中。通过这种批判，你们将会很便捷地在历史的汪洋中区分出人类道德的相同潮流。

  您想相信有人在这历史的汪洋里做了不只一次大规模的航行

---

① 修昔底德（Thucydide，约前460—前400）：古希腊历史学家，著有《伯罗奔尼撒战争史》。

吗？我们能够从中感受到：这和从安地列斯海域出发的航海家们的经历完全是一样的；第一眼望去是一望无际的大海；再看一眼，一片绿色的背景下，一条宽大的蓝色小路铺展开来；这是一条波浪翻滚的大河，穿越大西洋，最终平静地汇入爱尔兰，甚至伸向布列塔尼的一角，这条大河到这里还没有完全冷却下来。人们清楚地看到这一点，甚至比在途中更能感受到那种热情。

如果您对于历史的关注更加认真一些，您会发现这就是道德传统的巨大潮流。

但是当我们到达至简境界，也就是历史和道德本身都达到一致的境界时，我希望纯洁的年轻女孩能够被有深度的阅读滋养，融古贯今，乃至汲取东方文化的精髓。如果人们给孩子阅读的书籍都是古老民族的书籍，那会怎么样呢？我们让他们忽视了童年的存在，忽略了年轻的世界，这会怎么样呢？如果我们收集一些真正来自《吠陀经》的赞歌、一些祷告文，或者波斯人信札中的段落，如此纯洁又如此英雄主义，加入取自《圣经》的动人的田园牧歌，那么我们就送给了这个年轻女孩一捧完美无瑕的花，香气轻缓四溢，沁人心脾，直入女孩纯洁的内心，久久停留不会散去。

很少有东西能够长时间影响人心。舞蹈、莎士比亚、来自古老世界的巫师和诡辩家，这些离我们都很遥远。更加遥远的，是人们很难忘记的历史小说、预言死亡的文学，他们从来不会忽略历史的存在。

我想要乳母的歌谣，就如同《伊利亚特》和《奥德赛》。这是属于全人类的书籍，对于年轻的灵魂来说这是最好的瑰宝。这是一本新书，但是却如此智慧！

另外，为了更清楚地知道什么书籍比较适合她，我们应该把书籍按照使人通达或者惹人愤懑的级别来分类。每一种文学都会反映一天中的某些时刻。希罗多德和荷马,他们的作品就如同一道晨光,所到之处照亮万物,他们存在于希腊的所有历史记忆之中。晨光好像永远笼罩着希腊的文明建筑,使其熠熠生辉,到处都通透纯净、圣洁无比,带着英雄主义的喜悦、给世人的灵魂以启发和欢愉。

与《吠陀经》相比,印度的诗歌和戏剧更加现代一些,有无数激发孩子想象力的东西,尤其能让女孩子入迷!但是我并不急于接触这种文学。因为印度的所有文学都弥漫着一种午夜时分的忧伤色调。这种弥漫甜蜜谎言的世界,人们已经在迷醉的森林夜幕下幻想了无数次。对着她幸福甜蜜的情郎,我让她在铺满花朵的摇篮之中,尽情地阅读《沙恭达罗》①。

大多数《圣经》相关的书籍好像都是在夜幕降临、午夜时分被完成的。所有触动人类精神的可怕问题,都是以一种野蛮而残酷的方式被提出来的。人类与上帝的分崩、儿子与父亲的决裂,由原罪产生的恐怖问题,亚洲所有新生民族的焦虑,我害怕这些会过早地搅动一颗年轻的心灵。这让人不能想象,我的上帝!对她说出大卫在暗夜中发出的咆哮?以及谋杀乌利之后撕心裂肺的回忆吗?

烈酒敬男人,牛奶喂孩子。我已经老去,没有任何价值。这本书是适合我的。男人在此跌倒、爬起来,是为了再次跌倒。这是怎样的跌跌撞撞!可是我应该怎么向我亲爱的天真小姑娘解释这一切呢?希望她可以一直忽视双重人格的斗争!这并不是因为这本书里渗透了中世纪秘法的缺点,而是这本书太动荡、太令人不安了。

---

① 《沙恭达罗》:印度诗人和戏剧家迦梨陀娑所做,描述了一位国王与净修女沙恭达罗之间感人而曲折的爱情故事。

让我犹豫是否可以过早接触这种文字的原因，是犹太人到处宣扬的对大自然的恨。很明显，他们害怕埃及人和巴比伦人的魅力。不管怎么样，这些都不重要。但是这给他们的作品带来了一种否定和批判，并且是严肃的否定和批判，并不是一直都很单纯的。这些作品的设置和我想给予孩子们的东西是完全对立的，孩子应该是天真无邪、欢快宁静的，应该对大自然充满友好，尤其是对动物。但是犹太人却给动物们冠上了一个丑陋的名字："长毛物"。我宁愿让我们的小姑娘去读温润的东方文学，可以祈福终身，也不愿意让她们读这个。

我和我的女儿一起阅读，我们沉浸在《圣经》的光辉之中，一起读《阿维斯陀》①，一起倾听母牛对人类的抱怨，那神圣而又古老的抱怨，是为了唤醒人类的善行。我们一起阅读人类说出的强劲有力的话语，真实而又永远存续，人类承认亏欠自己的劳动伙伴，强壮的公牛、健壮的狗和肥沃的大地。大地并不是没有感觉的，大地对耕作者说的一切都是永恒的。（参见《阿维斯陀》，第2卷）

成为一个纯粹的人，为了让自己变得强大；成为一个强大的人，为了让自己变得丰盈。这是自然规律表达的一切意义，这是上帝给予大地最人文、最和谐的东西之一。

在晨光微露前的清晨，当老虎还在四处游荡，两名同伴已经出发了，我说的是人类和狗。这里说的是一种野狗，一种巨大的看门犬，如果没有这只看门犬，原本的土地并不宜居，这里会变得动荡和令人生畏，这种狗一步就能扑倒野兽。我们曾经给亚历山大看过一只看门犬，那只看门犬直接在亚历山大面前扼死了一头狮子。

原本人类只有厚重的短剑作为武器，面对面、胸对胸，一点点

---

① 《阿维斯陀》：亦称《波斯古经》，是琐罗亚斯德教的圣书。

地刺伤了狮子。

在忠诚的犬类的保护下，人类一天天征服了大地；人类在大地上播种最好的种子；给大地浇灌最干净的水，用犁耕耘大地，用泉水滋润大地；人类自己也用大自然的最好作品充实心灵；人类最终升华而归。

他劳作中的强大伴侣，也是遭遇危险时的强大伴侣，就是妻子。这是他最强大的伴侣，家庭中的女主人。女人将他收留在屋檐下，亲手为他做食物吃：他吃掉女人给他的食物，像个孩子一样任女人喂养。女人知晓一切，知道所有植物的真谛，知道哪些植物有利于身体健康，知道哪些植物让人振奋。

女人是魔术师，也是女王。女人征服了击败雄狮的胜利者。

古波斯人的世界是一个精神饱满的世界：就像是日出前的玫瑰；我在此能够感受到四万条水道川流不息，正如希罗多德所说，这就像是藏在地下的静脉，使大地重现活力，从那炽热而饥渴的骄阳中偷走奔腾的水流。

第十一章
帕拉斯*女神和理性

亲爱的孩子,你以后不会再待在摆满雕塑的长廊。你的母亲觉得长廊里太冷,我们还不如去卢浮宫的最顶层,那是一个鲜活炽热的世界,装满了画作。尤其是在夏天,那是一个神圣的休憩之所,祥和宁静,我们可以在此思考、学习,总比上面的博物馆好多了。今天,你的母亲因为一些家务琐事不能出门,于是,我们便一起去那个严肃的沉寂国度进行了一场旅行。

这里的作品并不是像油画博物馆里一样按照种族、圈层进行分类。这里高级和纯粹的古董总是让人回忆起时代的衰亡。然而这里没有什么让人混淆的。真正的希腊孩子是非常自豪、高贵而又单纯的,甚至在罗马人之中、在参议员之中、在帝王之中,他们都占据主导地位,好像希腊才是世界的主宰一样。帝国的半身雕塑(如阿格里帕①、维特里乌斯②等)所展示的初级激情好像并没有在他们高贵的祖先身上有所体现。他们理想化子孙的特征展现了一种高尚的安宁气质。他们的额头泛着光芒,照亮了雅典神殿,他们的眼睛深邃有神,显示了敏锐的直觉和男性的理性光辉,而不是疲软的梦境。

---

* 帕拉斯(Pallas),即希腊神话中的智慧女神雅典娜。
① 阿格里帕(Agrippa,前63—前12):古罗马政治家。
② 维特里乌斯(Vitellius,15—69):罗马帝国皇帝。

你已经看到了普鲁塔克①的生活；你在这里寻找伟大的死亡，找寻偏爱的对象。记载时代衰亡的传记非常有趣又充满浪漫色彩，让我们改变了对古代智慧的看法。作品首先宣布英雄的存在，然后创建英雄的形象，再将其神化。然而，希腊城的美丽在于，它是座充满英雄主义色彩的城市，但是我们看不到任何英雄人物。一切皆虚无，而一切都存在。通过获得身体的健美，以及心灵的健美，所有的希腊市民都应该传承这座城市极致的美，都应该达到英雄般的高度，都应该能够近距离地贴近上帝。希腊人热衷于各种活动，格斗赛、广场上或者学校组织的辩论、戏剧活动、游戏竞技或者以决斗为主的节日活动，人们通过这些活动发掘人体所展现的美和力，这种美和力被不停地运用到关于赫拉克勒斯和阿波罗②的雕塑作品之中，以展现他们的高度完美，赫拉克勒斯是大力士的化身，阿波罗是美男子的代表，或者还用来展示雅典密涅瓦③女神的沉思之美。

希腊人天生就很美吗？谁相信这一点，谁就是很愚蠢的。但是希腊人懂得如何让自己变美。"苏格拉底其实是名副其实的好色之徒。但是他通过塑像所展示出来的理性、美德、奉献精神，由内而外地改变了自己，重塑了自己的面容，甚至在最后时刻，他化作天神，点化了柏拉图。"

我们走进大厅的最深处，那里有墨尔波墨④的巨大雕像，在走

---

① 普鲁塔克（Plutarque，46—120）：罗马帝国时代的希腊历史学家，著有《希腊罗马名人传》。
② 赫拉克勒斯（Hercule）是古希腊神话中最伟大的英雄。阿波罗（Apollon）是古希腊神话中的光明之神。
③ 密涅瓦（Minerve）：罗马神话中的智慧、战争、月亮和记忆女神，与希腊神话中的雅典娜对应。此外雅典密涅瓦指的就是雅典娜。
④ 墨尔波墨（Melpomène）：希腊神话中的悲剧女神。

近的时候，我们一度在帕拉斯的雕塑前驻足。这是一座罗马时期的雕塑，但是却模仿了一座希腊风格的帕拉斯雕像，可能是菲狄亚斯①的作品。我们在这里也能看到伯利克里、特米斯托克利②的著名肖像画。用自己的名字给雕像命名，这是思想、智慧，或者说是思考。

思考，是将思想转向对自身的思考，为自己的目标而思考，就像在镜子中观察自己一样。在这个过程中，思考者会虚幻地将自己双重化，看到的思想凝聚了被看到的思想，通过语言的分析不断延展、不断发展，或者通过语言内部传递的信息来展现这种无声的理性。

尽管奥德塞和特米斯托克利的故事征服了东方，但是希腊展现的高级智慧，并不是体现在他们的机智上，而是体现在理性方法论的发明，理性方法论启发了即将到来的人文主义思想。

诗意的、有先知性的直觉，这种东方的方法论在犹太书籍中是非常受推崇的，这种方法论的发展历程也是困难重重、迷雾缭绕、充满奇幻的。直觉也伴随着命中注定的思想，其产生并依托于灵感迸发的偶然性。

这种晦涩的方法论被希腊人用一种以"寻找"和"发现"为主题的、刚劲有力的艺术替换了，通过众所周知的方法，希腊人将这种艺术发展到了全盛时期，在这个时期，人们反复试验，做了所有的确认工作。人变成了命运的生产者和命运的工匠。哪个人呢？不是被选举者，不是先知，不是上帝偏爱的幸运儿，而是任何一个人都可以。通过理性的艺术，雅典赋予整个大地活得平等的权利。

到此为止，上面所说的话都是没什么联系的。只是情感的盲

---

① 菲狄亚斯(Phidias，前480—前430)：古希腊著名的雕塑家，擅长神像雕塑。
② 特米斯托克利(Thémistod，前525—前460)：古希腊政治家、军事家。

目发泄，胡思乱想的片段早晚都会消失。一切都是碎片化的、偶然的，没有什么是有规律的。

到此为止，一切进步都跌跌撞撞、过于迅速和盲目。在现实中，人类的运动没有什么可能的历史。东方没有历史。东方仅有的编年史，记录的都是被边缘化的事件，我们并不能据此提炼出什么有用的结论。那些命中注定的东西能有什么结论呢？智慧能将我们引向何方呢？

但是，当某一天理性发展成一种艺术、一种方法论的时候，当某一天少女帕拉斯孕育孩子的时候，在纯粹的形式下，通过精简和计算，在人文作品中，一种持续不断的、有规律的演变得到了传承。理性的江水滔滔不绝、奔流不息，从梭伦奔流到帕皮尼亚努斯①，从苏格拉底传承到笛卡尔，从阿基米德流淌到牛顿。

理性在你身上就像个孩子，在我们身上也是一样的，它拥有巨大的力量。我们只需培养理性。我不要求你将其应用到最抽象的主题之下，不要求你像另一个世纪那个有名的女人一样理解牛顿的理论。我不要求你教那些殷勤的和仰望你的人高等数学，就像在1859年，我在格兰维尔看到的一个妇女一样。但是如果在生活这条异常艰辛的蜿蜒小路上，你能够在纯净而高洁的地区找到一方避难所，那么我将会感到非常幸福。女人对美丽的追求总是非常纯粹的，感觉到自己变得漂亮了是一种自我宽慰。纯净、高尚、生活的改善，这一切都落实到了真实的生活中，这是对大地上一切幸福的补偿。谁知道呢？你们还记得这一切吗？

我们曾经在一个可爱的孩子身上见证过这个场景，这个孩子是年幼的埃米莉，她是马宁的女儿。她很小的时候就遭遇了人生

---

① 帕皮尼亚努斯（Papinien，约150—212）：古罗马法学家。

中最残酷的打击,失去了自己的母亲,父亲也走向堕落,她受到的打击就是威尼斯最残酷悲剧的缩影。流放、穷苦潦倒、北方城市的阴郁日子,这一切本来应该结束的。最令人恐惧的是意大利殉难者们痛苦挣扎的画面,人们战战兢兢地挣扎在通向死亡的大门前,那浓墨重彩的画面令人战栗。尽管遭遇不幸,年轻又纯洁的孩子保持了高尚自由的思想,她喜欢最纯粹的东西——代数和几何。是她用自己高贵而宁静的心支撑了她的父亲。父亲遇到事情会和女儿商量,甚至失去女儿之后,父亲也在一直猜想女儿会做出的判断。他对我们说:"我觉得,我的女儿在爱国这件事上是会支持我的。"

上帝和理性,有差别吗?相信差别的存在,就意味着不相信宗教。对于永恒爱情(美丽、丰盈、力量)的所有形式,毫无疑问,理性都是最重要、最高级的。通过理性,人们才能使一切变得和谐有序,秩序使一切变得繁荣,秩序使一切变得美好。在看似冷漠的理性之下,爱一点儿也缺不了。

我们活着并不只是为了爱你或者保护你。可能像其他女人一样,你在大地上是孤身一人的。但是父亲会给你保护,他是一名认真而忠诚的守护者,永远都不会离开你。我向你承诺,亲爱的,我要赋予你智慧,以此来守护你,我想说的就是,我要赋予你理性!

第十二章
安德鲁神父的仁慈

我认为，认真的思想可以概括我在以上三章中所遵循的两种方法论，两者都是严肃的方法论，但是无论其中哪个表现得多么珍惜和爱护自然，另一个方法论都正好相反。我年幼的孩子，在两岁开始迈开第一步的时候，就染上了叫作"爱情"的疾病，我给她用了两种药，并不是为了医治她，而是为了改变并提升她。我不能欺骗爱情，对于爱情，我们应该保持温柔的尊重，这是上帝赐予我们的美好事物，但是要将爱情延伸、满足更值得的目标，而不是任由其发展。

我们能够看到，在危机时期（大约十四岁），或者比我感受到其到来的时候更早一些，我采用的研究方法是同性模糊法，通过共性去推翻或者反转。我将母性情感和照顾孩子放到两性情感之中考虑，我认为它们占据着非常重要的位置。

但是在后来的岁月里，我通过对抗疗法，用新研究占据了她的思想，就是采用纯粹的安静阅读的方式。在各种各样奇妙的旅行和历史见闻之中，我让她自己找到最严肃的道德基础，也是她生命所依靠的基础：对于责任和上帝的人文信仰。

她在自然中看到了上帝，她也在历史中看到了上帝。她在永恒的爱情中看到了她分别研究的两个世界的联系。这是多么鲜活而又温柔的情感！……但是我没有给自己制造危险吗？这颗年轻的、充满爱的心不会被释放出来吗？在纯洁的掩盖下，在高级的环境中，这颗心会去追随危险一点儿也不少的疾风骤雨吗？

一切都得依靠她的母亲。在大自然的第一次颤动中，受惊的、弱小的孩子一直都在母亲的怀抱之中；孩子在此拥有的不只是真实的爱抚，而且还有美妙的梦幻。当孩子变成女人的时候，她的母亲会变得无比温柔，以至于她的母亲也重新变成了孩子。她心里挂念自己的心头肉，她的孩子正处在蹒跚学步的阶段，是脆弱无比、会祈求、会哭闹的年龄，她的孩子和她自己都会鬼使神差地被弄得紧张异常，她在这种情况面前束手无策。

然而我呢，我会变成什么样子呢？如果一个脆弱的母亲本该用泪水和奶汁养育花朵般的孩子，那么我用干净的、有养料的水浇灌花朵有错吗？然而糟糕的是，毫无经验的人用饮料去浇灌花朵，花朵就会变得萎靡败落。

在所有的腐蚀心灵的小说之中，最糟糕的就是充满神秘主义色彩的书籍，在这种书籍之中，往往在虚幻的黄昏时刻，灵魂之间的辩论就开始了。她认为自己会变得神圣、柔软、温柔，已经准备好迎战人类所有的渺小脆弱。犹太书籍中野蛮、激烈而粗鲁的辩论，在中世纪的书籍中被描绘得愈加激烈而不健康。在后来的重印本中更是愈演愈烈，总是以悲情的方式被提及！我年幼的女儿，年复一年，通过另一种道路，越来越接近上帝（强壮、活力、有创造性的上帝）的思想，害怕的东西越来越少。然而，就是在这个时候，我考虑应该将她全面武装，我用所有能驱走幻想的东西护住她幼小的头部，用帕拉斯女神闪着光辉的钢铁面具保护她。我想和她展开的内部对话，根本不是一种危险幻想的对话，而是严肃的保守主义的思想对话，是能够使人清醒、很有哲理的。这比推理更加高级，这预示着理性。在她穿过的生命星球之上，她能看到水晶星球，充满无限光辉的思想，一点一点地在星球全面渗透。这是如此美丽、如此纯粹，她是如此喜欢、如此热爱自己的纯洁。

这就是她身上的爱具化了爱，我要如何保存她的心？

这总是有作用的吗？我不应该自夸。我亲爱的孩子！这不是她的错误。这是大自然的错误，大自然的力量每一天都把她变得更丰盈，大自然中奢侈的元气使她变得美丽，最终她成了一位气质迷人的女孩。贞洁的女孩，内心纯洁、骄傲、乖巧又值得尊重，她好像又给大自然至高无上的力量注入了重要的元气。她的思想和眼界都高高在上，但是内心都专注在伟大的事物上，她美好的灵魂知道如何战胜自己，一点儿也不逃避抽象事物。但是很多时候，在这些高尚的研究之中，有人（是谁呢？）会内心不安；她的脸颊一下就泛起了红晕，她美丽的眼睛开始游离，变得浑浊不清，生命的波涛泛起，充盈了她年轻的胸膛。

她是女人……这一点怎么办？她周身散发出电光火石般的魅力。在赤道的热带雨林里有无数生灵，爱情之火在这里被点燃，跳跃的火苗充满了魔力，使夜晚也变了形状。这是单纯的揭秘，但是相比于懂得藏起一切秘密的纯洁的女孩来说，这并不会更单纯。她身上绽放的可爱光芒是为人所不知的，柔和的光环环绕着她，她感到害羞，因自己如此美丽而感到脸红，她周身散发着被甜美爱情滋润的芬芳。

哦，亲爱的孩子，我不能，也不想让你如此放任！你走过，就像是一盏灯。在你消耗的危险的热量之中，应该加入一种可以消遣放松的东西。你身上有一种吞噬人心的力量，但是我将要加入另一种燃料。亲爱的女儿，我更希望看到你自己孤独地燃烧。从我身上吸取燃料，请接受扑灭你内心火焰的另一种火焰。请接受（你父亲给予你的）痛苦和苦涩……

你有我们的爱做保护，你封闭在自己的思想里，淹没在工作中，从此不知道在世界上的工作到底是什么，不知道无穷无尽的悲惨生活。除了看一眼哭闹着的、转瞬又止住啼哭的孩子，你再也猜测不到人世间无边的罪恶。你虚弱而脆弱。你的母亲和我，我们不敢将你置于如此痛苦的情感之中，但是如今我们是有罪的，因为没有提前告诉你这一切。

然而，我将女儿带在身边，我大胆地将她放在我们周围这汪洋般的泪水之中，我们也不会特意关照她。我撕裂了她的屏障，不管她是否反感，不管那虚假的柔情。看吧，看吧，我亲爱的女儿，这就是现实！……这些事情都是现实存在的，你活在自己的梦幻里，活在个人的田园仙境里，幻想在充满柔情的大河上慵懒地旅行，河边繁花盛开，这是一种自私的行为。

她害羞了，因为她不知道这些，她变得手足无措，她哭了。过了一会儿，她又重新充满了力量，她由于哭泣和无动于衷而脸红；上帝之火在她身上冉冉升起。从那时起，她不再让我们休息。爱情的所有力量、年轻热血所激荡的所有热情，都变成了一种悲悯，刺激她开始活动、冲动、不耐心、无所事事、忧心忡忡。现在要如何使她平静下来呢？母亲要引导她、陪伴她、包容她。由于盲目的冲动，她自己很可能已经置身危险境地而不知。

在英雄主义的悲悯和热情之中沉醉，充满爱的少女散发着令人愉悦的欢喜，她从来都没有说过这种感觉。曾经有一次，她被画在了画里。

一个被流放的意大利人认可了这种法式悲情，由于内心被触动，他完成了一幅热情如火的画作，对我们来说是不可估价的馈赠，我觉得这幅画作也保存在卢浮宫里。哎！怎么把这幅圣洁的作品放在那里啊，和那些粗俗不堪的所谓伟大作品放在一起！它都变质了！真是野蛮啊！大逆不道！就是因为你们，这幅精美绝伦的作品差点儿在画布上夭折。但是在我的记忆之中，这作品一直是火热的，哪怕到我生命的最后一天，比起虔诚的图片，它更能让我保持热情。

去年5月21日，当我最后一次看到这幅作品的时候，我写了以下潦草的笔记：

"无比大胆的作品。不落窠臼，毫无保留。我们仿佛看到了意大利灾难时期的恐怖场景。只有经历过无数次死亡，才能阐释这种场景，才能创作出如此杰作。"

"她有如此丰满的乳房，她还是个少女而不是女人。女人会更加羞涩。少女还没有被驯服；她没有什么拐弯抹角的，不会一会儿倒向左一会儿转向右。她没有丝毫害怕，也没有丝毫怀疑。就是画了那些可怜的人、饥饿的人……画作里没什么其他的了……她在喂他们。"

"应该知道，这个时代里，有一个人穿越了阿尔卑斯山，发现了一个由无数孩子组成的部落，他们的父母都死了，他们还都只会爬，被一个老妇人管教着。"

"在这可怕至极、悲惨而又肮脏的境遇下，如果换一个人肯定会哭，会赶紧逃走。但是这个女人，年轻又充满英雄主义情怀，她无所畏惧，也不感到恶心，用整个手掌去按摩乳房，并且把孩子们放在她的乳房下。"

"有一个人在她的脚下，骨瘦如柴，肋骨根根分明，他因为疲劳和缺少睡眠，已经筋疲力尽了，他倒在一块石头上。因为她只有两只手，所以她只是抱着两个孩子。她将一个孩子抱在胸前，她丰满的乳房前，饱含乳汁的乳房；他非常享受；他的嘴唇贪婪地吮吸、挤压着那稚嫩的乳头（由于吮吸时间太长，他的脸色都变白了），那因充满生命力、那因爱情滋润、那因热血流淌而十分红润的乳头。"

"她这样无私地喂奶是多么伟大、得有多么强烈的意愿啊！一个无意的动作很好地证实了她很着急去给这个嗷嗷待哺的孩子喂奶。她可不是一个奶娘。她表现的一切，就是她做的一切，毫不造作。她用左手轻轻扶起他，轻轻地从他身下掠过，也不想体面不体面了。但是谁敢去嘲笑她呢？……越来越没人嘲笑这个年轻的女神，她不拘小节，不修边幅，比如她随意地将贝雷帽斜戴着。"

"她右手抱着的另一个孩子，贴近穿衣服的乳房，孩子不耐烦地等待着对面的孩子给他让地方，这个孩子更大、更强壮也更稳重一些；我要说的是，这个孩子更加堕落；他的腰间系着一根腰带，所以很难看出性别；他露出害怕的神情，已经有了小乞丐谄媚的表情；她很焦急、嘴唇颤抖着，好像听到了刺耳而急切的祈祷声，让他咬紧了牙关。我觉得他手中攥着几颗坏葡萄、酸葡萄的种子；他沉浸在女人甜美的乳汁中，迫切地忘记这使人恼火的食物。很快就要轮到他了；第一个孩子吃得饱饱的，身体就像寄生虫一样肿胀起来。"

"在她身边，一块火红的炭火掉落到地上，但是与内心燃烧的火焰相比，这炭火是如此冰冷！……"

"她在燃烧，她有巨大而平静的力量，有坚定的英雄主义气质，有上帝恩赐的宝座。"

第十三章
英雄主义的显现

福禄贝尔在对孩子的教育理念上有个很温馨的要求。他要求培养孩子的人,必须是一个非常可爱的小姐,一位做事全面周到的人,一位单纯到让人想亲近的女人,而不是一位古板的小学教员……孩子们将会多么感激我们呀!

他希望这位年轻的小姐能够有时间多去学校,能够担任辅助教师的职务,注重教育质量。她要细致、聪明、讨人喜欢、无比温柔又有无限耐心。对于教育孩子有帮助的女人,将会变成这样,或者说她能够一点点达到这样,因为通过孩子们的爱以及母性的本能,女人可以变得很全能。她们必须要很完美吗?在教育孩子的目标之下,她们可以变成这样……在一双温柔的手心中长大的孩子是多么幸福啊!接受上天最神圣馈赠的小情人们,他们更是多么幸福啊!

内克女士也持有同样的观点。她觉得"女性首先应该是一位母亲,然后才能准备成为妻子"。

一无所有的可怜孩子们,他们是有多少事情可以让这位小姐去发现啊!他们首先让她知道了生活的常识、现实的生活、悲惨的境遇,让她看到真实的世界。他们使她性格坚强,让她丢掉不切实际的讲究。她不是那种随时可见的、一本正经、恶心至极、吹毛求疵的女人。她将会变得很灵巧、很勇敢,她能够感受到人性的神圣和仁慈的尊严,她不会有不值一提的人所具有的愚蠢的廉耻心;我们看到她能够平静而有尊严地去做那些粗浅的工作，比如喂奶、洗衣、穿衣、脱衣，还有其他日常必须做的事情。

工作认真的小姐，集理想和现实于一身，会有自己的主见，拥有良好的判断力。不久之后，她不再会简单地凭一副手套去评判一位先生，或者他的发型、他的车子。她会通过他的行为、他的内心和是否善良去判断对方。她只会爱得恰到好处，懂得适可而止，但是她会探究本质：我们做了什么，我们能够做什么。

假设这个时候碰巧进来一位年轻男士，他和他的母亲刚好碰到她在为孩子们授课。孩子们对于这位帅气先生的到来感到一丝惊慌，都紧紧围绕在她的身旁，站在她的椅子后面，靠在她的膝盖旁或躲在她的衣服后面，他们在那静静看着，露出他们可爱的小脑袋。而她，略微感到吃惊但是依旧面带微笑，尽管有些微微脸红，但是你们相信她会躲到自己母亲身后吗？不，她自己也是母亲，她忙着安抚这些孩子，她因为这些孩子，而不是因为这个陌生人而忙得不能抽身。反而是他有点儿惊慌失措，他想行屈膝礼，想亲吻她的手。他不敢去爱这个女孩。他走向这位母亲："啊！女士，这是多么甜美的画面！多么迷人的场景！我由衷地为您祈福！……"

然后他对年轻的女孩说："幸运啊，真幸运啊，亲爱的小姐，谁将会协助您！……我的上帝，我能做些什么呢？"

她完全恢复了平静并且一点儿也不惊慌，她说："先生，这很简单……大多数孩子都是孤儿；请您去找一些好人，没有孩子的人，愿意收养这些孩子的人。这个5岁了，我安慰不了他……哦！他需要一位母亲，需要一位真正的母亲。我做什么都是徒劳，我太年轻了，和她失去的母亲年龄相差太远……"

世界上有很多人，感受到的东西都是转瞬即逝的，他们像演员一样欣赏丰富的表达。但是很少有人能够真正上心，并且在心里保持持久和稳固的印象。生命是多样化的、变动的；生命很长远！他们最多会在晚上的时候说："今天早上，我看到了一件吸引人的画作……某某小姐、安德鲁·德·萨特的真作。没有什么比那个更美了……"

她非常清楚这些欣赏者的价值所在，他们肤浅的情感没有什么重要的。她越是投入到家庭之中，越是享受其中的乐趣，并且很少希望自己能够走出来。每一次她隐约看到这个世界的时候，她都能够深深地感受到自己这个窝的甜蜜。

这个窝很小，非常小！但是有圣洁的母亲小心翼翼的经营，有严肃的父亲流露的温情，在父亲和母亲的平衡之下，家里的生活是全面而完善的。

她是女人；她非常幸运能够如此近距离地找到一个男人。她不了解他的父亲，至少今天也是这样的。她每天都能看到他，每天都能听到父亲的教诲，听到他有力而简短的话语。但是女儿并不知道他的深刻和博大。我们每一个人都变成了社会条件——长辈的、教育的、工作必然性的——要求的样子。人们需要对社会角色、对家庭作出很大奉献。在单调、粗俗的生活中，一切都沉睡不醒，一股巨大的悲伤袭来，"另一个人"，一个更好的我在无声的抗议。这种轻轻的清醒是多么吸引人，当这年轻人一点儿不了解我们所处的悲惨境况时，这股巨大的隐藏力量、这首吸引人的诗歌把她唤醒了，她把一切都贡献给家庭了，她害怕这个世界，她只能转向她的父亲，向他求救，好像对他说：

"我听你的……我只相信你！"

毫无疑问，这是父权体现的最完美、最高级、最甜蜜的时刻。从一个乖巧顺从的孩子，到热情而温柔的女人，她默默接受了一切。她非常清晰地懂得所有高贵和善良的东西！父亲甚至一点儿也认不出她了,父亲说:"什么！这是我那还不到膝盖高的小女儿,老是和我说:'抱抱我吧！'的小女儿吗?"

父亲有一颗非常柔软的心……他说的话,他此时说的话啊……哦！他会滔滔不绝！我对此非常平静,并且毫不怀疑。

让我们一起来享受这美妙的时刻吧,享受这面对面的畅谈。我看到他们在幽暗的林荫小道之间漫步。他们的脚步坚定而快速,比我在这热烈的七月能预见的速度更快;他们跟随着自己的内心和思想而走动。女儿知道自己父亲的喜好,她在自己黑色的头发间理顺了几缕头发,别上一朵矢车菊。让我们来听听吧,他们谈话的内容是很沉重的,涉及了权力和正义。

从很早时候开始,父亲就已经准备告诉年幼的小女儿这个问题;很早时候,女儿在读到关于国家大一统的历史时,就知道这遵循了正义的思想。她的父亲向她展示了伟大罗马时期的权力世界。但是今天,他想谈论的不再涉及一点儿关于历史、科学和研究的问题,而是要谈论生活本身。他希望,在巨大的危机之中,在即将到来的爱情面前(爱情可能是很猛烈的,也可能是盲目的),自己的女儿也能保持正义、智慧和理性。说到底,女人是审判者;如果女人是不公正的,充满幻想的,那么女人的魅力、她的吸引力,只会使我们绝望。明天她会审判这个漂亮的年轻女孩儿。她非常低调,向母亲简单低语几句话,她将会使从来不哭的人或者即将死去的人的泪水夺眶而出。

这个女孩已经完美地准备好一切,她有自己的母亲为榜样,有父亲在训导她,相比同性人群来说,她没有其他女孩那么任性。但是,从整体上来看,我们可以借用蒲鲁东①的话来阐释:"女人是缺

---

① 蒲鲁东(Proudhon,1809—1865):法国政论家、经济学家、无政府主义奠基人之一。

失正义的。"

如果她还会爱,那么跟她说吧:"毫无疑问,您爱的人,您认为他是最值得的人?您在他身上发现了一些美好而伟大的品质?"她非常天真地说:"我要和他在一起,因为我喜欢他。"

在宗教方面,女孩也是一样的。她用自己的形象塑造上帝,一个被偏爱的、任性的上帝,上帝拯救了她喜欢的人。当她遇到一个不值得的人,不值得用力去爱的人,爱情看起来好像会使人更加自由。从女性主义角度考虑,这个上帝可能会说:"我爱你,尽管你是有罪之人,尽管你没有任何优点;即使我没有任何理由爱上你,但是我献出爱就会感到很甜蜜。"

哦!我多么感谢这位父亲告诉她什么是正义!这就是在告诉她什么是真正的爱情。我代表所有充满爱的心灵感谢他,代表马上将会受到爱情困扰的人感谢他,这些人都在等待他的智慧。人们清楚地知道在父亲的启发之下,她只属于最值得尊敬的人、最值得信赖的人和最富有正义感的人。她父亲会教会她欣赏最高贵的美丽,也就是英雄主义般的正义。

这个正义到底指的是什么呢?它是超越权利的权利,看上去与权利是相反的。德基乌斯认为"为大众光荣献身是正义的",正义是奉献和牺牲的最高级奥秘。

时至今日,父亲都从来没有向女儿谈起过他的时代,也就是伟大的19世纪,发明创新的最伟大时代,当然也是英雄主义奉献精神的全盛时期。如今,父亲向她揭示了血腥又令人敬仰的一面,这个世界让人一边生活,一边遗忘。他向女儿讲了金色传奇、大屠杀、死去的人和活着的人,这一整天对于这颗年轻的心来说真是一场盛宴!她已经长大了!她光芒四射,这圣洁的女孩!谁不把她想象成未来女神呢?

不！她只是个女人。她吓得脸色惨白……她瘫软了，甚至不能忍住眼泪……她美丽的眼睛中滚落下如东方珍珠般的泪水。

英雄，你们付出了代价，你们奉献了自己的生命，将毕生梦想奉献给了祖国，还会说出："圣洁的女孩们将来一定会为我们哭泣。"

但是够了，一整天已经足够了。一位温柔的女人款款走来，她微笑着，打断了他们的对话。这位母亲很幸运，能够看到女儿和父亲如此亲密地交谈。母亲观察着他们，祝福他们。她说："哦！可怜的小家伙！……这将会是她最好的爱情。"

但是她还愿意再爱别人吗？这位父亲、这位大师、这位权威，他果敢坚定，他向一颗年轻的、抱有英雄情怀的内心揭示了什么是英雄主义，而且发现已经知道女儿内心中最深刻的东西。我们只有在一种自我的状态下，才能很好地谈论英雄这个话题。父亲想为女儿塑造一个英雄，但是女儿心里的英雄只有父亲。

我们都知道斯戴尔夫人对自己父亲狂热的爱，对于这位年轻的女士，我一点儿也不怀疑她会为自己的父亲而倾倒，她是那么率性自然、激情洋溢、强大有力又可爱非常。她将父亲置于最高位置，从小到大都是这样生活的，她一直是这样做的，或者至少她在努力这样做。在以前和以后也许做得都不好不坏，但是在今天这个庄严肃穆、青春飞扬、勇敢无畏的时刻，父亲心中升腾起19世纪末的普遍思想，也就是对平等的无限向往。他可以改变，可以屈就；她也一样，尤其是经过父亲的影响。无论怎么说，儿时的梦想在实现的那一刻，便穿越了整个大地。

这种父女之间的联系是非常强大的，相比来说，其他联系看起来都非常弱小、悲哀、不足称道。我也见到过其他的年轻女士，她们没有那么知名，也没有那么出色，对于她们来说，第一份对父亲的感情好像就已经将她们的心门关闭了。她们体验到的甜美、感受到的柔情，还有内心深深的秘密，好像永远不能再被发现了。其中一位女士，她的父亲几乎看不见，她就是父亲的眼睛；父亲通过女儿看这个世界，女儿也被父亲深深地爱着。还有一位女士，对于她来说，全世界都已经不存在了，只有父亲是存在的意义。她确定，哪怕在孤独的尽头，她也会一直陪伴父亲。她说："请不要和我谈论婚姻这种东西，这只会让我和父亲分离。"

但是，人类的共同命运敲响了警钟，这是我们庄严的责任。哎呀！这种单纯的、深情的结合只能是暂时的；自然规律迫使我们前进，并且不允许爱情倒退回去。

将心与心分离，安慰孩子，调和孩子原始的冲动，是一件非常痛苦的事情，但必须要将孩子引上所谓的智慧之路：

"亲爱的孩子，在这美好年华里，你生机勃勃，光芒四射，所有事情都可以使你振奋，但是有一件事情除外，你需要时常记起，那就是死亡！"

"我们不朽的爱情是微不足道的；你的母亲和我，我们都会离你而去……那会怎样呢，如果，你特别爱我，然后嫁给了我……这是坟墓吗？……"

"最近这段时间以来，我和你说过的道德启蒙的秘密，还有让人类变得伟大的深刻的幸福，都使你心花怒放，孩子，这些都是和我的经历深深相关的。你通过不同的想象，一下子看到了我，我和你讲述过的英雄们有无尽的青春，也有成熟、平静、智慧的，有如秋日般温和的馈赠。年轻的姑娘，所有的这一切，都不是上帝想要给你的。上帝要给你的是刚刚开始的东西，而不是已经结束的东西。你需要的是强大、智慧的元气，人类为此已经努力了很多，岁月可以沉淀元气，也可以消损元气。今天的过错，往往会成为未来的基石。你的柔情只是过于珍惜父亲的柔情……我很想，并且我要向上帝为你祈求一位伴侣的元气。"

"到目前为止，你还只是处于女性的开始时期；人生的下一个启蒙正在等着你，你还有另外的人生责任。嫁为人妻，成为母亲，成为聪明的伴侣，成为倾心的慰藉，你天生是为了幸福而生，为向生命中的很多事物致敬而生。"

"下定决心吧，我的女儿，我们要承担责任，保持一颗勇敢无畏的愉悦之心吧……我对于向你灌输严肃的生活教条感到很痛苦，但是告诉你这些，我内心同样感到很安慰……"

"我们理想中你的爱人，他存在吗？我不知道。但是不管发生什么，你都不会没有爱情。成为母亲，这就是爱情的最好境界，你会尽一切可能成为母亲。所有的一切都是神的授意，一切都会在你的身上实现。"

第二篇　家庭中的女性

第一章
哪种类型的女性将会爱得最深？
不同种族的女性吗？

我们先大体上看一看关于婚姻，以及种族间和跨种族婚配的问题，然后再重新探讨一下第一篇中谈到的关于年轻女孩命运轨迹的问题。

爱情是整个世界的纽带，是一切种族的救世主。人们谈论爱情，就是在谈论和平，谈论世界的和谐一致。爱情是最伟大的和平制造者。政治的敌对、意见的不和、利益的冲突，所有这些对于爱情来说都不值一提。爱情可以克服这些冲突，将这些不和一一抹去，或者对这些矛盾一笑了之，另辟蹊径，最后摆出胜利的姿势。爱情所使用的方法是多种多样的；对立的特征其实极具吸引力，未知的领域充满神秘和诱惑，吸引着人们去探索；正是那些看上去本该远离的独特事物，才是深深刺激人类欲望的东西。

所有在伯尔尼生活的人们都知道马格达莱纳·纳格尔粗野的外貌和她夸张的麂皮手套。她是一位强壮有力的女士，一位多子女的母亲，由于强悍有力，她受到了深深的爱戴。虽然身为伯尔尼贵族小姐，但是她能屈尊和侍女们一起在泉水边洗衣服。一位年轻的贵族经过泉水边，这位年轻贵族出身于与女孩家族世代交恶的家族，他们两家的关系就像《罗密欧与朱丽叶》中的凯普莱特家族和蒙太古家族一样。这位年轻男士停住了脚步，静静地看着这位漂亮的女孩,看着她用强壮有力的双手捶打衣服,再用如钢筋铁骨般的双臂拧干衣服。他知道自己孩子的母亲应该是这样强壮有力的,因为他的后代必须像熊一样强壮有力。他一刻不停地跑到敌对家族的王宫,向他们表示友好并且希望得到他们的女儿,他不可能再找到比她更加强壮的女人了。

地球上存在过的最有活力的种族,都产生于带有"对立成分"(或者说看上去对立)的双方的结合:比如说,白人男性和黑人妇女结合,生下黑白混血的孩子,这个孩子就会活力非凡。或者说,正相反,最有活力的种族们是来自携带"对等成分"的双方的结合:比如说,古波斯人、希腊人、等等,他们都是嫁娶自己的近亲。这种方法也正是我们培育良种赛马的方法;除了自己家族高贵血统的姐妹,拒绝其他种族的婚配对象,通过这种方式,他们使自身种族中英勇雄壮的元气更加强大。

在第一种情况下,"对立成分"的巨大力量依旧是很强烈的。黑人女性热爱白人男性。

在第二种情况下,这种结合的优势来自"对等成分"的相互配合,完美融合。基因天生的特质会积累起来,并且通过一代一代的婚姻结合逐渐加强。

我们所认为的"下等种族"看上去是这样的,因为这种种族需要一种和我们的文化相反的文化,尤其是需要爱情。她们对爱情都很动容,她们是多么值得那些被爱的种族回来找她们呀,这些被爱的种族在她们身上探索到了身体再生的无限可能,以及使自己焕然一新的源泉!

河流期盼乌云遮天,大雨狂降;沙漠期盼河流穿过,补充水源;黑人女性,渴望白人男性……她,在所有种族之中,都是最深情款款、最宽宏大量的,这不只是由于她年轻的血液,而更是由于她丰盈的内心。她温柔至极,善良至极(您去问问那些旅行者吧,他们是不是总是被她们救治)。善良,就是创造;善良,就是丰产,是神圣行为的赐福。如果这位妇女多子多福,我会将之归功于她内心蕴藏的温柔的宝藏、善良的海洋。

如果非洲是一位女性,那么她的种族就是女性氏族,古斯塔夫·艾希塔尔说得好。非洲大陆是由埃及红皮肤的人发现的,受伟大的伊西斯①统治(奥西里斯②起辅助作用)。非洲中部有很多黑人部落,都是由妇女领导的。她们很聪明,而且同样可爱和甜美。在海地,我们很容易看到这种场景,女人们在小型歌唱会上即兴演唱,歌曲都是她们善良的内心自然流露的表达,而且在商业中,女性也主导复杂的计算工作。

在海地,经过自由的洗礼、财富的支撑、开明文化的熏陶,原始的黑人妇女已经不存在了,连混血者都没有原始黑人妇女的特征了,我认为这是个福祉。她们都变成真正的黑人女性了,鼻子精巧,嘴唇较薄;连头发也得到了改善。

非洲黑人,皮肤厚重、体型肿大,他们的身体特征(像河马一样肿大)都是当地炙热的气候所致,雨季到来的时候,他们被闷在滚滚热气中。滂沱大雨倾注在被腐烂碎屑填满的山谷之中。所有东西都在膨胀、蒸发上升,就像面团在锅里膨胀一样。气候更加干燥的非洲中部,这种情况完全不会发生。但是小型战争肆虐、无政府组织的恐怖氛围、人口贩卖的猖獗使这片土地一片狼藉,丑陋万分。美洲殖民地的情况如出一辙,愚昧的奴隶制还在大地横行。

所以,在美洲大地,女人们还是原始黑人妇女的样子,外表不会进化得精致优雅,但是身材会很好。她们有可爱年轻人的光芒,

---

① 伊西斯(Isis):古埃及神话中的生命和生育女神。
② 奥西里斯(Osiris):古埃及神话中的冥王,伊西斯的丈夫。

这是希腊美女们所不具有的,希腊美女们是靠体操塑造出来的,总是会带有一些男性化气质。她们可能不只会嘲笑丑陋的"赫马佛洛狄忒斯"①,而是会嘲笑"蹲下的维纳斯"的阳刚之美(存于杜乐丽花园)。黑人女性是不同于骄傲的希腊市民的;她们整体上年轻热血、内心阳光、身体鲜活,有孩子般的谦逊,她们从来不能确定是否令人喜欢,甚至准备好去做一切来减少别人的讨厌。她们不会对屈服感到厌烦。她们对自己的面容比较担忧,她们对自己令人动容的、弱柳扶风的美以及吹弹可破的纯真外形没有一点儿信心。她跪倒在您的脚下。颤抖着,祈求得到爱;她是如此感激自己奉献的快乐!……她爱了,而且,她的内心一直感到很紧张。

人们是多么爱她,以后她能做一切,能学会一切。这个种族的人们,应该首先用爱情培养女人,然后女人再培养男人和孩子。当然,这种教育与我们的教育方式是完全不同的。首先应该优先培育她们的节奏感(在音乐、舞蹈等方面的节奏感),因为她们本来就非常有天分。应该培养她们从事绘画艺术,引导她们进行阅读,从事科学以及农业生产。一旦有人教她们,她们就会自然而然地迷恋上这些活动。当她们真正认识了大地(大地是如此美丽、如此恩慈、如此女性化),她们就会爱上大地,她们会变得比想象中更加活力四射,她们会在与大地的结合和与男人的婚姻中相互调和。非洲只有红皮肤的伊西斯;美洲将会诞生黑皮肤的伊西斯,热情得如精灵般的物种,她们将会让大自然繁衍生息,让精疲力竭的种族重现生机。

这就是黑色血液的效力:他们在哪里流淌一滴血,哪里的一切就会繁花盛开。很多老年妇女依旧保持着年轻强大的活力,就

---

① 赫马佛洛狄忒斯(Hermaphrodite):希腊神话中的一位阴阳神,是众神使者赫尔墨斯和爱与美的女神阿佛洛狄忒之子。

像拥有"青春之泉"的力量。在美洲南部和其他地区,我看到过不止一支贵族血统的没落、枯萎、消亡;他们为何落到如此下场呢?西班牙共和国,作为纯正的贵族、完美的绅士,与其他殖民者相比,曾经是最优秀的主宰者;作为开创者,他们基本上废除了奴隶制。优良的美洲血统为他们注入了新的元气和生机。在美利坚合众国星条旗的虚假掩饰下,各种民族相互混合,乌泱泱出现了大量冲突,为了彻底解决这种冲突,一个强大的黑白混血种族诞生了。在最北部地区,被边缘化的北部地区,移民者、小商贩、海盗们,除了暴力和贫穷,不会为人民带来任何其他东西。

我们爱美利坚合众国;但是我们会慢慢地发现美利坚合众国的衰落。对于这个混合形形色色民族的国家来说,如果奴役、酒精、金钱是他们的生命和灵魂的话,那么他们的征服就不足为惧。因为金钱并不能创造以及重造这个世界,只有爱,爱可以使人们变得灵巧、变得智慧。

你们看到非洲人种了吗?他们是如此快乐、如此善良、如此钟情。当非洲大地苏醒的时候,当非洲女人和白人迸发出第一场爱情之后,非洲女人会给白人血统注入神奇的力量,使种族增加力量,生下精力源源不竭的后代,他们的后代简直可以说不是人类,而是一种元素,他们的能量犹如永不停息的火山,犹如穿越美洲大陆的滚滚大河。也许是50年前在酒神节上即兴创作的歌舞所获取的神力起了作用?无论怎样,这种情况都是不少的,比如最伟大的机械家,比如继莎士比亚之后最出色的剧作家。

黑人血统给我们带来了无以言状的美。比如纯种的粉玫瑰,我们从来都是单独欣赏它的美丽,我们应该承认,它的变化很少。但是借助于杂交,我们得到了差别各异的大量玫瑰茶,以及大量的更加娇嫩的、有纹理的玫瑰品种,甚至还有略带浅蓝色的玫瑰品种。我们伟大的画家普吕东①什么也不画，只会满怀爱意地去画美丽女性的彩色肖像画，现在都陈列在卢浮宫的大厅里。但在他的作品里，画中的人总是站在阴影里，谜一般的，好像是在努力挣脱黑暗。画中人的美丽出自那片阴影。她美丽的双眸并不是很大，但是却很深邃，好像承载了满满的诺言。那些看似看出她内心感情的观赏者们指出，这阴影表达的是欲望得不到满足的愁闷。

这是深邃而又热情的画作。但是我看到了更多美丽之处。去年冬天，我去拜访一位非常有名的海地人，他不但在文学领域造诣颇深，而且在商业中的地位也引人注目，我去的时候恰巧他不在，一位非常得体并且优雅的年轻女士接待了我，她的美丽十分罕见，让我不能自拔。她玫瑰红的皮肤上又泛着精致的淡紫色，这种色彩的细微差别产生了一种魔力，使她笼罩着一种神秘的色彩，一种令人难以描述的美。某一瞬间，她脸红了，她眼睛散发的光芒使整个世界变得炫目。

无数的祝福送给黑色的法国！我称呼海地为黑色的法国，既然这个善良的民族如此喜欢蹂躏过他们父辈的民族。请收下我所有的祝福，年轻的国家！为了给过去赎罪，我们可以保护你！你可以任意释放你自由的天性，释放你们这一伟大种族的天性，你们国家不应该被如此诽谤，其实你们是地球上唯一的被文明开化的代表！你至少是智慧女神的代表。就看你们如此优雅美丽、如此善良智慧的女性，你们国家也应该培养她们，也应该发展学校。我确定，她们都会成为非常深情的母亲，都会成为令人欣赏的教育家。我希望在海地建立的第一所机构，就是一所强大的培养中小学教师（尤其是教授教育学生的方法论，福禄贝尔提倡的温和的培养方

---

① 普吕东（Prud'hon，1758—1823）：法国画家。擅长肖像画。代表作《约瑟芬皇后》等现收藏于卢浮宫。

式)的师范学校。

人们如此喜欢法国！但是对于北美部落人民对我们法国男性的爱情和友谊，我还是对我们法国男性表示遗憾。北美部落的男性，凭借着敏锐的眼光、猎人般的机警，为自己的女儿择选法国男性作为夫婿，对于我们双方来说，都是一种荣耀，他们知道我们法国男性是真正的男性。作为士兵，法国男性生存能力很强，无处不能，作为情人，法国男性也遍地开花。

英国和德国的男性，他们看上去很强壮，出身好，但实际上并没有那么强壮，也没有那么宽宏大量。他们在外国女人面前无所适从，需有英国和德国女性在其背后支撑，做他们人生旅途中的强大后盾。

黑人女性对我们的爱情是完全淳朴自然的。红肤色女人和美洲印第安人的爱情使人愈发震惊。她们严肃而认真，骄傲而忧郁。欢蹦乱跳的法国男人，有时候略显轻浮，可能会把她们吓到。她们的高等学院好像从来不愿意欢迎那些愉快的舞者，那些欢快的舞者伴随着巴黎的香颂，一直跳到大漠，一直跳满8个月的寒冬。但是她们觉得这些舞者都过于勇敢；觉得他们非常谨慎、善良、可爱而又殷勤，一下子从悲苦的战士变成了可爱的兄长。这使得舞者们得到了女性的垂青。我们那些冒失鬼，他们有时候受够了孤独的生活，就会英勇表白，说话总是甜蜜而又高雅，一丁点儿也不会让人感到不舒服，因此她们也不会拒绝。我认识一个深陷其中的女孩，她这样说："我总是忍不住想要见你，我满眼里只有你。"

她们有点儿把我们看成过于活跃的孩子，觉得我们的母亲、姐妹可能都会吃些苦头；但是她们对我们的爱一点儿也不会减少。

由于这样的爱情的存在，世界上仍然还有混血儿，法印混血，但是分布比较分散，数量也很少，各个种族的人们逐渐相互融合。

然后高贵的种族就灭亡了。一百年之后还剩什么呢？可能就只剩下普瑞奥①的半个身子了吧。

真是苦涩的画面（啊，实在是苦涩）啊！坟墓前的巨大雕塑，抓取记录了女性的本性流露的瞬间，那些被夏多布里昂②讽刺的法兰西民族中的贫穷以及高雅的女性。

十几年前，一个美国投机商打算在欧洲展览一个庞大的家族——尧维斯家族的雕塑。男人们戴着熊掌项圈，拥有皇室般的华美，他们看起来十分出色。他们很强壮，但是并不是拳击手或者打铁匠那种肌肉式的强壮，而是拥有令人赞叹的手臂，就像女人的手臂一样。一个十岁的孩子就已经长得很像美丽的埃及雕塑，真是完美之作啊，由红色大理石精雕细琢而成，但是却带着一种令人害怕的严肃。我们看到他就会情不自禁地说出："真不愧是英雄之后啊。"

这些国王在高台上像猴子一样被展出，我想唯一能够安慰他们的就是，内心对于这些富裕的下等贱民的深深蔑视，这些人贪婪、轻浮、见异思迁、举止不端，他们才是欧洲真正的、丑陋的猴子。

这帮人之中唯一一个神情悲伤的是一位女性，她是一位有名的士兵的妻子，一个孩子的母亲。她在那边经历过很多痛苦！这边的痛苦更加多！她萎靡不振。最终郁郁而终。法兰西对这最后一批人中的这位妇女能怎么安置呢？哎！这些没有财产而依旧深爱法兰西的女士啊。法国什么也没有做，她们坟墓中保存的天才之火熄灭了。

古代人（甚至是犹太人）从来都没有见过如此凄惨的时刻，也

---

① 普瑞奥（Preault, 1809—1879）：法国浪漫主义时期重要的雕刻家之一。
② 夏多布里昂（Chateaubriand, 1768—1898）：法国早期浪漫主义代表作家。代表作品《基督教真谛》《墓畔回忆录》。

从来没有经历过或者想象过如此凄惨的时刻。我们感受到，一个高级人类不仅经历了所有不幸，熬过了所有个人痛苦，但是依旧因为自己的种族没有被合法扩大而感到痛苦。在这片美洲大地上，地下的灵魂更加煎熬，呼天抢地。这些死于无止尽的沙漠战争的人，还有其他残酷斗争（猎熊比赛或者猎人比赛）的人，不能及时升入天堂。因此在这片大地上，欧洲老朽、平庸的力量反倒重展雄风，他们借助枪支、酒精、一切新奇的玩意儿或者战斗机器，肆意而为，作威作福。

女人面对蜂拥而至的一切，像聪明又苦涩的斯芬克斯……但是在这痛苦之下，哦！作为母亲和妻子，她是怎样的心情啊！在漫长的忍饥挨饿的冬日，为了喂饱嗷嗷待哺的孩子们，她切割了自己身上的肉，一块块儿，血淋淋！为了救孩子于水深火热，她甘愿自己被敌对部落活生生烧死，这是怎样的快乐！这是怎样不可想象的爱情啊，她曾经钟爱的英雄主义被自己体现得淋漓尽致！

人们通过观察她，能够很容易感觉到，她的骄傲和沉默隐藏着无尽的秘密。她的生活就如同她的死亡一般悄无声息。世界上所有的折磨，都不及爱情的啃噬，她对此都不会再有一丝叹息。她并没有丢失话语权。她依旧在无声地诉说，她在另一个黑暗、谜一般的世界里继续生存，她依旧在一针见血地控诉，就像以前一样。

不可想象，但是没有什么比"精神世界"更加宏大的了。

第二章
哪种类型的女性将会爱得最深？
相同种族的女性吗？

爱情有其存在的意义。爱情的终极目标，就是将所有不同种族的人通过婚姻混合到一起。因此，从遥远的中国到寒冷的冰岛，从地球北极到地球南极，所有人都是兄弟、表兄弟、叔侄。人们认识所有苏格兰的亲戚关系，比如说 6 000 姓坎贝尔的人都是堂兄弟。这对于人类来说都是同样的道理。我们不再只是单一派别。

真是美梦啊！但是我们不能为此做太多妥协。在这种统一模式下，不同种族的血统都混合在一起，假设所有种族都能和谐相处，那么我觉得混合的血液是极其苍白无力的。某种中性的、灰暗的、微弱的元素导致了这种结果。大地馈赠的很多精美而独特的东西都会枯竭。在这种完全的种族融合中，爱情获得的大胜利，对于爱情本身来说也将会是致命的。

关于阐述人类跨种族婚配的书籍对于我们来说是非常有用的。我们不该相信，人类跨种族婚姻能够丝毫不受大自然的制裁。这种方式非常冒失，削弱了种族，甚至使种族走向灭亡。成功的案例几乎只发生在看起来相对立，但是本质上并不对立的种族之间。从黑人到白人，在解剖学角度看是没有什么对立性的，这一点很重要。黑白混血的人生活得很好并且他们很强壮。相反，法国人和英国人，尽管他们看上去有相近的祖先，但是实际上，他们的脊髓中还是存在深刻的不同。他们之间产生的混血要不很少能存活，要不有智力缺陷，要不表现出很明显的肢体不协调。

法国男人和德国女人生下的混血，结果会很不一样。法国男人会发现自己在婚姻中的巨大魅力。法国男人刚烈、思维敏锐，非常享受新鲜血液带来的反差。音乐的熏陶、大自然的意义、宽厚的情感使他的生活非常甜美，尽管可能会有一些单调无聊。孩子（如果他有孩子的话）不会永远活着。孩子很少继承父亲的闪光点。他既不是法国人，也不是德国人，而最终变成了欧洲人。

有一天，我问一个非常聪明的年轻男人，他在训练一只聪明的小鸟，教小鸟学阅读和算术，如果他经历了一场跨种族婚姻，但是生出的小英雄没有超越自己的种族怎么办，如果他一点儿也没有继承混血应该带有的优越基因怎么办？他说："正相反，那他的血统非常纯正，没有任何混杂，没有因为与身份低下的人结合而降低身份。"

这使我开始反思当前跨种族婚姻的趋势，反思我们一直相信的理论，就是说混血应该会结合两个种族更高级的基本成分，但其实这往往不太正确。

在我认识的几个大作家之中，只有3个人是混血。6个人是纯正的法国人。而且另外3个混血儿也不是父亲一辈的混血，而只是祖父辈的混血，也就是说他们有3/4的法国血统，这对于保障国家元气非常有利。

有一件事情非常值得思考，虽然看起来是个悖论，就是和我们的种族相去甚远的外国女人，她们比欧洲女人，尤其是比法国女人有更高的辨识度。

如果我娶了一位东方女性，我猜想我的婚姻将会非常惬意。我们可以通过大的阶层（种族、血统、部落）来判断和预测亚洲女性。甚至是在欧洲，一个男人娶了德国女人，占有她，让她移居同住，我们几乎可以肯定他的生活是甜蜜的。法国思想的优越对她来说是充满机遇的。

但是对于个性太强的种族来说，就不能那么确定了。大家都说切尔克斯女人自己都希望自己能被卖出去，她们自己非常确定，她们所到之处都能被她们占领，让她们的主人匍匐脚下。这和波兰女人、匈牙利女人及法国女人的情况有点儿相似，她们都是欧洲精力旺盛的种族。她们总是很有男子气概，甚至总是"娶她们的丈夫"而不是"嫁给她们的丈夫"。

因此，应该更好地认识她们，更好地教育她们，让她们知道自己是不是女人。

法国女性的个性是整个欧洲最强烈、最独立的。因此也是最多样化、最难以理解的。我这里说的尤其是女孩们。男性们的差别很小，因为他们参军入伍，接受同样的训练，他们被集权制、被几乎一致的教育体系打造得毫无差异。

从一个法国女人到另一个法国女人，她们之间的差别是无穷无尽的；从小女孩长成女人，她们之间的差异也随着她们长大在逐渐变大。因此，选择女人的困难并不小，而且对于未来的预知是很有限的。

相反，当她们投入到一件事情，并且坚持不懈的时候，我认为她们拥有比欧洲其他国家的女性更真实、更强大的公共关系。英国女人作为优秀的妻子，在物质上会很顺从她们的丈夫，但是她们总是有点儿刻板，不知变通。德国女人善良甜美，想去融入丈夫的生活，但是总是太软弱，充满幻想，无意之中就退缩了。法国女人很有手腕，会反击；当她们接收到您最强有力的思想之时，她们以自己的魅力回击您，她们拥有自己特有的香气，神秘难测，而这是从女人自由的心中散发出来的。

　　一天，我碰到一个移居国外的法国人，我们已经有20年没有见过，他已经在那里结婚了，我笑着问他为什么没有娶个红头发的英国尤物，或者娶一个漂亮的金黄色头发的德国美人。他很认真地回答我，丝毫没有生气："没错，先生，她们都非常美丽，比我们的女人闪亮多了。我会把她们比喻为精致的水果，园艺师们精心呵护的凤梨、草莓。她们香气诱人，秀色可餐，一口就吞下去了。但是我更偏爱法国女人，如果是中部地区的法国女人就更好了；因为她们可是藏在树丛中的野草莓啊。"

　　不论这个新婚男人的诗意对比是怎么样的，有一点是确定以及肯定的，那就是法国女人的个性对于善与恶的判断是很强烈鲜明的。因此，法国人对婚姻很谨慎，会经过严肃认真的考虑。然而，法国也是欧洲国家中结婚最迅速的国家。

　　结婚迅速不只是由于对利益的精打细算，一旦利益被考虑进来，就会形成对婚姻的总结；这是国家的巨大失误，是国民没有耐心而引起的。我们对于所有的事情都过于急功近利了。

　　我认为事态更加严峻恶化。我们应该更加严肃认真地对待日常事务，但是我们内心的欲望好像都在急切地膨胀。我们的语言已经失去了大量语用等级上的高雅用语，没有心情去描绘爱情中的情感波动。从此以后，一切都变得简明而且艰难。人们内心深处并没有改变；但是，这个民族屡经战争摧残，被大量的改革洗礼，被无尽的暴力事件袭击，在整个社会的运行过程中，急切地需要出现强有力的铁腕来挽救局势。罗慕勒斯的婚姻就是在大事件期间，为了迎合趋势而做出的选择。为了掳掠奴隶，他们必须远征。我几乎可以说，这种掳掠行为实际就是借助契约保障的强暴事件。受害者们有时虽然会为此伤心哭泣，但是并不会一直哭泣；他们身处在大投机（股票投机、军火投机、娱乐业和慈善业的投机）时代，因此，很少会对自己成为投机对象而感到吃惊。过了一天，这场意外的婚姻就会突然将你们暴露无遗，这一点儿也不少见，就像是一组毫无预料、意外爆炸的炮台，将周遭夷为平地，变成废墟，让一切沦为笑料，直击胸膛。

从生理角度来讲，这种结合永远都是不可能的，会造成流产，会孕育出怪胎，生出的孩子会夭折，或者会杀死他们的母亲，永远只会把母亲逼疯，他们自己建立的民族也是丑陋的。从道德的角度来说，这是最糟糕的情况。父亲娶了自己的女儿做妻子，宽慰一下女儿，女儿很快也就接受这种境遇。在这种情况下，婚姻构成了成人世界，并且对成人世界做了规范，人们离婚也需要隐匿，结婚了就得熬过长达30年的烦恼的婚姻生活，即便在夫妻生活中冷若冰霜，冷到水银成冰。

以前，我们农民阶层非常愿意迎娶他们自己了解多的人，也就是亲戚。在整个中世纪，他们与教会作斗争，因为教会禁止他们娶自己的姐妹。这种禁令已经不再真正存在了，因为这禁令很极端（第七等级，后来发展到了第四等级）；现在人们只要想，就有娶亲戚的自由，包括嫡亲姐妹、侄女以及前妻生下的女儿。这会怎么样呢？现在人们有做这种事情的便捷了，但是很少有人会这么做。

神学家们总有办法端出真理的反面，把所有错误说成是对的，他们开玩笑说:"如果亲戚间的爱，再加上婚姻的爱，这不是亲上加亲了么。"历史已经非常准确地证明了这是错误的。在希伯来，男人们都会先娶自己的亲戚作为妻子，但年轻人对此根本毫不在意，他们会走出家门找女人，甚至去找不同种族的女人，去追求非利士人。在希腊，人们是可以娶自己妻子的姐妹的，这种婚姻的结合实在极其冷漠，很少有人会多生育子女。议员们强制将其加入法律，丈夫对妻子是有责任的，必须至少十天宠幸一次。人们拒绝姐妹同侍一夫。罗马人也不再娶他们的堂姐妹或者表姐妹了。

实际上，婚姻本应该是一次重生。未婚妻走进蜜月新房，然而她却与她的姐妹一起错过了这一美好时刻。希腊城市中的贵族小姐，就如同我们现在还能在巴特农神殿中的大理石雕塑中看到的一样精致，她并没有走进这间房间；她从自己出生开始就待在父母的家中；她忠诚地相信父亲和母亲的想法，顺从那些习以为常的老风俗；她很少听从她年轻丈夫的新潮思想，她看起来有点毫无生趣。血统倒是一点儿也不会丢失，这是世界上最美丽的东西，但是爱情在她身上真是少之又少；她根本没法更新自己的家庭观念和家庭生活。

希腊女人一点儿也不关心这个。她只关心传宗接代。除了强化自己的家族基因之外，她什么也不想做，她要好好利用自己处在巅峰时期的精力和自己的独特性。她只将目标对准英雄人物，从来不会在意普通人物。她达到了目的，她和精力旺盛的种族相结合，活力得到加强，在很短时间内，确实能耗尽和抽干一个种族。

赛马饲养员也采用一样的方法。通过近亲长久结合，赛马们能够产生一种令人称奇的强大特性。通过特性的传递，种族的元气就会被积累起来。人们在这样的道路上坚持了一个世纪之后，这种方法结束了，因为出现了一段空缺期（接近89年），那匹王者之王，速度犹如烈焰一般、似乎跑得比声音和光线速度还快的赛马，已经没有任何一匹赛马能再与之竞争了，在20年的时间里，它自己生下的400多个儿子，拉动了整个欧洲的赛马价格。

我阅读了所有文章，想了解这种方法在后期的实施情况。有一种说法看上去是正确的，那就是近亲结合的方法会更加削弱他们的劣势，使他们绝育，相反地，也会强化他们的优势。我做出这样的判断不只是参考了古希腊人的历史,而且也参考了我们法国人的情况。我们的法国水手们,他们考虑周全,跨越四方,见多识广,他们不走农民阶级的老路,不娶自己的亲戚做妻子,他们仍是集力量、智慧和健美于一身的实力英雄。

这种近亲结合的真正危险来自道德方面。除了那些过着飘零生活的水手们,对于其他人来说,家庭的影响真的很重要。在法国,人们娶近亲家族的女人做妻子越来越少(请您参考官方数据),这并不是没有原因的。通过集体回忆录的记载,这种婚姻容易使男人强烈地回溯到与过去的关系之中。

尤其值得指出的一点是,法国女性在这一点上表现得十分突出,她们通过自己的精力和她们带来的财富(因为法律规定对于她们的照顾比欧洲任何国家都要好)去施展她们的影响力;在婚姻中,两人的血统越是亲近,她在家庭中越能成为强有力的执行者,这同时也是一个限制进步的巨大阻碍。请大家想象一下,什么能成为突破家庭传统和宗教传统的双重力量呢。迄今为止,我们无能为力,我们一步不前。一个漂亮的威尼斯人,在卢浮宫完美地诠释了一切。老城倒塌的时候,洛特的女儿逃离得太慢,墙壁倒塌,砸在了她的头顶,天使拉起了她的胳膊,把她拽出来,用尽了一切方法帮助她,但是她还是没有办法前进一步,她说:"请等一下,我要穿上我的鞋子。"

我的美人,我们没时间了。那你戳在那儿,做个雕像吧,陪着您的母亲大人。我们得继续前进了。但是,不,我们不能自己走。如果你走不了路,那你自己穿鞋吧。现代男人们的武力可不会迟来一分钟,他们席卷了世界,会把瘦弱娇小的你掠走。

如果亲人中的女性没有接受过先进的教育,不懂与时俱进,那么应该去选择外族女性。(我说的并不是陌生人。)

我指的是，在两种情况下，就是说我们对这个外族女性甚至比亲族中的女性了解更多的时候，应该优先选择外族女性。

第一种情况指的是我针对爱情提出来的，当人们自己创造自己的妻子的时候，这是最保险的。我们并没有很清楚地了解我们所做的事情。眼前，我能举出很多例子。

我有两个朋友收留或是说娶了年轻的新潮姑娘，我那两个朋友一个是优秀的艺术家，另一个是有才华的丰产作家，两个姑娘都没有父母，也没有文化。她们单纯、快乐、优雅，只知道忙自己的家务，但是她们一点一点儿地接受自己丈夫的思想，十年或者十二年之后，她们完全变了。尽管外在依旧单纯简单，但是内在却显露着智慧，能够完美地掌握和理解最深奥的东西。有人对她们做了什么吗？什么也没有做。这些男士都非常忙碌，需要出作品，他们没有时间和精力去特别教育他们的妻子。但是他们高瞻远瞩，无时无刻不与妻子交流感情、计划和工作设想。然后，爱情，做了额外的工作。

成功的道路不都是一致的，我清楚地知道这一点。我的一位亲人在这种类似的尝试中失败了。他娶了一个克里奥尔小姑娘，这个小姑娘来自追求物质享受的中产阶层，有一个轻佻的母亲，她小时候在各方面就已经备受娇惯了。我的那个亲戚很强大，走遍了世界各地，成了一位财务部的公职人员。但是，他总是满面愁容，疲惫不堪地回到家。没有一点儿活力，没有大生产家的劲头，因为他总是有很多工作要做，还得总是向她解释很多道理，需要不停地为妻子那年轻的心补充生机活力。我回到我的话题上了。

另一个例子是这样的，两个男人志趣相投，信仰一致，原则一致，一个人将他的女儿交给另一个人抚养，这个小女孩就在这样的规则和信仰中长大成人。

这种情况假设了我们在第一篇,关于教育的部分提到的父亲形象。也假设了一个母亲。两只长生鸟。如果我们找到了他们,在第二代的时候,我们可以实现如今看起来不可能、未来也更不可能的事情:假设有两个孩子按照彼此一致的生活方式被抚养成人,只是并不生活在一起,但都生活在一种幸福和谐的生活之中,他们很小就认识彼此,时间间隔久了就相互看望对方,彼此能够想念和思念。

　　这一切(当然)对这两个年轻的心灵来说都是自由的,不受束缚的。人们通过一点儿小心机给他们创造机会,培养爱情。大自然是个如此可爱的调解者!在本质上来说,对双方的教育是促成男人和女人在一起的唯一逻辑,因为男女都只是爱情中的一半。

　　一个被分裂的个体总是可以聚合到一起的,这是东方文化的典范,这也是真的。对于那些可怜的半个人来说,应该同情他们,帮助他们,重新找回他们的亲缘关系,重新塑造他们丢失的部分。

第三章
哪种男性爱得更好？

在女人的生命之中，如果存在一个最可怕的时期，那一定是嫁女儿的时候。最美好、最甜蜜的爱情，对于女人来说就是生活的天翻地覆。昨天这间屋子里还是满满的，但是今天就空荡荡的了。我们没有注意这个孩子待过的地方，我们曾经都很习惯于这自然而然的幸福；我们也没有注意过生命的流逝，没有注意过我们的呼吸。但是只要有一秒钟不呼吸，我们就会窒息，就会死亡。

一个母亲说"我的儿子结婚了"，另一个母亲说"我的女儿出嫁了"，这两个母亲有多大不同呢。一个是收获，一个是给予。一个通过一种有爱的领养方式壮大自己的家庭；一个在新婚闹腾之后，可怜兮兮地独自回家。我能说这是给女儿断奶吗？我能说我离开了孩子，就是寡妇吗？不，我们不能这样说。我们应该永远珍惜那个男性的语言中没有的词，一个严肃的词，充满了丧气感的词：奥尔瓦。

她交付的是她自己。在这个陌生的家里，被优待或者被虐待的都是她自己。她靠着幻想生活。这个男人，今天是相爱的恋人，那么明天呢？……还有，他自己作为女婿，是最容易的。但是，她的家庭会怎样呢？他爱着的母亲，管理他的母亲，在家中掌握权威的母亲会怎样呢？她曾经有多少方面愧对她的女儿，可能令人心碎，但是女儿很少使她不高兴！因此，这个女儿的母亲为了保护她的女儿，应该去珍惜她，帮助她铺设好人生轨迹。

我非常理解这位母亲第一次看到她的女婿时的强烈不安和担忧，我的意思是至少以后有可能成为她女婿的这位年轻男子。哦！我在他的内心情感中占据一半的位置。她微笑着，保持着优雅，但是其实她的内心非常感动！……说真的，这是她的生命或者说是她的死亡。这位年轻的男孩，他是谁？他越是被人爱，越是爱别人，他越会忘记他的母亲。

女人从来没有过如此大的兴趣，这是个令人好奇的时刻。内心情感的斗争非常含蓄但是又显而易见，使她散发一种让人难以抵挡的自然流露的魅力。她的柔情和她的牺牲，都使她显得异常美丽。她为了创造和培育这美丽的花朵，有什么没有做过或者有什么磨难没有经历过呢？一位这样的女儿，很明显是靠母亲的美德、智慧和纯洁塑造而成。像所有女人一样，她也会有自己的敌人，有自己的梦想；她凭一个信念的指引就能推翻一切："我的女儿！"她的生活围绕着上帝和她的丈夫，将她最美好的年华奉献给了"责任"这个词，献给了一种甜蜜的希冀，如果那颗可怜的心跳动得如此强烈，那会是多么令人吃惊呢？……不管女儿做什么，她都会在脸庞上表现得异常殷勤、可爱，微微泛湿的双眸中闪现着动人的光芒……行行好，夫人，请您不要这么美丽！难道您没有看到我们都很惶恐，我们都不知道说什么了。

对她来说，发挥这种能力是一次尝试。她发现只有她能够促使这个男人成长，她可以将一切都变成自己想要的东西。她会变成未来家里有绝对权威的女主人，让自己的女儿摆脱新家庭的专制。她日复一日，让他成为一个善良、温和、柔情的丈夫（精神上的女性是做不到的？）。在对他完全信任之前，为他树立了一个亲切的偶像形象，在他看起来这完全是不可能的。这个女婿，应该被征服。她，嗯，还依旧年轻，有时候冒冒失失，不小心就略显妖艳。她觉得本可以停止，或者从这种意愿之中解脱出来。然而发生什么了呢？他发疯了，有时候想要一些荒诞的东西，或者想远离和摆脱这种生活。然而婚姻已经宣誓，已经公之于众，已经和妻子起誓了。那要如何才能摆脱呢？

这是我写的小说吗？不，这是我不止见过一次的事情，是人们经常看到的事情。母亲是如此爱她的女儿，为了让她嫁得好，有时候需要经历最奇怪的境况。失望会马上成为继悲伤和恶心之后的第三大困境。

最智慧的女人、最理性的女人，几乎都缺少对于某种理想主义情怀的追求，或者说缺少选择女婿的追求，这说的是对于她们自己而言，而不是对于她们的女儿而言，这种理想主义或多或少地饱含浪漫主义情怀，大多数人的思想都带有这种情怀。

这是双重理想，但是永远都是错误的。人们允许我自由自在地去谈论这种理想。

她们喜欢雄性的精力，喜欢他们的力量，她们是正确的。但是这种力量的生产力和创造力，比起毁灭性的精力要差得远。她们还不够坚实，忽略了灵魂力量所需要的东西，所以她们对于勇气的理解只是局限在战场上，局限在昙花一现的英勇，她们像孩子一样单纯，认为英俊就会打破一切。还需要注意的是，那些围绕在她们周围的嘴皮子上的英勇之士，都是有优势的。女人们很少重视那些只会耸耸肩膀、惯于沉默的真正勇士。

她们不再通过力量去判断男士，而是通过柔情去判断。她们在与自己相似的人之中发现了很大的吸引力，就像是玩具娃娃，根本就没有性别之分。她们非常笨拙地将一本情色小说放在一无是处的家伙面前，打开的一页展示着一个女孩、一个小天使、一个音乐喜剧中的牧师,还有内莫雷,一个比艾丝黛儿还要女性化的男人。在她们写的这本小说之中,详细讲述了普吕东这个人,她们从来没有成功塑造出一个男人、一个真正的男人;她们心中的英雄是一个女性化的男性。

现在,在现实生活之中,在给自己女儿找对象这件大事面前,她们是按照小说中的标准去寻找的。她们总是,或者说差不多总是偏爱女性化的男人。首先,她们都被阿谀奉承,认为自己比他更加精力旺盛、更加有男子气概。她们认为将来自己能够管住他。但是在这一点上她们几乎总是弄错。那些看上去平淡无奇、温文尔雅的人物其实大多数都是狡猾的人,为了达到目的可以卑躬屈膝,其实内心非常自私,第二天他们就会露出自己的本来面目,虚假、冷酷、无情。

夫人,面对如此重大的事情,在关系到您的生活,关系到您奉献了很多的女儿的终身大事面前,请允许我给您一些建议,不要拐弯抹角,直接说出实情可以吗?

您到底知道自己那充满魅力的女儿真正需要的是什么吗?她什么也没有说,什么也不能说……但是她的年龄说话了,自然规律说话了。请您聆听上帝的声音!

是的!她需要一个男人。

请您不要再笑了。这和您所想的不一样。

她需要一位自己深爱的男人。我明白,她需要的是一位爱人,她需要的一直是一位爱人。

她需要一个臂弯、一颗心。一个可以依靠的坚实臂弯,让她的生活平坦安全;一颗丰富的心,一颗她能够并且可以去触摸的心,让她可以看到星光在闪耀的内心。

女性是保守的。她希望拥有安稳的生活,还有什么比这更加自然呢？为了家庭，为了摇篮中的孩子，她需要一片坚实、安全的土地。

所有的一切都天翻地覆。我们去哪里寻找您想要的坚实和安全呢？

在我们生活的时代里，没有任何位置，没有任何财富能够提供这种坚实和安全。请您看看吧，不只是看法国，不只是看大陆，也要看看这充满盐水的大海，一切沉沉浮浮，来来往往。不，请您再看看那古老的大英帝国的神圣岛屿。如果您接受了五六个房间，远没有那么古老的房子，所有的房产都是转手的，当然往往都是在两百年间转手的。

只有一件事情是确认的，女士，没有什么其他的事情，那就是：信仰。

您需要一位有信仰的忠实男性。

但是我听到了这个词：灵活的信仰。

"这就是说：一位行动派的男人？"是的，但是需要有效益的行动，应是一位生产者，一位创造者。

在这个世界上有稳定性机会的唯一的男人，就是有手腕能够进行革新的人，是日复一日创造世界的人；并且，将世界摧毁，还能够重建这个世界。

有这种行动的男人，在艺术领域或者科学领域，在工业领域或者在商业领域，都能游刃有余，不管他们形成了什么样的人生信条，他们都是有信条的。

他们不再只是迷失在老旧的幻想迷雾之中，不再怀疑现实，不只是在梦幻之中交付信仰。他们深信事物本来的面貌。

你可能会说"美丽的梦幻"。是的，夫人，美丽，这是非常近期的事情。这是对被证实了的事情的信仰，这是在观察中发现的信仰,在计算之中、在理性之中的信仰。

您想要知道现代活动逐渐增加的秘密吗?现代活动经历三百年的发展,每个世纪都会不停地经历比上个世纪更多的动荡和发展。这是由我们脚下的土地给我们带来的确定性所决定的。随着我们给土地带来的更多的确定性,我们行动的力量会增加。16世纪,蒙田①对此表示过怀疑。我原谅他;伟大先驱者留下的思想,越来越根深蒂固,让人深信不疑,无知的人对此不会表示怀疑。17世纪的帕斯卡②,对此怀疑是因为他有质疑的思想;经过伽利略,还有其他很多人的努力,我们足下的土地已经非常坚实。如今,30多种新科学诞生,成千上万的事件接连发生,利用这30多种科学的发展,这片土地被人观察、计算,已经成了一块岩石。请您用脚用力地击打土地;不要害怕任何事情,这是真实的、不可摧毁的岩石。

现代人知道自己想要什么,自己做了什么,以及自己将去哪里。

如今的怀疑论者是什么样的呢?这群人有存在的意义,他们不想被告知自己生活在哪个时代,也不想知道自己生活在哪个时代;那些人总是期待变化,害怕承认有那么多一成不变的事物。当他们阐明自己的疑惑时,我说:"您的怀疑使您得到了什么呢?"

这是不是就是说这个时代活跃和多产的人,对于给予我们安全的30多种科学,有着全面的认知呢?不,他们只是知道这新科学影响巨大,他们对这些科学有想法,他们能够实实在在地在身边感受到这些科学的存在。无论何时,他们只要弯弯腰,就能在这真理的大地上,重新拾起不可估量的力量。

---

① 蒙田(Montaigne, 1533—1592):法国文艺复兴后期人文主义思想家、作家。
② 帕斯卡(Pascal, 1623—1662):法国数学家、物理学家。

这就是祖先和我们之间的真正不同。他们在沼泽中、在沾满泥土的水坑里、在有水洼的土地上挣扎，他们的双脚在打滑，但是自己的双手却什么都没有做。我们不同，我们的双脚不再打滑，我们用自己的双手和思想，做了很多发明。我们时代的发明是伏尔泰时期发明数量的十倍，伏尔泰时期的发明是伽利略时期的十倍，伽利略时期是路德时期的十倍。这是使我们喜悦的事情，不管怎么说，这都让我们开心，让我们能够用巨人的坚定脚步来丈量生命。

能够感受到力量的人，不管是谁，也就是说能够感受到饱满强大、繁盛有力、创新超前的力量的人，都会有用之不竭的精力，都会有发自心底的欢愉（这是真的），会有勇气，也会有爱情，亲爱的女士。

请您将这样的男人交给您的女儿吧，一个不纠缠于鸡毛蒜皮的男人，一个将您的女儿考虑到他的生活中去的男人，一个将您的女儿带入到自己的生活漩涡中去的男人。我敢说他会去爱，在白天、在黑夜（这是唯一包含一切的时刻），在所有时刻，他都会有很多话对您的女儿倾诉。

第四章
证据

如果上帝让我生为女儿身,我本应该知道让自己如何被人爱。要怎么做呢?要去强求很多事情,要去拥抱苦难,拥抱高贵而值得的苦难。

如果王权不被利用,那么王权有什么用?毫无疑问,总会有一些时刻,女性能够在很多方面支配男性,女性能够感受到男性的价值,给他很高的地位,希望他能够认真地证明他也是爱自己的。

什么,先生!此时此刻,大自然中的一切都在奋发向上,一切生物都升华一个等级,植物的花朵都变得敏感,释放魅力,像动物求偶一样,鸟儿在唱着神圣的歌曲,昆虫的爱情火苗熊熊燃烧,变为火焰!……您可能会认为人不应该会变,然后要比人类本身更高级一些?

证据!先生,证据!……否则我不在乎你们那苍白的宣言;我不会像骑士小说里的公主一样,要求您带回巨人的头颅或者特拉布宗的王冠。这些都是不值一提的小事。我要求得还要更多。我要求您给我做高贵的、象征王室和英雄的创造物以及在我思想上存在的很多事情,而不是做粗鲁的学生、年轻的小市民;这创造物不是一蹴而就的产物,而是决定性的、根本上的幻化。

不管您从事什么样的事业,请您保持高贵的精神,带着巨大的意愿去生活。但是,我有信心,我将会真诚地相信您;轮到我了,我知道我能为您做什么。他什么都不能为我做，爱情也不能超越散文本身，从一片土地到另一片土地，上帝保佑我，让我对丈夫拥有爱情！如果您不能改变，这是因为您没有陷入爱情。

母亲们说："啊！如果我们敢于坚定语气，那会怎么样呢？……爱情不是潮流，年轻人总是如此麻木、如此冷漠，他们到处都能发现寻找快乐的机会，一点儿也不专一！……骑士时代如今已经远离我们了。"

夫人，在所有的时代，男人只是强烈地需要经历一些艰难时刻。在骑士时代，您以为年轻的骑士没有偷偷占有邻居家的女仆吗？在混杂无序的封建家庭里，年轻骑士想要什么样的女孩或者小姐，就能得到什么样的女孩和小姐。很好！他想要的唯一的女人，就是最骄傲的、最不可能的女人，也是让他生活艰难的女人。对于最不可能的这个女人来说，他一无所有，他想成为一个骑士。他将在耶路撒冷死去，只将一颗带血的心留给她。

如今，圣战已经换了形式，尤其表现在工作和学业之中，年轻人需要做无尽的努力，为了攻克一门强大的学科，要刻苦钻研所有的人文科学。所有的一切都是有决定因素的，不能通识一切的人，甚至不能了解一件事情。

我走在圣雅克大街上，清晨，通过一扇半开的窗户，我偶然间瞥到一个年轻的男人，他起不来床；他晚上值夜，太疲乏了，早晨的疲惫神态是不是这个原因呢？不，我觉得可能是因为他收到了一封信，他翻来覆去地读，揉碎了然后吞进了嘴里。

我肯定这是一封来自一个女人的信。她可能身材小巧，但是说话滔滔不绝。我很高兴能在此给她留下一行字："女士，一位手受伤的人让我代笔为您写一封信，告知您有人在此等候您，等您过完假期，等您通过最后一门考试。请您赶紧通过考试，赶紧过来吧。"

不要忘了，他只是一个站在巴黎石板上的可怜年轻人，更不要忘了，他弥漫的悲伤、忧郁以及思乡之情。科学是美丽的，对于大师来说，对于投入到科学研究领域的发明者来说，这是不容置疑的，但是对于学生来说，这是多么生硬和抽象啊！诚然，轻浮的、懒惰的朋友，那些不会错过这个不冷不热时刻的朋友，本应该有漂亮的一击……但是信件在此。在这疏忽大意的交谈之中，他通过眼角看到了她。她将他放在手里，将他抱住，她感到发热，感到头疼，所有的一切都使得他今晚和他们一起出去了。他们走了，我这个年轻的男人开始重新读这封信，在内容和形式上认真地学习，努力地通过书写笔记去看这个人是否被感动，抓住这个缺失的特点，或者这种看起来意义重大的被遗忘的内容。但是这个相同的信件，在这个时刻被读取，这全部都是另外的东西；昨天她如此激情，但是今天却异常冷静；我们某一天发现她非常急躁，另一天又发现她非常冷漠。

我不知道谁说过自己对于青春一点儿也不后悔，那有如"在一个美丽的大草原上的美丽的忧伤"的青春。再加上一点儿魅力无限的愁苦，我们曾经用一百种方式去分析、去研究、去解读爱人所书写的信件。

"什么！一位年轻的女士冒险去给一位年轻人写信？"是的，先生，她的母亲希望是这样。这位智慧的母亲想尽一切办法支持和守护这位年轻男士。但是她一点儿也不会去尝试英国人的方式，英国人大胆地认为我们可以将火焰靠近火焰而毫无危险。瑞士人以及北欧地区的人，做事情更粗俗；他们觉得情人一起走夜路也挺好的，相互奉献一切，彼此不会错过对方的任何一件事情，人们说，女孩早上起来都会失身。处女？也可能是处女，但是也并不纯洁。

每一个民族都有它的罪恶。日耳曼民族,首先,他们很自满、很贪婪,但是没有那么易怒。现如今,奶制品较多的英式饮食结构使得餐桌上充满了肉类食品,甚至是酒精饮料,以至于那些酒酣饭饱的贞洁女孩们,自己也非常希望被照顾得很好,希望人们能够包容她们的情绪。

我的意思不是不需要给情侣们约会的幸福时光、一起交谈的快乐和相知相合的愉悦。但是如果这种交流过于频繁,不管人们猜想他们的感情多么纯洁,过快地开展恋情、点燃激情或者一言不合将爱情扼杀,都会有不便之处。我们要尽可能地延长恋爱时光,享受生命中最美妙的时刻。文字会增加感情的温度,首先是母亲的信件,随着时光流逝,一些事情会变得更加明确,有时候女儿写下一封信,在母亲看来都是感情最好的证明。

然而我忘记说明爱情是如何开始的了。

那些不谙世事、一无所知的人是多么幸福! 也就是出生在同一个摇篮里,在同一个屋檐下长大的人,他们一起开始了他们的爱情和生活! 就像是伊西斯和奥西里斯,这对神圣的双胞胎,他们在母亲的怀抱之中相爱,甚至在死亡之后依旧相爱。

但是神话同时也让我们知道,在他们还在母亲怀胎十月的时候,还孕育在那甜美的黑暗囚笼中的时候,爱情就已经开始了,这过于早熟的爱情已经很丰盛,他们在出生之前已经产生了爱情。对于我们自己来说,我们不想让事情发展得如此迅速,对于上帝来说,上帝也不想爱情之火熊熊燃烧整个非洲大陆。爱情需要启蒙,需要有耐心,爱情值得被神圣对待,值得人们在爱情的丰盈之中,深刻享受这神圣时刻。

他非常善良,魅力四射,他们一起生活、一起玩耍,一起走过三年、四年、五年甚至更多时光。至此,我觉得非常有必要分开这两种性别了。

　　他非常小的时候就见过她了,非常小的时候就开始和她一起玩,不管是走到哪里,他都会想到这个美丽的小女孩,她是他的表妹?还是朋友?我不知道(四岁的时候,我们眼里只有父母),他曾经对她使坏,他总是和她作对,以后想到她的殷勤、善良的心灵,她青春的智慧,他会对此感到惋惜。他对她漠不关心,就像所有的小男孩们一样,有时候回忆起小时候一起玩耍的美好时光,他也会有点儿想再见她。

　　然而现实是,在她十二岁的时候,他再次见到了她,场面很正式,在家庭聚餐上,这位年轻的小姐坐在母亲旁边,他已经不敢再像小时候那样和她一起玩耍嬉戏了,女孩略带着初次见面的保守,这使他感到微微受伤,并且觉得她太美丽而有些难以接近。当但丁第一次见到彼阿特里克斯·德·博迪娜丽的时候,她刚刚满十二岁,穿着一条紫红色裙子(泛红的紫罗兰颜色)。他就这样记住了十二岁的她,还有她的紫红色裙子,直到死他还是将她视为孩童时期的女神,浑身散发光辉。

　　我这位亲爱的中学生被小彼阿特里克斯迷得神魂颠倒的时候,戒掉了很多毛病,尤其是让自己变得优雅,不再粗俗。如果这种快乐是通过一些下流的献殷勤的方式获得的,他会觉得很恶心。他的内心非常圣洁。

　　两年或者三年过去之后,他看到她变得活泼、美丽。如玫瑰花一般绽放的女孩,散发着莎士比亚笔下潘迪塔的迷人活力,来来去去帮她的母亲干活,既是一名牧羊女也是一位公主,这是我这种年轻男士心中新的完美偶像。如果不甚精致的女孩留意到了他最初的感情,那她们为时已晚。经过对比,他会说:"我表妹简直是另一种生物!"

彼特拉克戴着一顶非常精致的帽子，带着虔诚的信仰，对着他的洛蕾说，她对于自己就是一个神圣的朝拜对象，他一生都在向她的方向行进。他也承认在朝圣路上遇到的小教堂中，在他停下歇脚的地方，他曾经对着圣母玛利亚做过祷告。我，这路上我不想再遇到小教堂了，不想再要圣母玛利亚了。我希望在路上的每一个点，我们的男人都能在远方看到他的洛蕾，并且希望他永远不会走错路。

我弄错了，洛蕾希望他有其他的女主人。她一点儿也不会嫉妒，她同意分享爱情。她清楚地知道男人的心需要多样的生活。她知道植物园里坐着一位丰腴甜美的女人，那是身材高大的伊西斯或者是大自然的神女，专门迷惑年轻人的心。她知道在万神庙的学院里，或者在所有其他地方，他的情人都在追逐爱情。甚至，她同意他的立场，她很感兴趣。她祈求能够尽可能地忘记他，因为她有那么多强有力的对手。

女人提防女人的时刻，真是美丽的时刻、高贵的时刻啊！那个已经离开他的年轻女孩，在求学中，在贫困的生活中给他勇气！增加这个年龄创作的累累硕果、在她完全成熟的时刻保存能量、一饮而尽斟满高脚杯的酒，这些事情都是有非常大的优势的。生活的挫折，求学过程中的孤寂，这些塑造伟大事情的时刻，恰恰相反总是持久不变的，当巴黎的鲁宾孙度过了低俗和野蛮的生活，他能够一语双关地说出"我有我的主人和思想"。

"婚姻，是信仰。"我说出这句话，并且重复这句话；这非常真实、非常丰盈。

哦！对于有信仰的人来说，有个十八岁的女儿是多么美妙、多么动人、多么有尊严的事情，我们可以和她自由畅谈，她也有完全听不懂的自由，也有不被过度指引的自由。母亲有时候会柔情蜜意地说:"她没疯吗?……我相信她,她很悲伤……要给她一些限制。"

至少应该允许年轻小伙儿按照自己的想法为这位女士创造奇遇,带来跌宕起伏的人生,带来希望、快乐和悲伤:"昨日,我得知此事……给我打开了一片天地……我觉得在这条道路上,我也找到了……请帮助我,鼓励我吧!我将成为一个男人,可能会成为一个男人。"

您知道我在想什么吗?这位年轻的男士行动灵活,思想深刻,极具吸引力。对于女人来说,塑造一个男人,每天让他成长进步,这是一种非常强烈的享受。在家庭的温暖之中,有一个无限柔情的母亲,有一个温厚成熟的父亲,对于她来说,自己的生活和这个充满奇遇的年轻男人的火热生活一点一点联系起来,最终停留在他的港湾,这是充满极大的新鲜感的。

她感觉非常有代入感。她很害怕。她非常动容地重新投入到母亲的胸怀之中!……

恰巧有一天,她拦住了他,她感到震惊,对他写道:"保留自己的想法,或者交换思想总是有很多乐趣。这一切都足以证明您的思想……但是能证明您的内心吗?"

第五章
她如何献出自己的心

"前面的叙述中有多少荒谬可笑的事情啊！一个恋爱中的学生！一个将自己的情人看作信仰的学生！一个不考虑如何准备期末考试的学生！一个还在求学中的学生！……哦！这真是荒谬之极！很明显，作者忽略了学校到底是什么。作者忘记了一段漫长的时光，一段需要自我修炼、通往社会的时光，一段为了承担一份支出的时光，一段为了留住一个客户的时光，等等，等等。"

您的话使我恍然大悟。我忘记了所有年轻法国人可能都是公证员、律师、公务员、抄写员或者文牍主义者，每个人都可能从事两到三个忙到不可开交的工作，这些工作要度过漫长的实习期，所以他们结婚都非常晚，大多数人已经到了精力衰竭的年龄。

这种现状是谁导致的呢？是母亲们的谨慎，她们希望找到一位非常得体的女婿。公务员对于她们来说意味着生活稳定，尤其是在这个到处充满变革的时代！公证员！这个词是多么的响亮！但是人们往往为了得到这一职位，早已经负债累累。

因此，女性的恐惧、无知、反应的盲目，使这个民族成为世界上经历最曲折的民族，最畏畏缩缩、最毫无生气、最萎靡不振的民族。英国人、美国人、俄国人依靠自己的编排获得了整个世界。英国女人觉得嫁给加尔各答、中国广东的批发商是很正常的。她们跟随自己的丈夫，他可能是一个办公室职员，来到大洋洲的最后一批岛屿上。荷兰女人也能够接受一个来自爪哇或者苏里南的丈夫。波兰女人也不害怕流放到西伯利亚去生活。但是拿德国女人举例来说,尽管她们非常珍视在国内的生活,但是你们能看到她们飘零到南美和北美生活。家族越是强大的人,往往也更加愿意远行,更加确信自己有能力幸福。有爱情的地方,就有祖国;爱情将祖国的概念延展了,使祖国的概念多样化。人拥有了爱情,就拥有了展翅高飞的双翼。

在欧洲,你们忽略了一件事情,就是说如果人们将你们打扮成士兵的样子,你们就是稳固的民族,就是谨慎的民族。您在您出生的地方生活了很久;但是您可能在某个现场意外死亡,在赌场挥斥方遒的时刻,在股市的动荡起伏之中,甚至在一颗牡蛎引起的暴风雨之中。这就是您想要的稳定,这就是成熟年龄的婚姻所带来的稳定地位,这是一个大多数人都无力爱的年龄。

高卢的悠久历史、古老法兰西的沉淀给了这个国度以希望。我们为未来感到骄傲,我们也正在创造未来。我们去爱,我们很早就结婚嫁娶。在那些人已经精疲力竭,做个终结,娶了老婆的年龄,我们很早就已经有了房子、家庭和财产。

孩子们不都能存活下来。然而这个愉快的、情意绵绵的繁盛民族,足迹遍布了全世界。我们高卢人在历史上不知道征战了多少个欧洲和亚洲民族。12世纪,我们的十字军战士中产生了大量的殖民者。13世纪和17世纪,我们法国人拥有足够的精力,靠着随和的社交能力,占领了新的世界。但是,是谁断送了这一切呢?当然只有路易十四,他进攻荷兰,将荷兰拱手送给英国,英国从那时起就成了海上霸主。如果没有他,我们会得到两个印度。为什么呢?因为我们那时非常受拥戴;我们那时到处都有殖民地。而英国人简直一无所有(除了美国,那是大量清教徒组成的民族)。

想想这一切吧,年轻人。站在巴黎的石板路上,您有那么多想法、技巧和方法使自己成为一个男人,请您指引一下自己,请您全方位多角度去观察。请您拥抱一切,用犀利、智慧的眼光接受科学,接受人文的普遍性,接受地球的整体性。请您去爱,爱一个可爱的、甘愿奉献的女人,用博大的内心追随您的女人,爱一个处在命运的迷茫之中,在您的鼓励中去大胆尝试的女人。

"但是,先生,"年轻男人说,"请您要理解我们为什么变得如此谨慎,像个女人一样的谨慎。这是因为女人们,还有女人的母亲们将我们置于此境。国家法令在实施的过程中,将女性和男性平等起来,将她们变得富有、变得有影响力,甚至比父亲还有影响力;因为父亲只能拥有抵押的财富,或者在赌场里,总之是不确定的财富,然而女性的财富,往往都是被契约保护的,是独享的。这就是为什么女性能够统治一切并且做她想做的事情。她让自己的儿子从中学退学,然后将他们带去我们不知道的地方。她将自己的女儿交付给她喜欢的人。比如说我,我是谁呢?我将会是谁呢?或者说我将会做什么呢?我还不知道。这是由母亲决定的。我远远地被她喜欢;但是,她一旦走近我,如果我的思想上展示出一点儿大胆,她都会感到害怕,会退缩,母亲会把自己的女儿交付给一个体面整洁的男人。"

这位年轻男人说的有道理。此时此刻,伟大的责任落到了母亲身上。她有巨大的力量去创造和摧毁一切。她的一句话可以操纵一场深刻的变革。不羁的英雄可以重新过规规矩矩的生活,变成一个好榜样。另一方面也是一样的道理,如果给男性增加勇气,那青春洋溢而爱意满满的心,通过一小步跨越,可以变得很伟大。

您是女人并且还年轻,但是女士,您已经步入了第二青春期,生命的厚度使您增加了一些谨慎,很多东西都褪色了,人们需要应对生活的挑战。发发慈悲，不要强加给他过多的智慧。不要强求年轻男孩拥有老人的智慧。您爱他，您对于他热情洋溢的信件感到欣喜。那么好吧，请您接受吧，接受他本来的样子，年轻而热情。您的女儿不会放弃他。为她采取一些行动吧。请您问问她吧。我打赌她没有像您那么害怕。而且，说到底，她很有理由变得勇敢。这颗心，由于太过冲动，超越个体品质本身，可能看上去会偏离中心。但是他应该有更多，以便某一天达到一定程度。她们早晚都会成熟，直到拥有真正的力量。她们珍惜一切，将智慧中的精力投入到为人类理想奋斗之中。

这是我们身边的年轻人的写照。我希望我能驻足在这个令人欣喜、激动，而又不安的时刻。一切尽在不言中。我们总是过于浮于表层。我们只会抓住表象，漂亮地打斗，这勉强算是爱情中甜美的争论。他有些重视战争，我们只能在战栗之中靠近那一群人。力量的强烈光泽有点让这位小姐震惊。而另一方面，这位年轻的男人，他只要稍微真正去爱，就会极度恐惧，人们都嘲笑他。

其实大错特错。女人，真正的女人，都很温柔，不会去嘲笑他。尤其是我们的小姐，我们看着她长大，她根本不会对事情多嘴多舌，她也不是莎士比亚笔下罗莎琳那样的女人；更不是那种头脑空空，冒冒失失地嘲笑别人的女人。她们戏谑的审查都是很轻浮的；一场如此小型又温柔的争吵不会使我们的年轻人感到不适。但是年轻人们，他们并没有很麻木，他们相互挤在一起，因为一点小事儿而颤抖。对于她的事情，他什么也忍受不了。就是这一刻，也是她痛苦无比的时刻。他们相互之间很敏感，这难道不是爱情吗？

爱情，爱情是什么？爱情如何到来呢？

就如同我们在上面写的！这是多么没用！既不是叙述，不是分析，也没什么用处，没什么可比性。爱情就是爱情，是与众不同的东西。

司汤达先生做过一个天才般的对比，爱情就像人们抛向萨尔茨堡的小树权。过了两个月，人们将小树权拿出来，发现它已经变了样子，已经变成了一个昂贵炫目的水晶制品，装饰着宝石，还有雾凇中的冰花。这就是想象之中深层次的爱情。

这对比来自司汤达精美的书籍，书中充满对爱情的讽刺和肉欲的描绘。对他来说这本书的内涵是非常干瘪的；这是一根干瘪的豌豆枝、一根棍子；这就是真相；其余的都是梦境，是刺绣，是徒劳的诗歌，是使我们感到欢愉的东西。

这是一个完美的理论，萃取了主题之中最丰满的内涵。然而无论形式上是多么尖酸讽刺，实际上都苍白无比。这一直是一个古老的论题："爱情只是幻想。"

爱情！在这个世界上我没发现有什么比爱情更加真实。

真实，就像是第二双眼睛。足以让人看清一百个新的真相，不可能有错误的判断。

真实，就好像是创作品。人们看到真实的事物，然后才进行了真实的创作。比如，对于女人们来说，被爱的时候女人非常温柔，当她自己发现被爱的时候，她会很开心，会有变化，她会散发无比的美丽。人们看到她是如此美丽，但是其实她本来就如此。

真实，就像是精雕细琢的创作，这次是创作者去进行创作。爱情在女人身上创造出熠熠生辉的美丽，它强大的力量激发了我们全新的欲望、天赋和创造力。

我们如何称呼这种真实呢？不论什么都可以？……它是主要的、强大的、丰富的……它给我们留下的东西啊，使我们变得强大。除了它，至少在这个世界上，没有什么使我们变得伟大。

这非常意外地使他变得强大。幸福的年轻人，这位年轻人无比幸福，非常偶然地展现了一些意外的美丽！这在很大程度上促进了事情的成功。

比如，人们发现巴黎男人的消费水平很高。但是他们任人谴责。他的生活费开销都集中在首要需求上，他需要养活一个贫穷的家庭。家里的小姐非常殷勤。她那天话很少，不敢看他。

经历了一桩桩罪恶，我们发现了这个年轻的幕后罪人被人们驱使着前进，就像时代塑造了伟大的画家普吕东和我们闻名于世的生理学家赛尔先生一样，我们竭尽全力地督促他投入到事业中，以接续他在学校的成功，他本应该进入更高级的学府取得更大的成功。伟大的画家普吕东和生理学家赛尔这两个人，他们除了自己的天赋，没有任何财富，他们在比赛中，为其他竞争者放弃奖励。普吕东在罗马期间，故意和一名对手一起参加比赛，如果没有普吕东，这名对手就不能继续他的学业。赛尔有一名非常贫困的英国同学，家里一贫如洗，没有接济，每天只能忍饥挨饿，在1815年的医学竞赛之中，赛尔为了他去参加竞赛，故意败给了他，最终使他成为"神舍医院"的一名学生。

以人文为目标的行为，尽管大胆冒失，但是依旧是馈赠喜爱之人的美丽花束。美丽的意外并不常见。但是值得拥有的人总会拥有。意外落水，意外身陷火灾，意外遭遇洪水，数以百计的事情都有让奇迹发生的机会。

这大胆的行为会带走爱情。女人们总是弱小、过于深情。我将这药方送给那些没有被爱的男人。唯一的方法，就是让他们变美丽。等到他们绽放光辉的那一天，她会发现自己的主要想法，那时候她就会发现自己毫无力量……欺骗他。

这些事情是如何做到的？我不知道。婚礼还没有，但是已经结婚了。

父亲和母亲,对他有着几乎一样深厚的爱,高度欣赏他,敬重他。他们引以为豪……他们做的都没错。

这是多么智慧的对话,尽管如此温柔,如此感人！她承担起无数家务、整理家居并照料,未来的家庭;她带来了爱,以后要生下孩子。她善于倾听,眼眉低垂,很是顺从。她从不会故意打断他,不会反对他。他应该说出来吗？她是如此温柔甜美,她看上去如此顺从,以至于让他很是慌乱,想知道到底自己能够做什么。那可怜的小家伙非常苍白。她不反抗,但是却内心慌乱,什么也做不了了,气喘吁吁地不知道说什么。如何坚持呢？她动摇了,倚靠着他,最终被情感战胜:"请求您,宽恕我吧。你的女人几天以来一直在请求您的恩赐!"她将双手放在你的手中。"你为我做了一切,我不可能再拒绝你。但是你让我变得郁郁寡欢……你看他们以你为豪……以你自己为豪。他们见我是如此娇嫩,他们清楚地知道我很弱小……请你将我救赎,我的朋友,守卫我,保护我。我就再也不提心吊胆了。"

第六章
你将告别父亲和母亲

沙恭达罗离开家乡,告别她的姐妹、告别鲜花、告别最爱的鸟儿、告别珍惜的动物,这并不是一出徒劳的喜剧,而是人类的天性。我们期待离别的日子,我们会为之伤心落泪;我们数着日子盼望着,直到那一天到来了,我们又觉得日子来得太快了。

她觉得家里的一切都很好,她需要离开的这个家,这个如此温暖甜美的港湾。家里的美丽餐桌、年轻兄弟姐妹的王冠以及爱她的兄弟姐妹,还有衰弱的父亲,他对所有人都很严厉,唯独对她卸下武装。只有一个人,只有她非常令人怜悯,她是这场自我牺牲的最真实受害者,那就是可怜的母亲,她强忍眼泪,克制得很好,几乎一点儿也没有表现出来……哦!对于年轻的女孩来说,这些已经太多了。

任何幸福的梦想,或者虚幻的想象都不能够平衡这一切。头天晚上,她在餐桌前,双眼紧盯着餐盘,都不敢抬起头来看大家,生怕再触动大家。大家去花园里,唯独她不愿意去。她找了个借口留下来,在这间度过青春又即将永远离开的房子里,她穿过了一间又一间屋子。对每一件家具告别,与所有有情谊的东西,钢琴、书籍、父亲的沙发……一切事物都一一作别。但是她在母亲的床前驻足……突然哽咽。

"什么!她不喜欢?……"请您不要相信。相反,她很喜欢。

这是奇怪的事情，但是十分自然：在嫁给他的那一刻，她就会开始为自己的情人感到遗憾。她做过梦的屋子里，她给他写过信的桌子上，这一切都走入了她的遗憾之中。这几年里，她经历的如疾风骤雨般变换的爱情——闪现在她的记忆里。从当初一见倾心的心动回归到平平静静，激情从幻想、从徒劳的恐惧之中渐渐平息；她遗憾一切，甚至遗憾那些在以泪洗面的日子里品尝到的苦涩的甜蜜。

没有什么能比看到童年时的朋友更能触动她的了，虽然我们对那些无法说话的生物什么也没有说，但是那些家猫、家狗却洞悉一切。狗的目光远远跟随她；猫，非常沉默地、一动不动地停止了咀嚼，在床上静静待着，这个女孩的小床明天就会空了。

它们好像在和她说："你走吧，我们留下。你为陌生人离开吧……离开这甜美和充满恩赐的家吧，我们都允许你离开。不管你做什么，都是极好的；不管你说什么，都是美丽的。你的母亲、你的父亲，所有的人都会聚精会神地听你讲话，生怕漏听一个字。你的姐妹，好像有最高权威，引用你的话，用一句话做了了断'她说完了'。你的兄弟是你的骑士，他们一言不发地注视着你，聚精会神，他们曾经喜欢过和你相似的女孩。"

"我的主人！我的监护者！我亲爱的奶娘！你那么多次喂我们！你要去哪里，你会变成什么样子？……你将会有一个主人。你会被认为是个屈从的人。你将会与陌生人生活，和那个喜欢你的人一起生活……是的，一个骄傲而又粗鲁的年轻人……他那无限的精力，在外面释放一圈之后，还会回归家庭留给他的女人吗？白天的辛苦总会使他晚上陷入悲伤，总是感到很苦涩。失望、挫败将会使你变得任性无比……你将要走进的这个爱情的小家，哦！有多少次，这个家会比你自己父母的家更阴郁！父母的家太平和安静！你一笑，一切都会跟着笑。你的欢愉、你轻朗的声音，你使一切萦绕着幸福的善意，仿佛到了天堂，到了福乐的世界。一切都充满爱，充满宽容；所有人都使你变得勇敢……因为你的父亲和母亲不敢对孩子咆哮，我们也不敢……家里的狗清楚地知道一切，在某些时间，你做什么都是被允许的。家里的猫也知道得很清楚。在这抒发情感的时刻，在家庭聚餐中，我们钻进来了，我们在庆祝……你的鸟儿们也来了，挥动着翅膀，亲吻你的嘴唇。"

女性生来就会经历痛苦。人生中的每一大步都是对她的伤害。她相信婚姻；这是她在法律意义上的梦想。但是婚姻带来的"代价"，将她从过去的生活中抽离出来。为了给爱情无尽的欢愉，她在肉体上承受痛苦。伟大的主，当她的另一个丈夫、另一个情人，也就是孩子，来到人间，生活会更加残忍，她还要承受多少痛苦啊！……这就是全部吗？我们的祖先传下了这样一句令人伤感的谚语："母亲的罪恶持续很久！"母亲的意思其实是母体，这句谚语的意思，就是说可怜的女人们，在经历了生产的折磨和嘶喊之后，不管再经历多么大的劳累、不安、忧郁、痛苦，她永远都会有母爱，永远不会离开；简而言之，她一生都会处在犹如生产的痛苦之中。

到底哪一天，到底什么时刻，罪人们才会被带入神坛？

这有什么重要的？法律制定者说。这有什么重要的？祭司说。

中世纪的占星家曾经说过："这非常重要。"

只有占星家自己是对的。

但是到底是哪一天，如何选择呢？他戴着眼镜，看着天空，什么也没有看到，然后，就做了决定。

他应该看的东西，是女人自己，女人离开一切，女人经历痛苦，奉献一切。人们应该爱她，应该让她在奉献之中少经历一些磨难。

如果有一天，或者有一个星期，是顺遂平和的，那么请让我们选择这一天吧。

人们在此处打断了我，问我那么多描写爱情和婚姻的作家怎么对这个问题就不闻不问呢，他们是怎么做到的？其实，这是他们选择的题材所表达的本质，至少是必要的出发点，没有这个出发点，他们甚至无话可说，或者做不到有理有据。

很幸运的是，对于生命的运行来说，大自然不会让我们背离天性。天性是在直觉中形成的，或者说是在睡眠中形成的。我们人体的生物化学成分，是异常丰富而又复杂的，会向着自己的运行方向一直前进，一往无前。这些成分对于人类来说是永恒的，被爱情和婚姻驱动，被家庭的构建结构驱动。所有的一切几乎都没有被改变过，人类留下来了，这些伟大的基本的东西，都在一个可理解的思维下。背离理智的情况只会出现在最高级的思维中，出现在思想者、强权者身上，或者在人类的引导者身上。

比如说，那些经济学家、深刻的政治学家，他们能够规范爱情，延迟或者加快繁衍的过程。但是，他们没有一个人知道到底受精是什么。他们忽略了人类已经结束了马尔萨斯主义道路，这是人们一直摸索践行的道路。

比如说，那些理论学家，他们总是非常完美地去阐释概念，但是却不知道到底概念是什么东西。比如说那些决疑者，他们总是完美地指导、净化人们的同居生活，但是却不知道到底什么是婚姻。

再比如说文学家，在那么多洋洋洒洒的书籍之中，探讨权利和事实，声讨男性或者女性，探讨到底哪个性别压制了另一个性别。我们伟大的小说家，一个令人倾慕的强大女性；我们伟大的辩论家，一个令人惧怕的铁腕男人，在得与失之间平衡利弊，到处展露光芒,在辩论之中,整个世界都在观察他们。但是,他们任何一方都没有触及主题的本质,也没有触及最下等的问题,反倒是扯出了其他一系列问题,难道这一点儿也不令人震惊吗?

下等的?没有什么是下等的。让我们抛弃这个老旧的阶梯思想,还要分出上等和下等。一个哲学家说,上帝是球状的。天空在我们脚下,同时也在我们的头顶。我们从来没有为了供养大脑而看轻过我们的胃部。我们早已经(1848年)发现大脑是会消化的;至少,如果没有大脑,我们是得不到糖分的,糖分是帮助消化的。

回溯到1830年前,人们抛出了鸡蛋的事实,看到了爱情的危机,发现理论说得都是蠢话。1840年前,法律被建立,一个繁荣的时代到来了,人们开始盲目实践。伟大的解剖学家们经过长期艰苦的观测工作,取得了成功,在科学院(这一领域真正的教皇)的授权准许下,解剖学最终成为法国中学的正规授课内容,1840—1850年,这些发现传遍了整个欧洲,从此,这些发现作为法律条款被接受。

科学来的正是时候!传染病在这个世纪肆虐(母体疾病研究大学),无数次外科手术毫无效果,医学已经发展到跟跟跄跄、盘旋打转的阶段。胚胎学来救急了。这是一门深刻的科学,开启了一条研究开发替换品的道路。谁知道呢?前人们被爱情提醒,可能会预示后者的到来。

请原谅我,年轻人,毫无疑问,面对这些严肃的话题,你的内心中会有其他想法。但是,我的朋友,爱情是不安的。对于你,对于她,我想将你从你诗意的天空带入真实的生活。真实的生活,她就是真实的生活;她也是天空。这涉及她,也涉及你的未来。当这位珍贵对象的健康,还有生活,都受到牵连的时候,那就不只是你来指责我们过度的关心和自作聪明了。

难道这不是一出戏剧吗？幻想我们身边围绕着年轻魅力的女子，在爱情中遭受打击，被迫流放，迫不得已生活漂泊，（非常丑陋的对比）在眼泪之中出卖肉体。这真是令人忧伤的情景，这会使人早早地对婚姻失去热情，乃至早晚婚姻会被取消；让一代人都感到害怕。当人们知道成为母亲之后，罪恶会更尖锐、更严重，人们颤抖着生育孩子。当两颗心合二为一，释放出最深厚的感情时，第三者出生了，两个拥在一起的人仿佛看到了未来的甜蜜、未知的恐惧（还有死亡）。

从此以后，传染病就没有那么被重视了，首先，因为人们死亡得更快，人们更少关心生活是否甜蜜了；但是同时也有另一个原因。因为女人再也不挑剔了，以粗粮为食的越来越少了，在体质上，能够更加有力地对抗悲伤和反抗虐待。如此，我温柔地呼唤人们热切命名的恋人，但是应该很好地去命名那些自私的需求，那些想要太多的人，那些想靠作恶获取利益的人，那些不知道时间和苦难的人。后者，是很弱小、很脆弱的，能够感受一切，并且感受得很深刻。这没有什么可笑的。应该严肃认真地注意一下，也就是说注意一段无时无刻不在的爱情。我曾经对母亲说过的一切，我会对我的情人说得更多。

女人比孩子更加脆弱，女人需要的是绝对的爱，需要精心呵护，无时无刻不抱紧她，让她感受到爱。这可爱的天使微笑着，在生命中绽放，总是站在土地上，只用翅膀的尖端支撑着身体；其他的都不重要。

我们不要去问那些对过往一无所知的人，在这个巨大的利益面前，我们到底能够做什么，这代价太大了！他们什么也不知道，而且什么也不会说。请您只按照科学回答，只践行爱情就够了。

科学首先揭示了一个简单的道理：应该在我们还爱的时候去

爱，不要着急，顺其自然，按照事物的发展顺序进行，不要一哄而上，敬畏所有事情，还有持续的刺激。

自此以后，我知道什么时候是应该结婚的日子，无论是在法律上来说还是在道义上来说。在一篇回忆录里，也就是在科学院授予他荣誉、给予最高许可的时候，他被告知"人们只应该在年轻女孩排卵日之后的十天里和她结婚"，这也就是说，在平静、安详、非排卵日的一周里。

这个完美的观察结果充满人文气息，非常理智，一点儿也不是毫无经验的实践。这是高度科学化的。它歪曲了已建立的事实，歪曲了胚胎学的固有规律。它是自然演绎的产物。它自身也是，它保持不变，就像是自然规律一样，是婚姻的必需品。

实际上，没有什么比这样更明智了。作者说，应该好好利用非排卵期的时间，因为如果第一个月就受孕那会承受太多的痛苦。对于她来说，如果以下三种痛苦和三种困境接踵而至，生活是多么艰难啊：每月的身体不适，初婚的惶恐，还有第一次怀孕的窘迫。

人们说："母亲已经想到这个了。"其实根本没有。母亲不会在乎这个，她总是将女儿在三四天之后就嫁出去，也就是说发现女儿更加丰满的时候，很快就把她嫁出去。因为女儿已经怀孕了。

多加出来整整10天对她来说，已经是一个恩惠了。科学在她和急躁的激情之中运转着，她投入到母亲的臂弯之中，总比母亲什么也不做的好。因此，所有伟大的发现，所有伟大的真理，最初来看都只是一道小小的光线，都只是合理的，并不急于揭示出令人震撼内心的实践结果。

每一天，她的努力都足够多。工作也足够多了。我请求您，新娘，在这样的一天里，请不要去郊区蜜月的嘈杂聚餐，因为，那里愚蠢的人们能让您窒息。如果您不愿意吃，他们就会说："你们看到了吗？她很悲伤……我们为难她了……她不是很喜欢她的丈夫。"

我看到我们祖先的常识，与事实正相反，我们的祖先不愿意她见证离别的场景和泪眼婆娑的画面，不愿意她去见证那身体和精神的双重痛苦，希望她能够像慈母般地去准备婚礼，心情放松，情绪欢快爽朗，不那么虚弱憔悴。

婚姻的仪式和象征到此为止都是不完整的。他们只是忙着让弱者知道自己是弱者，让弱者知道自己需要去依赖。应该更加系统地、更加原始地、更加人性化地，教会强者收敛强大，教育强者去珍惜，怀有怜悯之心。人们说"爱情饲养婚姻"。但其实完全是相反的。我们还是承认吧，男人很莫名其妙地改变了。在某些时刻，一个愚蠢的野兽咆哮而出，越过自己在人类身上的不耐心，随之而来的还有野蛮的欲望。

医生们开始猜测，盲目的坚持（应该说明白吗？其实就是残忍的自大心理）和焦急，往往都是引起长期神经衰弱和难以治愈的脑充血的第一诱因。"治愈？"想得美！要怎么治愈啊，如果每一天病情都反复加重？

在这决定性的时刻，唯一一件应该在你面前出现的东西，这虔诚的东西，这关于信仰的东西，这最灵验的驱魔的法术，就是法学家的一句话："婚姻，就是协商同意。"

如果晚上，或者麻烦缠身的时候，你不记得这件事了，那么中午你记起来也无足轻重。你需要记起的就是这句话："婚姻，就是协商同意。"

如果你有心在前天晚上想起来，将你的自大和愚蠢搁置一边，叩问自己的爱情，叩问自己的内心，如果你能想想你可怜的孩子，如果你能和母亲和解，就是那除了你什么也不想要的母亲，那么我会更爱你。一根碍事的针在那里，如果不能把它软化，就干脆将它拔除。印度忏悔仪式上的祷告，和我们医生的医疗效果如出一辙。

法兰西的女孩都是喜欢戏弄人的，有时候会看不起我们这点儿诉讼费，但是同时她们也是这片土地上最神经敏感的人，她们是如此爱幻想和爱猜忌！她本不应该害怕她绝对控制的人。但是她却害怕了。以至于本来一点儿困难都没有，但是因为思想上的退缩，反而增加了困难。男人们总是如此自私，总是只想着自己，总是抱怨巫术，觉得巫术使一切都瘫痪了。但是女人的恐惧却更加真实，您不相信吗？男人们应该重新设置自己的思想，这是最重要的一点。应该变得耐心、宽容，并且主动……不是去和他自己对抗，而是为了两个人努力……愿意让她也变得幸福；和她谈心，顺从她，最终以甜美的胜利为目标：痛苦不再来。

幸福的人知道如何准备才能让自己幸福！谁想要自由和意愿，谁就要相信温柔，相信美好的天性。虔诚的拥戴者，通过真正的奉献，给宫殿的周围带来荣光，在通往宫殿的入口，他深情而又耐心地坚持。对于他来说，是她们自己动摇了这神圣之地的大门。人们觉得上帝如此遥远，但那强烈的火花正在入口处跳跃。

在一种未来将会到达的、更高端、更先进的状态下，人们反而会明白这种甜蜜的启蒙是值得女人用通往内心的新道路去开启的，人们会明白这种启蒙只不过是，爱情在与所爱之人相互斗争发挥作用之后，所达到的一个进步的等级。这种进步的重要性在所有认真的婚姻之中，都会远远地超过婚礼仪式本身，因为仪式只是一种宣告。灵魂的结合应该在蜜月很久之前就存在了，只有这样，以后才能存续并且愈加改善。

让我们从语言之中抹去这个不朽的、灾难性的词语：婚姻的消费。婚姻，是一种持续的状态，只有共同的生活才会产生消费。

婚礼是漫长启蒙的公开时刻。婚礼是有用的，是必需的，就像是一个保障，但是婚礼总是像一场嘈杂而喧嚣的宴会，会产生很糟糕的后果，会使婚姻充满错误。这场嘈杂的宴会让人相信有一天一切都会结束，爱情会消耗殆尽。第二天的日子阴沉而冷酷。婚礼错误地记录了本该永恒的东西。

不，甚至在这个神圣时刻，请你知道婚姻就是这样的，只是因为婚姻没有消费什么，也没有结束什么；婚姻是很神圣的，因为婚姻已经开始了。她温柔的形象，已经在这神圣时刻最大可能地展现出来；她温柔的形象，定格在接受对方的爱情之时，定格在说出她是你的之时，定格在为你的快乐开启了一扇宽大的心灵之门之时。但是这心灵是快乐的王国，现在需要走进这个王国。等待你去发现她的世界，还有等待你自己去挖掘的世界，你要如何前进呢？她自己不知道这一切。她只是想要你给的激情，你是主人。她被拥有之后，在直觉上会觉得自己会越来越好。爱情在你身上产生了无尽的新感觉，为了让你接受这新感觉，完全穿越充斥原始感情、微妙欲望，而又纯洁的汪洋大海，她会去做她所能够做的一切。

第七章
年轻的妻子——她孤独的思想

在描写爱情的书籍里,我发现孤独状态是一个显著的外在特点。这里,我想进一步说明一下:观察一下女性自己,尤其是那些有强大家族根基的女性,她们最期待的婚姻,已经在深深根植的土壤里就根茎断裂,毫无希望了。这是悲剧的一幕。父母拒绝接受她所爱之人,她便离家出走了,毫不犹豫,没有做任何反抗,但是内心已经支离破碎。她的爱减少了吗?其实是无限的更多了,她献出了自己的温柔,还有无尽的爱,她毫无保留地向所爱之人交出了自己滴血的心。

我不知道这个在幸福中迷失的男人,是否保留了足够的理智去发现这一切。但是对于我来说,我没有看过比这个动人的女孩(应该说是处女或者女人吗?)更加感人的戏剧,女孩发现自己脱离了曾经熟悉的世界,改掉了以前的习惯,来到了另一个家庭生活。这,也将是她自己的家庭。但是她也应该清楚地意识到这一点。在这里,一切都是陌生的。她不知道物件都应该怎样摆放。每一个崭新的家具都会让她想起留在以前家里的旧物。她的丈夫,个性活泼,有年轻的热情,有迷人的狂热,能够照亮一切。但是,无论他做什么,他并不能总在她身边。他离开了一段时间,一切就都变了;一切都变得苍白而孤独。

以前的家里,感情很丰富但是很和谐,父亲、母亲、姐姐、仆人、喜爱的宠物都在一起，是一个已经塑造完美的家。而这里是一个等待被创造的世界。非常幸运的是，它还在这里，非常强烈，这强大的创造者，使一切都变得生机勃勃：那就是爱情。

他嫉妒了。他说："如果您想要去创造一个家，那么请和我一起重新开始；如果您想让我插上双翅，将您带到未来，请您不要把我和过于强大、过于亲密的过去拴在一起。悲剧的第一法则，就是行动一致，这也是生活的第一法则。不要觉得还有比简单的东西更加强大的东西。认为内心广阔的人，都是很愚蠢的，认为分享的人，也是很愚蠢的，每一部分总是能组成全部！如果这个喜欢抱怨的母亲一直在你们身边，那你怎么办呢？我不是说你会嫉妒这个和你妻子一起生活的女人，哪怕你的妻子每天都在这个女人身上投入心力。一片乌云飘过你们的头顶，她就会喋喋不休；她的母亲宽慰了她；乌云越积越厚，接近地平线了。只有你自己，只有爱情，只有夜晚自己才能全部驱散这乌云……

"她的兄弟们，你觉得他们对于夺走家中开心果的男人，一个充满魅力、令人动容的男人，他们不会感到一丝嫉妒吗？当然这是年轻而纯真的感情，没有一点儿罪恶。但是这也自然而然使他们之间的愈发强大和自然的联系，变成了隐秘的敌对状态。家庭隐秘的基因，一段隐去的时刻，可能会在以后重新回来。大家一起成长了！有这么多共同的记忆！可以（在大家之间）相互倾诉点点滴滴，当然也是非常珍贵和亲密的事情，那些你所不知道的事情，这是一种半婚姻的形式。过去的回忆会随着时光变得更加美丽，会被生活中的遗憾、得失打磨晶莹，被人们给予的动人泪水滋润丰富，过去的经历比他当前的状态要珍贵一百倍。同一个家庭散发的神圣光泽，在他们共同休憩的摇篮之中，会一起醒来，她总是沉浸在回忆中,歪曲现在的日子。她的内心是双面的,是开放共享的。传统的习俗、旧日的时光、守旧的思想,无时无刻不在考验着爱情。"

人性说:"前进吧！……不要想你的妻子！不要切断她与她的原生家庭的联系,但是你要和她单独住。她的家庭离她越远,那你的妻子就越属于你。你也越有担当和幸福感,愿意为她付出一切。你不能忽视她。你是她的'父亲',日复一日,如此下去,你可以影响她的思想。你是她的'父亲',要用朋友般的友谊和同志般的热忱支持她。你是她的'母亲',满足她作为小女人的一切需要,抚摸她,溺爱她,和她睡觉。在你慈母般的手掌里,同时也是同伴,她将会感到又重新回到了她的摇篮之中。通过所有这些微不足道、充满童稚的小事,你将会把她抚养长大,以后都会和你同呼吸共命运。"

这有点儿困难,但是这是真实的,同时也很重要。这也是婚姻的法则。因此,她将会有孤独的时刻。到了第二天,她还是会有孤独的感觉。因此,如同我们想象的一样,就在最温柔的会谈中,医生,我们共同的亲密朋友,强迫她去医治,想将她的丈夫支开。他有无数个托词,对于她来说,有些事情是紧急而重要的,只有她的丈夫能够帮助她。丈夫抱怨一切,但是他还是照样做了。她是如此有道理,甚至在这样的一天里,她不希望我们失去友谊。事实上,人们这样做都是为了她。一条古老但是非常智慧的惯例,就是给妻子留出一些自由呼吸的空间。人们可以得到以前从来没有的,人们强加给他们三天的禁欲时间(除非暂时的逃避)。爱情增长了力量,穿越了欲望。她呢,她有时间重新上路。善良的天性使她很快恢复,使她变得温柔而坚强。但是,在什么样的条件下呢?让他休息一会儿吧。

我们并不会因此丢失爱情。我们可以在《雅歌》①之中看到相关的描述。从她不再被包围、被迫害起,这个悲痛的女子因为变成了寡妇而郁郁寡欢,想着要不惜一切代价让他重新回来。这真是天真而动人的冲动啊!……到此为止,她非常平静,这位贞洁的姑娘。为什么你会如此动容?不要笑,坏人!但是请你去喜欢,去热爱……这位迷失的姑娘(在叙利亚的热情诗歌之中)晚上起床,在昏暗的大街上跑着去找他,冒着认错人的危险……请保护她吧,请指引她吧。哪怕重新把那个男人带回来……啊!他是多么幸福!人们不再抱怨了。他离去的痛苦此时将其他一切痛苦都衬托得更加温柔甜美了。

为了回到家里,她不再在街上跑了,她第一次一个人待在新房子里,一个人想了很多。她沉思了很久。做了一个奇妙无比的梦,如此温柔,如此庞大,如此美好;她的双眸湿润了。她重新回忆了一遍他的甜蜜、耐心以及无尽的柔情,笼罩在一种神秘的气氛里,她脸红了……有时候,他的身影出现在自己的脑海里,但是这一切都是一种幻想,是一场梦,她害怕醒过来。但是,不,怀疑是不可能的。异常敏感的标记已经使她足够回忆起他的一切,一个不会再出现的标记,她说:"幸亏!这是永恒的(这个刻骨铭心的幸福,带着刺痛感的幸福,无时无刻不和他说起的幸福)……幸亏!我是他的,带着他爱情的标记……这是确定无疑的……上帝也改变不了。"

在这之前她是多么骄傲啊!而且她一直都如此受尊敬!她是妻子,她很深情,因为她痛苦,她想要依赖和拥有,所以她才会在意;她孤独地品尝这卑微的激情。如果针还在持续着刺痛,她会继

---

① 《雅歌》(*Song of Songs*):《圣经》旧约中的一卷,记载了良人与书拉密女的爱情故事。

续在苦难和责任之中绽放激情。这就像是照顾孩子的已经受伤的母亲一样,她还是依旧想喂奶。一场奇怪的战争打响了,他希望能够抵挡住这场奉献。如果他很强大、很宽容,如果因为爱情,他变得贫穷,哦!他对她有深厚的感情,却使她付出了巨大的代价,爱抚、亲吻、眼泪,安抚他,使他陶醉,这些都是爱的代价。她不再重视他,她释放了无数魅力,简而言之,她使得智慧变得不可能。她感到头晕转向。他在悔恨之中品尝享乐之后的苦涩。但是,她只拥有高尚的爱情,她在痛苦中品尝着神圣。

这并不少见,被爱欲驱使的不幸持续的时间过于长,有时候达到几个星期甚至是几个月,乃至成为牺牲者巨大的罪恶。其中男人是很悲伤的,充满耻辱,充满遗憾,而且犯下的罪恶并不少。而其中的女人是依旧骄傲而纯洁,充满勇气的;但是她要求人们,不要再去询问为什么。我们可以说的唯一的方法就是,如果丈夫是军人,是海军,出发的命令一下达,他们就得停留一个月,我怎么知道?但是绝望还是会来!离别的第一句话一说出来,她就忍不住放声大哭……"我会死的!不重要了!离开了你和去死也没有什么区别。"

她表现得很高尚!承认吧,我的朋友。但是对于你来说!我只知道说。我埋怨你,可怜的奴隶,我埋怨我们天性里的奴性。

她是多么高尚和诗意啊!她是天界的诗歌,幻化到你的身上。但愿你能感受到,并且像神一样地尊重她!……这种美好世界的情感流露,会让你重生,为什么呢?这是为了让你改变,让你变成另一个男人。你是十分需要的。因为,坦白来说,你是一个野蛮人。请你文明一点儿吧。对于如此甜蜜的交流,你的外表焕然一新。对于如此纯洁的爱情,你的内在得到圣化。

昨天,你还在朋友堆里撒欢,吵吵闹闹,拥有无尽快乐,你和你的小仙女、纯洁的处女、迷人的预言家在一起,她知道一切、了解一切,还能够预言一切,她听得到草在土地里钻出来的声音。她总是住在和谐温暖、整洁安静的家里。你年轻力壮、充满阳刚之气,这使她很欢喜,但是也使她动摇。你坚定的脚步声,你生硬地关门窗的声音,惊到了她的耳朵。她的母亲轻轻地走出来;她的父亲轻声低语了几句。你用军哨吹出嘹亮的声音,这用来训练军人是非常好的,但是她第一次听到就惊得打颤,我说的不是害怕;因为她马上就绽放了笑容。

有她的甜蜜陪伴,请你轻柔一些。她想要你在所有方面都轻柔一些。她说,她想帮助你,为你服务,想成为你年轻的朋友。她就是这样的,但是另一些她不愿意去珍惜的弱小而深情的东西,其实更需要去珍惜。"我,脆弱?根本不。我,疯了?从来不会。"她对她的母亲说:"一切都很好。"有一天,由于她不小心耽误了急于出门的你,由于她过于关心你的打扮,你对她说话太重了;她可怜的小心脏就膨胀了,我不知道为什么,她的眼泪就来了……正巧此时,她母亲来了。她非常吃惊,自责地说:"不,妈妈,没有什么……他教导我;我做错了。"

由于工作被迫背井离乡很久的人,在悲伤之中,发现爱人在等待自己,如此期待自己,这是多么美丽而珍贵的弥补。她是多么感人啊,拥抱她吧!你回去将自己藏起来,让她不安,尤其是在最后告别的几小时里,这是多么不幸啊。就像你在她天真的面庞上、在她会说话的眼睛里看到的一样,她心里的一切都给你了!……她什么也不需要说!我已经听到了一切:"他不在,他已经走了那么长时间了!……他将会带来一些东西吗?一个口信、一件使我开心的事情?……哦!我想要的就是他!听到他登上楼梯的声音,快速而有力,就像他每次离开时一样!……在一切都将变化的时候,屋子里充满欢声笑语。一切都因快乐而震动。桌子、火炉,一切都在欢声笑语之中熠熠生辉。丰盛的大餐、酣畅的聊天!他的餐具都在那边……不,最好是放这边!……这就是他最喜欢的菜肴,我们两个人,每吃一口就亲一下……如果火焰使我昏昏欲睡,或者我做了类似的事情,没有睡着的他就会将我叫醒……我留着他认为很好看的发型……但是我错了。他是因为累了吗?……或者说,他刚刚想说,我是特意为今晚而做的?……我会感到奇耻大辱!"

这就是她单纯的想法,可能我本来不应该说的……现在四点了,大家等你到六点;但是六点多了,她已经离开,不在这里等了。她走了,又来了,看着太阳,靠着窗户:"这是什么?太阳落山了,我的花朵都要休息了。炊烟从屋瓦上升起……那里的人们都很幸福;他们都已经回家了,一家人团聚在一起……他会去干什么,他要去哪里呢?……"

那一天,很不幸,一场意外事故绊住了你……七点的钟声响起了……哦!海浪翻涌起来了!想象、悲伤、幻想也都翻涌起来!……她自然流露的柔情也开始显现。一滴泪水,忍不住滑落下来,打湿了脚背(我会相信吗?)。餐桌和蜡烛,已经十次、二十次地被重新布置,又弄得更精致了一些,但还是没能等到主人归来。不安充满了她的内心,她的脉搏都加速跳动了……

突然,楼梯间回荡起响声。一个年轻人三步并作两步地冲上来。她也是……她本来应该矜持一点儿,让自己显得不掉价,她应该老实等着!……但是那可怜的小家伙根本等不住,她立马冲上去,投入到他的臂弯里,在他的臂弯里笑开了花。

第八章
她会是合作者和顾客

某日,我曾经听到一个农民说过一句动听的话:"你们看!他们刚刚结婚一个星期,就已经如此相爱了!"

这已经很吸引人了。他表达了一个非常多样化的东西,充满了人性化:随着我们更好地了解彼此,随着我们一起生活,越来越享受彼此的存在,我们更加相爱。这使那些麻木的、病态的和劳累的人感到震惊。翻滚的胃总是幻想着能够改变饮食;可是发现一切都平淡无奇之后,就会变得毫无胃口。他变得更加健康,感受到原本相同的东西不再相同;当一个人的品位自然而然形成之后,他便能够在多种多样的不同美食之中完美地觉察出细微差别。

如果对于口味和感官来说,这一套说法是真实的,那么爱情会多么细腻和多样呢!在高级物种之中,我们能够感受到我们之间的不同,这种不同产生的原因相比于大量雌性突然变化的影响,更多会受到单一雌性的变态作用和代谢影响。对于男人来说,爱情是在无限世界里的一场探索之旅,无限存在的东西总是会被更新。从一个秘密到另一个秘密,这(一言以蔽之)对于被爱的对象来说,是永恒的深化,这永远是新兴的,永远深不可测;为什么呢?因为人们总是在创造。

生命的初期总是眩晕的,是盲目的冲击;我敢说出来吗?这是一段自然的历史时期。在这生命果实的第一次腐蚀之中,我们一点儿也不知道其中的味道。如果他对于自己看到的真实的事物保持着冷血的态度，那么就算辞藻再华丽，被爱的对象还是会感到非常受辱：在这令人炫目的时期，性有多重要呢？而人是有多么微不足道呢？只有随着我们去检验他，我们才能更加欣赏他，才能体味不一样的、更可爱的个性，这个女人对我们的偏爱使她超越所有女人。我们爱她，也爱她带给我们的快乐，爱她所奉献的一切；我们爱她就好像她是自己的一部作品，一座刻画了自己的雕塑，深深浸染着自己的性格；爱她，因为她的高级的爱情属性：在她炽热的尖叫声中，他眩晕盲目的状态已经不复存在，他已经成为上帝，周身充满光辉。

他们说："我们相爱，是因为我们相互还不了解。一旦我们开始相互了解，我们就不会再爱了。"

谁知道呢？在这个世界上，我只看到了人们之间的漠视；甚至住在一间房子里，都好像只是陌生人；人们都不太会交际，首先就是不知道别人可能从哪里进来，低迷、抑郁、愚蠢，就像是一块石头撞上了另一块石头。谁知道呢？石头相撞也许会摩擦出不一样的火花，可能会产生金子和宝石呢。

还有一个寓言："婚姻，使我们和爱情永别。"

婚姻？婚姻在哪里？我几乎在哪里也找不到婚姻的影子。我所认识的所有情侣几乎都没有结婚。

婚姻这个词是有弹性的。婚姻发生在各种纬度。有的婚姻在二十度，有的在十度，有的在零度。我们之间总是不同的，我们会说："他们在哪个纬度结婚的呢？"

一切都取决于开始时的状态。应该承认，总体来说，错误不是女性造成的。那些年轻小姐都是初谙世事，只能通过书籍来了解世事，但是那时候包括忏悔录、小说和整个世界都不是非常成熟和先进的，给婚姻大量令人赞叹的启示，在直觉上将人征服，由此带来一种美好的意愿。女孩们对于她们即将迈入的生活都饱含巨大的期待。这位坐在她父母身边的姑娘，受过良好教育和训练，看上去无所不知、无所不晓，她想通过自己的丈夫了解一切。她这样做是非常正确的。生活和热情都以一种鲜活的崭新方式回馈她。她曾经消极地接受这一切，就像是一个冰冷无情、自我封闭的东西，但是，经过身体和心灵的双重结合、电光火石、激情燃烧，她将会主动拥抱这一切。

请注意父亲不可能做得更好。如果他给女儿留下过大的影响，那么他不会达到他的目标。这个女孩未知的且不可预知的命运，都恰恰是她未来的丈夫将会给她的。因此对于她的教育不应该过早决定好，而应该有一些弹性。于是，家人总是犹豫不决。母亲总会被一些老旧的思想拖累，而年轻人都已经不再受这些思想的影响。父亲可能会更加迟疑，他无法确切地告诉女儿很多困难和麻烦事，尤其是在很多内心和情感都受牵连的困难和麻烦事上。他自己经历中的类似历史事件和情感体验都仿佛历历在目！他只是对女儿的丈夫解释了这一切。

这种风尚、家中残存的传统习俗、生活中的犹豫迟疑，还有老人家的教导，这些才是这个年轻女孩需要摆脱的束缚。她需要一个果断决绝的男人，一个不会局促尴尬的男人，一个想法和行动都果敢强大的男人，哪怕面对棘手或黑暗事件，这个男人都能够保持冷静，保持不变的勇气。有了这个男人，女孩将会找到成为妻子的快乐，找到自己的信仰、自己的生命，找到她可以依靠和信任的港湾。她能获得这样的价值，她怀着赤诚的心说："这是我的主人，"她的微笑仿佛被听到了："我将会是女主人。"但是，她是顺从的女主人，同时也享受着这种顺从，当她坠入爱河的时候，是快乐而满足的。

我不知道是哪个印度法官禁止柔情的、惊讶的年轻女孩过多地关注自己的丈夫。

那么法官希望她关注谁呢？希望她关注的是她自己，她自己是一本书，生动鲜活、纯洁懵懂，她需要勇敢地解读，解读自己的信仰，解读自己想要做的事情。

她会因此感到很幸福！一开始，她就有无限的信仰，有热情去顺从。女孩的光辉将会启迪男人。我们可以在现代波斯人的歌曲中、在普罗旺斯人的歌曲中洞见这一切，她逃离了，为了自己能够摆脱被追随，她做了一百种变形。但是，一旦她被击中，一旦受伤，她就变成了女人，不想再逃离，而是想追随自己的征服者；她甚至想要更多地被俘获。这一次，她没有说谎。在天真又感人的努力之下，她只是害怕自己被嫌弃，她退缩了，一步一步地，她说："我去哪里都可以。"如果你愿意，请你创造一个全新的、充满困难的世界；她会追随你的。她将会变成元素，变成空气、大海、火焰，一直跟随你到世界尽头。还有更好的是，她会充满活力地进入你的生活，如果你想要一朵花，她就会生花；如果你想要一个英雄，她就让你变成英雄。这真是上帝完美的恩赐！对于冷漠的、无知的、骄傲自大的人来说，这是一种不幸，因为他觉得自己已经拥有了一切，但是他还不知道如何在这巨大的奉献之中获利，轻易地就放弃了心甘情愿为他倾尽所有的女人。

应该想到，男人有100种想法、100件事。而女人只有一种，就是她的丈夫。你应该在早上出门的时候自问一下："我亲爱的，我灵魂的另一半，孤零零地，她要做点什么事情呢，她得等我好几个小时。我给她带回点儿她感兴趣的什么东西，或者吃的吧？我是她一生等待的人啊。"想想这些，就像很多人做的一样，请你不要将一天的晦气带回家，不要将失败的阴霾带给她。你，你的生活有激烈的战斗、有奋斗的激情、有期望做得更好的愿望；但是，她呢，她只是个可怜的女人，她是如此温柔地面对你带给她的生活，她可能会遭受打击，内心保留伤痛，消沉很长一段时间。请你为你们两个人变得青春，变得强大，如果局势凝重，你也要严肃对待，但是不要悲伤消沉。请珍惜，珍惜你的孩子吧。

最能够支持她的，就是你直接将她和你的事业联系在一起。这在很多领域是非常可行的。人们在很大程度上限制了女性能够融入的圈子。有很多圈子，对于她们来说，能融入进去是更加困难的。你需要努力，需要献出时间和热情。再没有比这个更加值得投入时间的了。她是多么可爱的伴侣，你们是多么有价值的联盟！你会收获多么大的幸福，内心是多么充盈，家庭是多么幸福！你们合二为一，这才是真正的力量、心灵的休憩和灵魂的自由。

她想和你一起工作。很好！请鼓励她，不要说花言巧语，但是请给她强大的、深邃的爱。要知道在最后的时刻，她非常努力，连续地工作，为了被爱，她做了一切可以做的。在此，我列举最崇高的例子，也是最令人震惊的例子。一位有名的医生，也是一位拥有百年历史的大学的领导，在他年轻的妻子身上，烙印了他自己的行为准则，她是他最出色的助手，有最强大有力的思想，有最深邃的洞察力。还有一位伟大的生物学家，提出了胚胎学的理论，他总是通过女性视角去观察世界。这可能是拥有一位好妻子的最著名的例子，通过这样一种持久的付出，她们对揭示婚姻的意义最终起了非常巨大的作用。如果没有这个女人，我们可能了解女性吗？她付出了英雄主义般的努力，洞穿了巨大的秘密，顺着天才的方向，给我们打开了一个全新的世界。机缘巧合，两个人相爱了，在黑暗中相爱。从此以后，在白天相爱的人不会再感到耻辱，汲取了这爱情和幸福之源，人们总是会想起来自鲁昂的那位布塞女士。

每个男人都应该综合考虑自己所在的行业，结合自己妻子的性格特点，然后和妻子交流；但是所有人都应该掌握交流的度，减少或增加交流。尽管艺术家们沉浸在技术之中，沉浸在细节的处理之中，沉浸在精益求精的工艺里，但是艺术家们不应该将自己封闭在自己的世界里，不应该保留激发作品的伟大灵感而不与妻子分享，因为对方也可能会很感兴趣或者提供支持。法学家、政治学家不应该让妻子与自己所在的生活脱离关系。虽然妻子很少能够参与进来，但是她不应该被忽略。她与自然科学接触会更加舒服。疲惫返家的医生背负着巨大责任以及道德的问责，不是愿意进行社交的人；他几乎不会以参加沙龙聚会的方式来度过闲暇时光。安静地待在家里，研究生命科学，间接地延缓死亡，这是多么幸福啊！

女人的想法是多种多样、无穷无尽的！男性，我已经强调过，男性都是一个模子刻出来的，通过教育都变得整齐划一；但是女人在本性上更加多样化。没有一个女人是相似的。没有一个女人是更迷人的。

那些穿越了热带海域的航海者，有时候能看到在广袤天地间的汪洋大海，就好像泛光的花坛，五彩斑斓的生物在其中变换形状。那些生物是植物吗？是花朵吗？都不是，那是有生命的花朵，一朵神圣的充满生命力的绚丽鸢尾花，就像是流动的液体，但是它结构完整、灵活游移、非常活跃，是有意识的生命。女性世界所展现的社会大花园正是如此。这是花朵吗？不，这是灵魂。

对于大多数盲目无知、耽于肉欲的男人来说，他们会赞美和奉承："她们都是花朵……折断她们吧。享受她们吧，吸收她们的精华。她们就是为我们的快乐而绽放的！"哦！如果男人们珍惜这些可怜的花朵，不把她们折断，按照她们的天性去培养，快乐本会更多啊！对于浇灌她们灵魂的人，她们会释放怎样的快乐和魅力啊？

但是，花朵是多种多样的，培养方式也是多种多样的。一朵花可能需要嫁接，需要注入养料；因为她依旧年轻而野性。另一朵花可能柔软而甜美，完全是可以透水的，只需要自己汲取水分就可以；渗透她的生命也是不需要的。还有一朵花可能比液体更具有流动性，她是轻盈的，甚至像长了翅膀一样可以飞走；她激荡起爱情粉尘，在风中肆意飞舞；她必须被圈养，必须得看住她，最主要的是，要让她受孕。

第九章
艺术和阅读——普遍的信仰

前人留下的一首儿歌,道出了那时候轻松完美的状态:

那时我渺小而无知,
当人们送我入学时。
那时我渺小而无知,
当人们送我入学时。
但是,我什么也没听说……
一个小小的爱的世界!
自从我有了一个好朋友!
我总是重复这句话。

但是,对于这"小小的爱的世界",你必须推演一下它的意思。它包括什么呢?三个世界,所有的一切都是真实的,没有更多了。

她可能会很开心地放任你去从事自己喜欢的事情,去行动,去理性地独立思考。她很满足于自己只是一个释放魅力、给你快乐的对象。但是,你应该将她塑造成一个独立的人,将她带进你的思想世界里。她越是有自己的灵魂,就越有方法和你紧密相连。请你将她变得强大,请你对她有信心。通过你的帮助,她将会更加自由,会在付出的过程中感到更加幸福,而且会更加愿意着迷于你。

在社会文明程度更高的时代，请学习一种新事物吧，这是未来让人感到幸福的事情之一。每一种艺术、每一种科学都向我们提供了一条特殊道路，去探索人类的个性。两个灵魂的深入理解，以及融洽相处并不是一件很容易的事情。但是，我们称之为科学或者艺术的每一种伟大的方法，都是一种媒介，像一根纤维一样，在被爱的对象身上，探索出未知的爱。

还请学习另一种东西，这是很少被发现的东西，这种东西使得与女性的思想交流变得更加美妙。女性通过和男性完全不一致的感官接收思想信息，男人再反馈，这种交流非常迷人和动人心魄，让人意想不到。这对于男人来说，是光，对于女人来说，是热量。此刻，思想的碰撞会升华成感情。感情如果强烈的话，会变成紧张的情绪。这种思想、这种发现、这种有意义的新生事物，将会温和地刺激你的大脑，使你微笑，好像经历了一场惊喜。她呢，她最终会收获财富，收获一种人文主义的新幸福。这触碰了她的内心；她颤抖着，她非常不安，她快要哭了。你急忙把她紧紧抱住，你深情地拉住她的手。但是她的情绪并没有平复；就像水中的一个圆圈，圆圈渐渐变大，超出她的广度，到达她内心最深处，混合她的温情，就像在她身上展示的一切一样，最终全部变成对你的爱……她重新跳向你，并且将你拥抱入怀。

你和她遨游在艺术世界，你会发现无尽的幸福；每一种艺术都是一种不同的爱的方式。所有艺术，尤其是达到完美高度的艺术，都是充满爱的，或者是充满信仰的，这也是爱的信仰。

无论是谁，教会一个女人高级的艺术，都会是她的教父或者情人。海洛伊斯的传说，或者新海洛伊斯的传说，都不是过去的故事，而是当下正在发生的故事，是未来的故事，一言以蔽之，那是永恒的故事。

这就是为什么涉世未深的女性只能在某种程度上了解艺术。这也是为什么父亲都只是不完全的导师。父亲并不能，或者说并不想超越某些严肃、冷漠的地域。父亲会引导她。但是如果她要越过青春和纯洁的热情，他就会止步退却。他在一个全新世界的门槛前停住了脚步，这个全新世界就是：爱情。

　　下面是举例。通过绘画艺术，比如说拉斐尔的圣母玛利亚、普桑①的严肃画作，他会在高尚的情操之中，灌输给她一些繁华老学院派的知识。但是如果他教她有关科雷吉欧的画作知识，就是那些充满颤栗和内心悸动的画作，那简直就是大逆不道。向她讲述那些病态的深度、狂热的恩惠、灾难，还有《蒙娜丽莎的微笑》中那个无聊的意大利女人的时候，那简直是违反道德的。

　　生命也一样，生命也只是被爱情浇灌成熟。当那完美的海中仙女，那位丰满的棕色头发的女人，在海浪翻滚的大海中，光脚前行，低声吟唱婚曲的时候，她已经计划好了未来——对于那个感受到这种变化、听到她嘴中发出的情爱之词的女士来说，这是多么幸运！她已经意识到了太多东西。

　　甚至是希腊时期的名画，充满了圣洁和高尚，距离安特卫普那充满情欲的画作是如此遥远，昏厥的女性、在忒修斯庙宇前倒下的母亲，有谁敢复制这些画作呢？内心的挣扎、情绪的波动，在画布的褶皱之下显而易见，在此，她觉得非常感动。爱情和母性的传染使她心烦意乱。哦！她最好还是等等。只有在她情人的眼中，在她丈夫的臂弯之中，她才能够获得生机，才能够拥有生活，能够接收这气息和热情的孕育，去啜饮美丽，使自己绽放，渲染心中美丽的果实。

---

① 普桑(Poussin, 1594—1665)：17世纪法国古典主义绘画的领导者，其作品构思严肃而富于哲理性。

音乐是真正的荣耀,是现代世界真正的灵魂。我定义了这种艺术:这是一种与内心融合的艺术,与内心相互渗透的艺术。如此隐蔽的内心,在被爱的、被拥有的、被培养的女人的内心,你将会走得更远。

亚历山大、迪梅尼所说的那种宏大的交响乐,充满友谊的音乐,适合在家里播放的音乐,我非常欣赏这种音乐,所以我常常提起。我只有一件事需要强调:只要是男人给女人的音乐都是爱情的乐章,都是家庭和谐的乐章。一首二重唱就是一场婚姻;歌手们不是简单地将自己带入其中,而是将自己的心交付给时间,甚至放弃自己,使自己沉浸其中。我将会对这个人说什么呢?每天晚上他都与第一个到来的人唱这首动人的旋律,这旋律将两个灵魂紧紧联系在一起,就像是第一个吻一样贴合。情人、丈夫,都来得太晚了,她不会再有更多的东西给他们了。

每天晚上听音乐的女人,通过音乐重塑自己的内心,这样的女人是多么幸福啊!她说:"我所拥有的一切,我都给了你……我的思想?不,我还是那么无知!但是我和你在一起就会知晓一切……我能给你的东西,就是我内心的叹息,是我心中的生活,是漂浮的心灵,我的爱情在这漂浮的心灵之中畅游,就像一个漂浮不定的影子,一个梦想。对!接受我的梦想,接受我吧。"

他说:"啊!我乱了节奏。我的生活是多么野蛮啊……"

她想,她做,她全力投入……她不能做到她想要什么就要什么。因为这太纯洁!太高尚了!……

在爱的广阔天空中,他在滑行,挥动着金色的翅膀,发出低沉的声音。他配合着她的动作,一开始,他不敢用力,他的声音很低……他在很谨慎地保留自己的力量。

然后,一点一点地,他开始发力了,这次他使她震颤起来。进行到一半的位置,他尝试继续深入,她颤抖着,静静地配合他的节奏,拍动翅膀……哦!他们合二为一了!……

他们的感情实在太强烈了,他们的声音渐渐隐没,歌声也渐渐淹没在和谐的深渊之中。

音乐是冠冕,是艺术之魁。但是若将音乐视为教育的主要根基,就像我们做的,那就是无意识的,是充满无尽危险的。

现代艺术几乎是没有历史的。恰恰相反的是,绘画艺术是贯穿时空的,它在历史上的所有时期都有所展现。绘画艺术提供给人们丰富而多样的空间。在各个时期,雕塑、画作,不但给人们提供了可以临摹的样本,而且为智力启蒙提供了最丰富的文字。这些艺术与文学完美结合,并且对文学的记载做出补充。拉伯雷①、莎士比亚表达不出来的思想、细微的差异,还有他们那个世纪的层层面面,都被达·芬奇、米开朗基罗、让·古戎②刻画出来了。

所有言辞过于激烈的、父亲不想给你看或者父亲最多只是给你看几个段落的书籍,这些东西现在都向你展开怀抱。这将给你和你的爱人带来多大的幸福啊,这是生命的宝藏,是历史的圣经,是大自然的圣经!那甜蜜的结合将会给她一个柔软的枕头,来安放她的信仰。每天晚上,没有什么过分的刺激,没有影响她的睡眠,只是来点儿甜蜜而滋养的阅读,混合些深情的交流,爱情是多么宏大,上帝不为人知的一面也在她面前呈现。她现在大约能够准确地知道一切,因为她是一个女人。能够触动少女内心的东西,将会升华妻子的心灵,你能够给她甜蜜的睡眠,让她进入恬静的梦乡。

---

① 拉伯雷(Rabelais, 1483—1553):文艺复兴时期法国人文主义作家之一。
② 让·古戎(Jean Goujon, 1510—1566):法国著名的雕塑家,法国文艺复兴雕塑的代表人物。

女人通过爱情收获一切。在那里,她能找到精神食粮。

你会用陈词滥调、鸡毛蒜皮来滋养她吗?借着方便的借口,人们经常这样做;我们不知道的是,恰恰相反,那些强大的、有力的,往往都是简单的。女性谦虚地说:"伟大的东西是留给男人的;我喜欢看小说。"但是,小说往往都是苍白无力的,然而也并不缺少复杂的情节和事件。

不,让我们看看更高级的东西吧。那里有最强大的光,那里也有内心的力量,甚至有真正的纯洁。

爱情,我们去哪里找寻爱情啊?这些女人去巴尔扎克那里寻找爱情。最好还是去读乔治·桑①,至少她的作品总是追求理想中的爱情。更好的是,为什么不去读《熙德》②或者《罗密欧与朱丽叶》?为什么不去《沙恭达罗》和维吉尔的《狄多》③那里寻找爱情呢?……

但是,宏大的古老传奇故事,站在一种极端的高度上,超越所有人文作品,主导一切,蔑视一切。

我们思想的进步产生不了任何幻想的空间。古代给我们留下空间去进行尤数的挖掘和分析,这就是进步的基础。在这种综合的力量之下,加上追求进步的热情,这年轻的巨人,两步就触碰到了世界两极,到达了世界的边缘。古代传奇故事创造了神圣、简单而伟大的人物。因此,婚姻对于古波斯人来说,是一种英雄主义般的行为;对于罗马人来说,婚姻是普通化、平民化,甚至是粗

---

① 乔治·桑(George Sand,1804—1876):法国著名小说家,是巴尔扎克时代最具风情、最另类的小说家。她是一位多产的作家,代表作是《安蒂亚娜》。
② 《熙德》(Cid):法国古典主义名剧,由皮埃尔·高乃依(Pierre Corneille)所作,取材于西班牙历史,该剧公演时轰动了巴黎。
③ 《狄多》(Didon):由作曲家皮钦尼(Piccinni)和剧作家马芒特(Jean-Francois Maromontel)所创作的歌剧,取材于古罗马诗人维吉尔的《埃涅阿斯纪》和梅塔斯塔西奥(Metastasio)的《被遗弃的狄多》。

俗化的表现。因此，善良、热情、生命焕发出的神奇力量、本性中释放的柔情、情欲（如果你愿意）、夹杂喷薄而出的普世善良，就组成了埃及的传奇故事。没什么可以再说的了，我们只能去热爱这传奇故事。

第十章
非洲的伟大传奇——女性是善良之神

我们在伊斯坦布尔、孟菲斯、都灵的博物馆看到的拉美西斯①时期埃及艺术的杰作展示了一种独一无二的美，这种美透露一种力量，展现了一种极致的平静。画面上展示的人物表情，可能让我们对这种形象产生更多的信任，我能在莱登的硬币上发现一些端倪，硬币上展示的也是一个年轻男人的形象。这种形象代表一个种族，和我们常见的干瘪瘦弱的阿拉伯人形象完全不同，他的身材犹如用剃刀削出来的。画面展现得非常柔和，没有一丝油腻的充盈，所有美好的品质，好像都在缓缓绽放。脸庞体现着内心，内在美德也升华了外在形象。

这种大美是超越个体而存在的；这是对一个世界的展示。我们能够从中体会到，伟大的埃及就像是一个道德集中地，体会到深邃的非洲大地绽放出快乐而神秘的微笑，尽管这片大陆各个方面都自我封闭。

非洲最高级的形象，看上去并不是出自黑人奴隶，也不是黑种人，而是埃及人。从耶稣时期开始，到穆罕默德·阿里时期，再到我们现今时期，可怜的埃及农民长期遭受不幸，忍受长久的贫困，

---

① 拉美西斯（Ramesses）：古埃及第十九王朝法老，其执政时期是埃及新王国最后的强盛时代。

但是他们是智慧的民族,展现出少有的机敏。一个为帕夏①服务的机械师曾经和我说,在他的工厂曾经录用过一个当地土著,他非常用心地学习,完美地模仿操作,用了两周的时间就达到了欧洲机械师两年能达到的水平。

还要强调的是,他们性格的柔和,还有顺从,尤其是当他们需要讨人欢喜或者需要让人满意的时候。他们是人类的完美种族,只想去爱或者被爱。当面对当权者对个人,乃至家族进行残忍屠杀时,他们相互间的深情看上去更加强烈。由于过于沉重的劳作,人们去世很早,孩子被民兵土匪劫掠,这是泪水的延续,他们啜泣不止,这是沉重的哀伤。伊西斯,每时每刻都在寻找奥西里斯,她古老的哀叹穿越了时光,在埃及的大地上呜呜咽咽,从未停止;沿着恒河沿岸,每时每刻,仿佛都回响着她哀怨的叹息声。

人们发现,这哀叹被来自各国的人重新描绘在绘画之中,刻画在雕塑作品之中。充满哀悼感的建筑物,打造得无比精心,救赎我们能够救赎的东西,将其剥夺,并向上帝祈求我们所失去的东西?我没有去过埃及;但是当我游览埃及博物馆的时候,我能感觉到一个民族的巨大努力,感受到最贫穷的人所承担的巨大代价,感受到人类为了留住所爱之物的欲望,以及希望死后能够永存而表现出来的最尖锐的内心冲动。

宗教至此为止才亮出了自己的利剑;但是,请安静,这是一场悲剧。一个全新的天才屹立在欧洲和亚洲大地上。

我们首先来展示一下这个场景。在这片劳作的大地上,在这充满泪水的大地上,埃及就是一场盛会,也是一个欢乐的国度。非洲大地,是黑人热情的乳母,它被烧焦的乳房,迎着来自北方的微

---

① 帕夏(Pasha):伊斯兰国家高级官吏的称谓。

风,吹进希望的山谷。肥沃的暴雨从不知名的山间倾泻而下。那饥渴交加的旅行者在穿越沙漠,最终到达埃及的绿洲,那巨大的非洲绿洲之后,展示出的狂热的欢喜,我们对此是十分了解的。

埃及的第一个词是"伊西斯",同时"伊西斯"也是最后一个词。因为女性统治着这个国度。狄奥多罗斯①说过一句令人印象深刻的话:"在埃及,丈夫应该服从自己的妻子。"这个夸张的描述表达了现实,就是女性的绝对主导。

非洲大陆的高傲天才、古埃及女王伊西斯,她的王冠上总是装饰着象征繁殖的符号。她的节杖上装饰着莲花,花萼象征着爱情。她的头上戴着苍鹰装饰的王冠,彰显着王权,这贪婪的禽类,从来都不会说:这足够了。为了证明这一贪婪的形象没有白费,这奇怪的发型上有一只肥胖的牛的徽章,设置在苍鹰之上,代表着母爱。这种生育能力,这种无尽的母性精华,净化、平息着非洲大地炽热的激情。不久之后,死亡和葬礼,以及无尽的遗憾,将会使一切圣化。

宗教只是由于自然、气候、种族和地区的不同而不同吗?哦!远远不止,还有来自内心的种种需求。其实,宗教几乎总是出自受伤心灵的苦痛。在一个新特点的刺激之下,人就像是一棵痛苦之树,从大树身上摘下一颗宽慰的果实。几乎没有其他宗教能够比古埃及的宗教更好地证实这一点。古埃及的宗教就是一个对勤劳的穷苦民族最极致的宽慰,他们不停歇地工作,认为死亡和家庭对他们来说就是一切,他们在不朽的天性之中寻找宽慰,对死而复活感到骄傲,并且祈求希望。

那动容的天性,使他们觉得可以得到永生。

---

① 狄奥多罗斯(Diodore):古希腊历史学家。

这个被大众接受的伟大理念，其强大的奇特性就在于，在这一年内，人类的灵魂、大地、上天，这三者第一次悲壮地结合在了一起。一年的逝去只是为了重生。这种思想也存在于爱情之中，爱情也是灵魂永恒的重生和复苏。

当我站在玄武岩的山岗上，望到穿越层层云彩的山峰时，看到凌驾所有山峰之上的山峰时，我自问，这是何等广阔的深度，这是何等巨大的力量，才会使这种巨物出现。埃及的宗教让我感受到这种震惊。她是从何等深度喷薄而出的，有怎样的物理拉力，有怎样的爱和痛啊？……这大自然的深渊！……

宇宙之母在夜晚的怀抱中，史无前例地孕育出两个孩子，一个女孩，一个男孩，他们是伊西斯和奥西里斯；在母亲怀中的时候，他们就已经相爱了，他们是如此紧密结合，以至于伊西斯怀孕了。在出生之前，她甚至已经成了母亲。她生了一个孩子，叫做荷鲁斯，但是这个孩子和自己的父亲一点儿也不一样，他是一个善良、英俊、笼罩光环的"奥西里斯"。因此，宇宙之母诞下了三个人（真棒！）：母亲、父亲和儿子，他们有同样的年龄，同样的爱，同样的心。

这是多么开心！现在他们都在神坛上，女人、男人和孩子。请注意他们都是人，都是有生命的人。这并不是幻想派的三位一体，不是印度的三大神的和谐结合，也不是经院哲学的三位一体，尽管拜占庭帝国巧妙地将其合理化。他们，他们只是生命，没有什么其他的了；大自然喷薄而出的是人类的三重统一体。

哦！到此为止，上帝是多么野性和恐怖啊！湿婆闭上了眼睛，因为世界将会在他贪婪的目光中死亡。纯净之神，古波斯人之火，对世界上的一切都充满欲望。这是在神坛之上的大自然。伟大的上帝，是一位母亲。这是多么让我宽慰！我曾经害怕黑人世界会变得和怪兽毫无差别，因为黑人长期被野兽统治，比如可怕的狮子或者鳄鱼。但是，现在看起来，他们是如此柔情、人性化和女性化。那令人爱慕的非洲，在其深深的欲望之中，成为这片土地上最令人动容的宗教……什么？这是鲜活的现实，一位善良和丰满的女人。

这是多么激进！但又多么纯洁！激进，是因为我们将其和冰冷的本体论信条教义结合起来。纯洁，是因为我们将其和现代主义的精细化以及苍白的概念结合，和可恶的贪污结合，和这个模糊的世界结合起来。

欢笑乍起，爽朗的笑声飘荡四方。一个改变了的非洲的欢笑，那是水的力量，是倾斜的洪流，是源头不为人知的温润大海，但是却充盈这片土地，将其淹没在幸福之中，渗入他微小的静脉之中，在其中扎根，以至于一粒沙子的种子变得很干燥也没有什么可抱怨的。干涸的河道绽放了笑容，因为欢快的水流让他们重焕生机。当这巨大的水流滋润植物的根茎时，植物心里也炸开了花，这巨大的水流滋润了它们的根须，在根部扎营，水分顺着根茎住进叶子里，压弯了树杈，使得树枝又轻轻地萌芽。这是一幅迷人的画卷，充满了爱意和希望。所有的这一切，就是伟大的伊西斯的象征，被她的爱人浇灌的伊西斯。

善良的奥西里斯在工作。他使埃及恢复了本来的样子。这片大地是他的孩子。他塑造了埃及的文化。他塑造了埃及艺术，没有这艺术，伊西斯早就夭折了。

但是没有什么是长久的。众神悄悄走掉了。鲜活的太阳，本来在伊西斯心中播种果实，播种一切美好的事物，不分时间，不分时长。但是，一天早上，太阳却消失了……哦！这无尽的空虚！太阳去哪里了呢？伊西斯迷失了，开始去寻找太阳。

东方流传着古老教义："上帝应死。"这是叙利亚、小亚细亚和一众岛国的信条,这一信条本来不应该和强大的非洲信条相互接近的,非洲拥有如此强大的感情,而且如此充满生机。

但是,如何才能忽视这一切呢?一切都死亡了。生命之父尼罗河枯竭、干涸。太阳在某个月份,也将不再释放能量;太阳衰竭了,变得苍白;失去了本来的光泽。

奥西里斯、生命、善良,都死去了,这是野蛮的一步;他的部落成员都失散了。他的妻子重找回了他肢体的碎片;但却缺失了一块,他的妻子急不可耐。"哎!这丢失的一块,是生命啊,是生命的能源!……这爱情神圣的力量,如果您缺失了这一块,世界会变成什么样呢?……现在要去哪里寻找呢?"她哀求尼罗河和埃及之神的帮助。埃及之神只关心谁能够保障她永远保持强大的繁殖能力。

经历如此巨大的苦难,需要奇迹来扭转乾坤。在这场柔情和死亡的激烈搏斗之中,奥西里斯虽然被肢解了,被残忍地切去了手足,但是他凭着强大的意志力,又复活了,重新回到了伊西斯的身边。死神对他的爱是如此强烈,但是他凭着内心伟大的力量,找回了最后一点儿希望。他从坟墓中爬起来,只是为了重新让伊西斯成为母亲。哦!她是多么想要这份强大的拥抱啊!但是,这只是一个诀别。伊西斯火热的内心并没有融化那冰冷的胚胎。没有关系。他们孕育的果实,悲凉而苍白,依旧宣告着爱情的绝对胜利,在生命存在之前,就已经有成果,在死亡之后也同样硕果累累。

我们对这个非洲传奇的简单评价,使它有了一个天文学象征的深刻含义。确定的是,在很早时候,我们就体会到了人类命运和年轮运转、太阳兴衰等之间的切合。但是这一切都是次要的,都是后人发现加进去的。第一本源其实是人,对于这个埃及可怜的寡妇和她难以宽慰的葬礼来说,这是非常真实的伤害。

另一方面，非洲的颜色使我们没有任何幻想。这里除了享乐和未满足的欲望所留下的遗憾之外，还有其他的东西。毫无疑问，对于这些苦难，大自然会做出回应。但是伊西斯想要的不是一个男人，她只想要那个她爱的人，"是她自己，而不是其他人"，一直都是她自己。这是完全排他的感情，也是完全个体化的感情。我们小心地呵护，防止遗失一粒原子，防止死亡改变任何东西，希望有一天能够完全替换这唯一的爱情对象。

"我想要属于我的东西，想要我自己，想要我的另一半。我想要他，他将会复活。圣甲虫能够重生；长生鸟能够不死；年复一年，日月轮回。我想要他，他将会重生。难道我不是生命，不是永恒的自然吗？就算某一天他消失了也是徒劳。他应该重新回到我身边。我能感觉到，他在我的身上，在我身上，对，在我没有出生的时候我就拥有他……如果你想知道这一切，我就是他的姐妹、他的情人，我也是他的母亲。"

这是简单而深刻的真理。这是历史上第一次以神话的形式来表达爱情的三层秘密。妻子，是男人生命中真正的姐妹，比姐妹更亲，妻子不只是在夜晚宽慰他，不只是让他放松和休息，她就像是他的奶娘一样，抚慰他，他累了，她就将他抱在胸怀，就像是在哺育一个崭新的生命，他忘记了一切，又重焕生机，为了第二天早上能够快乐地醒来。这就是婚姻的力量（而不是肉欲的快乐）。时间越久，妻子就越像是丈夫的母亲，丈夫就越像是妻子的儿子。

这是不朽的保障。就这一点来说，谁能够将他们分开呢？伊西斯身体中包含着奥西里斯，她用自己温暖的胸怀包裹着奥西里斯，很明显，任何形式的分离都是妄想。

这个充满柔情的传奇故事里，有着单纯和善良，这里存在一个关于不朽的非凡暗示，永远都不会被超越。被踩躏的可怜人、悲伤的寡妇、可怜的孤儿,你们虽然哭泣,但是请怀有希望,伊西斯也在哭泣,但她从来不会感到绝望。奥西里斯死去了,可能再也回不来了。但是,他在天真的阿努比斯身上永远地复活了。他在那里,化身为灵魂的牧师,阴暗世界温厚的守护者,死神就在他身边。请你们什么都不要害怕,他就在那里。有一天,他将会回来,向你们要回他的身躯。让我们妥善保管这珍贵的战利品吧!让我们用珍贵的香水、用祈祷词、用烧焦的眼泪封存这具尸体吧!让我们好好将它保存在身边!哦,不知道恰巧哪一天,灵魂之父就会从阴暗的王宫里走出来,归还珍贵的灵魂,将其放回到躯体里,并且说:"我已经替你们保管好了。"

灵魂的永恒,(很清晰,不带个人色彩,这就像是亚洲的信条一样,)但是,这里的灵魂指的是个体灵魂,是被爱的灵魂,在爱情中被保存并且得到永恒,在爱情中的我才会永不枯竭,上帝展现的善良与女人的眼泪相联系,注定会被替换。从此以后,这无尽的大爱,就已经被所有人接收了。永远都不会被超越。

上帝是有责任的,但是,上帝是对好人负责,会区分坏人。因此,历史上第一次出现了审判和神圣的正义。

还有,让我们一起努力建造永恒的东西,延续我们的记忆,让我们一起与未来的天使对话,用大理石的语言、用雕刻的艺术与天使对话。整个埃及就像是一本书,所有的智者,一个接着一个地来此地求学研究。

到此为止,所有的国家都在模仿,都在效仿一段历史。人们开启一段历史,累积一段记忆。每一天,人类的遗产都在渐渐变得丰富。

因此,无论从道德角度、艺术角度,还是从劳动角度、不死传说的角度,这个令人崇拜的非洲传奇故事都丰富了整个大地。

第十一章
女性是如何超越男性的

启蒙者的幸福之处，就在于看到自己有一天被自己的学生超越。不断被男性教导和灌输思想的女性们，都应该相信，早晚有一天早上醒来，她们会超越男性。

通过学习新事物，或者通过自己的天赋，女性会超越男性，但是如果没有男性的启发，她们很少会豁然开朗。内心饱含美好的希冀以及对大自然的敏锐，这些都是她们与生俱来的；但是，只有经过爱情的浇灌，她们才会开出花朵。上天馈赠给我们民族一份礼物（这是如此神圣，这也使我们民族和其他民族区分开来）：那就是女人迷人而善良的心灵，内心充满同情心，充满智慧，能够宽慰所有人，还有神圣化的同情心。

她性格温顺，谦虚低调，并没有意识到自己的光辉；但是其实，她在每一个瞬间，都在熠熠发光。

你将她带到植物花园之中，在那里，她会幻想阿尔卑斯山，幻想美洲大陆的原始森林。你将她带到绘画展览，她会想，在还没有博物馆的时期，整个城市本身就是一座活生生的展览，所有的墙壁上都有绘画作品，好像是在坎波桑托①一样。她想到，在艺术家们共同努力之下，未来不同的民族将会团结起来，想象人类所有的种

---

① 坎波桑托（Camposanto）：意大利的城市。

族都将会结成一个联盟，共创和谐、普世的伟大友谊。

你很强大；她很神圣，她就像是大自然的女儿和姐妹。她倚靠着你的手臂，所以她有了翅膀。她很虚弱，她很痛苦；但是只有她眉目低垂的时候，才知道她的痛苦。而后，你亲爱的西比拉咆哮着飞到天空，达到了不可超越的高度。她是如何到达那个高度的呢？谁知道呢？

你的柔情起了很大作用。如果她有这种力量，如果作为女性和母亲，她和男性结合之后，还能在婚姻中，神奇地保持处女般的纯洁，这是由于你急切的爱造成的，你的爱围绕着你亲爱的宝贝，将你的生活一分为二，对于你来说，生活是艰难的劳作，是与外部世界的野蛮联系，对于她来说，生活是和平、是爱、是母性、是艺术、是内心最柔软的坚守。

你做的是多么好！我对此是多么感激！……哦！女人，就像是白玉大理石雕刻出来的花瓶，精致而脆弱，激发了上帝的眼泪。我们应该妥善保管它，将其放到一双虔诚的手中，或者将其保管在心中最炽热的地方。

亲爱的工人，你只有将女人置于这种高贵之下，才能够从每日缠身的工作之中解脱出来，只有孩子和女人是人类唯一的贵族。她是你的贵族，对于你来说，她能够将你从自我之中解脱出来。如果你刚刚从炼钢厂走出来，气喘吁吁、筋疲力尽，而她，年轻而坚韧，向你浇灌青春、为你注入生机，用一个吻就能将你变成上帝。

你身边有了这个神圣的对象之后，就没有必要在崎岖狭窄的小路上盲目锻炼了。你每一时刻，都将会很快乐地体会到，有必要深化自我、延展自我的观念，以便能够跟上你亲自培养的这位可爱的学生。你年轻的朋友、你的小学生，就像她自己轻轻对你说的："哦，亲爱的主人，我不允许你将自己禁锢在自己的工作之中。"每一刻，她都在努力地将你从工作之中拔出来，让你融入到高贵美丽的事物之中。为了满足你可爱小同学的小小要求，你会努力变得强大。

她娇小又高挑。她的人生也起伏跌宕，有高音，有低音。她的生命犹如悠扬的里拉琴，比你的更加绵延，但是她还不够完整；因为在众多弦乐器之中，她还不够强大。

有些我们难以触及的细节，她却能够理解。另外，在某些时候，她越过我们的头顶，洞穿未来，看到了我们看不到的东西，穿越精神世界，渗入到骨髓。

对于一些细小的事情，她拥有实用才能，还有偶尔洞穿大事件的预知能力，但是这些能力都很少来自强大、平静、和谐的阶层，她也很少能接触到和融入这种阶层。在这个自我的时代里，对于大多数人来说，她们是很善变的，甚至没有一点儿过渡。诗歌的地位沦落成和散文一样，散文的地位上升为诗歌的位置，变化犹如疾风骤雨。这就是普罗旺斯的天气。

一位有名的推理者嘲笑预言学派，否认这种不可争辩的强大力量。对于预言者而言，他们好像混淆了女性的自然灵感和梦游症，这种梦游症是一种病态、危险、神经癫狂的状态，给人强加努力的动力。

灵感，我知道这种东西，哪怕是最自然的灵感，都不是完全自由的；灵感往往都是混杂的，混加一些天命在里边。就这一点来说，如果人们否定灵感的价值，那么应该说那些天才的艺术家都不是人类。很明显，应该让女性去读所有伟大作家的作品，比如伦勃朗、莫扎特、贝多芬、莎士比亚、帕斯卡尔。您能确定那些绝对支持逻辑的人，一点儿都不相信女性的灵感启示吗？我甚至在那些最顽固的推理者身上都发现了迹象。只要他们稍微有一些艺术鉴赏能力，他们就会不知不觉地拜倒在仙女棒之下。

我们（就像蒲鲁东说的）可以说女性只是接收者。在思想领域和现实生活之中，女性对男性的影响力是很高的。但是，她们的思想几乎不会触碰到深刻的现实。所以女性几乎没有创作产量。

一般来说，女性的思想也不会触及政治领域。现实环境需要的是一种普及的、男权化的思想。但是，女性有一种秩序性，总是很偏向于崇拜。

到目前为止，伟大的艺术创作对于女性来说好像都是不可能的。文明时代下的所有伟大作品都是人类天才的成果。

人们很愚蠢地将所有这一切都看成是一种自尊的问题。男性和女性是两种不完全的、相互关联的生物，他们是一个整体的两半。男性和女性应该互尊互爱。

女性是相对的。她应该尊重男性，男性为她创造了一切。她没有食物，没有幸福，没有财富。

男性也是相对的。他应该爱护、尊重女性，是女性塑造了男性，给了男性快乐，男性通过女性给予的无限灵感刺激，年复一年，摩擦出我们称之为"艺术"和"文明"的火花。女人每天晚上都为他重新注入生命的两种力量：使他平静、使他和谐；给他激情的火花。

女性通过这种方法创造了创造者。没有什么比这更加伟大了。

我并不谴责女性不能给予那些她天生没有的东西。我只是控诉她有时候会将自己想象得太过于高尚和迷人，她不重视创造领域，不考虑男性的普遍感受，不考虑男性为伟大作品而付出的巨大努力、耗费的巨大精力。她甚至都不会去想一想这些事情。

她是个美丽的人，她也只爱美男子，美丽能解决一切。但是，有另一种她几乎无法抓住的美，那就是行动的美，是英雄主义般的劳动之美，这劳动之美创造了美好的事物，当然劳动本身更加美丽，甚至到了完美的地步。

当一部作品完成，男人欣赏作品的时候，女人一点儿也理解不了创作动机，甚至会鄙视创作动机，这对于这位可怜的创作者来说，真是天大的悲哀！对她做了如此大的努力，她却冷却了男人的心，当女人越来越重视他的时候，他却开始感到激情退却。

"我做的一切都是徒劳的，我抓不住她。她很早就属于我了，但是我永远都不会再拥有她。"

一个有真本领的男人，有真挚忠诚内心的男人，迷恋自己妻子的男人，有一天说出这句话，真的很奇怪。他的妻子很耀眼，但是善良又甜美，富有同情心，很爱他，没有什么值得批评的地方。除了日益增长的优越感和高贵感之外，她再也没有其他的缺点了。他不无悲伤地感觉到，她不像最一开始一样因为他去提高自己了，这个亲爱的对象，不管是出于有意还是无心，她都生活在一个与他的活动圈子相对独立的空间里。

这很完美地概括了我在"教育"那一章中提到的细节："现代男性，基本上都是劳动者、生产者。而女性是和谐因子。"

男性越是有创造性，这种反差就会越突出。由于内心的轻浮、困扰以及满足，我们曾经错误地表述内心的冷却，这被他很好地用作品揭示了出来。他们并不是总能达到那种平静，因为夫妇对于总是重复一件事情，对于毫无改变觉得很累，但相反的是，他们已经在改变了，在进步了。这种进步对于他们来说，可以是相爱的新的原因，但是他们再也找不到曾经的连接点，他们对彼此也不会再付出，对重修于好充满绝望。

他们将会保持冷却的心去生活吗？会只为利益而结合吗？

不,他们的分歧与日俱增。他们心里也打起了自己的算盘。在法国,男性绝对想要的是最紧密的联盟,或者是一种不一样的爱情。他会说:"要么拥有一切,要么一无所有。"

请允许我在此提出一个悖论。尽管人们在模仿这些事物的时候,有无忧无虑的快乐,我们这个时代,爱情是最急需的,也是最难以满足的。如果他深深挂念一个对象,他期望能够无尽地了解她。那些非常有教养、有学问的人,只要有新思想、新艺术出现,他们都能够感知到激情,尽管普通人很少有这种感知能力,但至少我们能够感知到无数我们祖先无法感知到的情感。

但是爱情对象往往转瞬即逝,不是由于缺少可靠性、缺少女性的灵动之美,就是由于双方分歧增加而产生剧烈的变化,或者由于友情,第三者夺走了他的心,封闭了他的心扉。

遇到这种情况,男性会感到受到了侮辱,遭遇了挫折。男性总会在自己的作品或者活动中,收到这种愤怒的抨击。这会导致他对自己不那么欣赏了。他越是受到质疑,他那激情澎湃的自尊心就越会加剧对爱情的渴望。他想要重新征服或者得到他爱的人,有时候,他会毫无戏谑、极其冷漠,微笑着说:"请做一些你可以做的事情吧。"

"有三次,他激情奋进地徘徊在山峰;有三次,他撼动了冰冷的石头峭壁;有三次,他又重新跌坐到山谷里。"

困难、莫名的消极影响、顽固的阻碍,几乎总是从外涌入。但是,她并不总是一个恶意的对象。她可能是一位母亲、一位姐姐,或者是在友人的沙龙上邂逅的佳人,我怎么知道呢?有时候最可怕的原因都有其效用。一场激荡的友谊打乱了爱情的元气,这足以使他不再跨入婚姻。

我见过两位女士,她们完美地保持着紧密的友谊。她们中只有一个人结婚了；另一位为了她们之间深刻的情谊一直保持单身。已婚女士的丈夫是一位有思想的男士，也是一位才华满溢的作家，有些轻浮，曾经有令人倾慕的才华。但是有一个很大的问题，就是不知道他的天分是否是稳固和坚定的。有时候，他会凭直觉或者，我想说的是，很偶然地，灵感会激发他，让他发挥出才华。所以，他的作品是灵光一闪的产物，但是一切会转瞬即逝。如果这一闪即逝的伟大灵感被爱情裹挟，那将会是什么样子呢？

她极其美丽，而且内心更加美丽。她道德感很强，但是很严肃，这使得她很少能够感知到丈夫肆意的光芒。为了确定这一点，她保持友谊……不，保持和一个女人的爱。看到如此亲密和完美的一对情人，这位丈夫如何忍受她们呢？他不会以第三者的身份出现。他敏锐而漂浮的品质，混杂一点儿精致的缺点，又带有一点儿堕落的天分，使人们往往将他归为右派，但是他几乎从来没有刻意走右派路线。这一对情人，品性正直，纯洁直率，如同正午的日光，品尝着飘渺的肉欲的恩泽，直到黄昏渐逝。

他的不确定感逐渐增加。他曾经犯了一个严重的错误；就是不信任他自己。他的朋友都相信他，推选他作为发言人。但是没有什么能够弥补内心的缺失。妻子是伟大的裁判，是绝对权威的法官。他可能能够对付一位粗鲁的女人。然而这位女性，通过自己高贵的美丽，通过纯洁的天性，通过令人倾慕的天分，获得了太多的尊敬。她极致的完美使她不会得到任何反对的呼声。这种判断总是很善意和真诚的。

这位有个性而且富有魅力的男士除了装聋作哑什么也做不了。应该让她喜爱之人用双手将他的眼睛蒙上，激发他的创造力。然而正相反的是，他总是有理性的思维。在孤独的时候，在神圣的时刻，他感受到这种谨慎总是会调整自己的灵感……他很快停止，并且失败。

女性们是否允许我就此简单说几个字呢？她们的听力更加敏锐，更善于倾听。而且，对于大多数女性来说，她们总是时间更多。男性，是工作的囚徒，他们不断努力，不断磨炼，他们很粗心大意，不会听我讲话。我想对您说：

"女士，请不要做得太完美。请留一点儿小错误，这就足够宽慰男性了。"

男性天性高傲。考虑到自身利益、家庭利益，男性应该保持高傲，他应该自信自己的强大。

当您看到他屈服了、悲伤了、受挫了，你的妥协往往就是对他的宽慰，使她变得更加女人、更加年轻——甚至，如果需要的话，变成一个孩子。

第二个建议：女士，请不要分享你的内心想法。

我要和您说一下我在耶尔的所见所闻，事情发生在普罗旺斯一座美轮美奂的花园里。那里种满了橘子树，修理得非常好，间隔有序，排列位置完美；橘子树都没有什么可抱怨的；在这个国家，各种文化兼容并包，但是禁止将秧苗混杂种植，任何其他树苗或者葡萄秧都是禁止种植的。只有几株草莓在小路旁散种着。那些可爱的、美味的、诱人的草莓。如我们所知，它们几乎没有根；她们那脆弱和纤细的根须穿过地表，蔓延开去，但是不会深入地下。然而，橘子树日益憔悴，显得病恹恹。人们很担心，人们想看看到底怎样才能使这些大树重新焕发生机。大家做了一切努力。但是谁都没有怀疑过，其实是那些看似无辜的草莓秧引发了这场灾难。这些强壮有力的大树，如果我们问它们自己，它们自己也不会承认自己的疾病是由于那么小的原因。它们对此没有怨言，最终枯萎而死。

在距离戛纳不远的地方，人们知道只有单独种植，橘子树才会长得好。所以，人们不但不会在它们旁边栽种植物，不管是大的还是小的，而且在种植之前会深耕八法尺、翻地三遍，看看土壤里是不是干净，是不是有杂质，看看有没有遗落的根须，有没有活着的杂草来掠夺橘子树的元气。

　　橘子树喜欢清静，女士，爱情也是同样的道理。

第十二章
爱情的低微——忏悔

爱情是多样化的东西，分不同种类和等级。从一个国家到另一个国家，爱情都是很不一样的。

法国女性无论是在工作上还是在思想上，都是丈夫的好助手。如果丈夫不知道如何发掘利用，那可能会导致妻子忘了他。但是如果妻子记得自己爱丈夫，愿意为他奉献，甚至有时候愿意为他自杀，那他是多么尴尬啊。

英国女性是可靠的妻子，勇敢激情，不知疲倦，能够跟随丈夫东奔西走，能够忍受一切痛苦。她们随时准备出发。"吕西，我今天要去澳大利亚。亲爱的，等我一会儿，给我一点儿时间整理我的帽子。"

德国女性会去爱，并且总是会去爱。她们很谦逊，她们想服从，只想更加服从。她们只倾向于做一件事情，就是去爱。但是，这是没有尽头的。

您可以和英国女人调换一下位置，如果状况糟糕，你可以移居到世界尽头。您可以和德国女人单独生活，请您选择住在一个偏远的小乡村，无比安静地生活。法国女人只在她非常忙碌，或者人们为她创造了一个巨大的思想活动空间时，她才能够独立生活。她强烈的个性是非常令人尴尬的，让她在奉献之中走得更远，甚至是牺牲她的骄傲，牺牲她绽放的需要。

德国人只想要爱情。

绝对法式的思想和德国的思想是很不一样的,法国人甚至无时无刻不在嘲笑德国思想,司汤达非常正确地强调了这一点:"我们在德国新教徒身上看到的婚姻,是最好的婚姻。"

这是他在1810年生活过的德国,我是在1830年看到的她,并且是从1830年之后常常看到她。对于上层社会或者一些大城市而言,事情可能会有变化,但是就国家整体而言并没有变化;她一直是一个卑微顺从的妻子,她也非常愿意顺从;一言以蔽之,这是一个深情的女人。

真正的爱情、深刻的爱情,都是彼此相知,以至于所有激情都被扼杀:骄傲、野心、妖娆,一切都失去,一切都消失。

他远远不会骄傲,距离骄傲还很远,甚至物极必反。他希望能够专注用心,他做了一场好交易,他很轻易地忘记了什么是尊严,毫不犹豫地牺牲了人们向世界展示的美好一面。他不会隐瞒恶毒的一面,有时候甚至会夸大世界的恶毒,只是想通过对爱情的夸大去讨好别人。

情人们和神秘主义者正好混合在一起。在这两者之中,人文性是很极端的,为了成长而放低身段的欲望是无尽的;一个被爱的女人是什么样的,一个被爱的神是什么样的,效果都是一样的。我不知道是哪个笃信宗教的人说过:"如果我只是波林神父的一只狗就好了!"我不止一次听到情人说过一样的话:"如果我是你的狗狗就好了!"

这是对灵魂的粉饰,是卑躬屈膝之后的快感,爱情本不该承受这些。正相反,他应该努力养活所爱之人,至少是使她维持在自己的生活水平上来培养他们的同盟关系,抓紧她,使她变得真实,平等待她。如果心无灵犀,任何交流都是不可能的,任何结合也是不可能的。一切永远都不能和谐，最终会一无所获。

这是塞尔夫上校（苏莱曼帕夏）不害怕承认的酷刑。他说："如何知道人们是被爱的，与东方的女人相爱？"有幸，我们在欧洲女人那里得知了她们的心意，还有随之而来的一些麻烦，然而我们应该避免一切可能终结这种意愿的东西，避免折断她们心灵的弹簧。有两种事情是尤其危险的。

第一，如今，我们过于谴责不谨慎的女性，这是一种社会的进步。女性所经历的一种不幸，是一种真正的病态，会深刻影响她，也会在女性成长过程中不断加深。这种危险是不存在的，看到一个一点儿不值得爱的、内心空洞的男人，无止境地控制女人的意愿，这是一种耻辱。女性变成了男性的私有财产，被迫在他的意愿下行动，或者只有最低微的发言权。她命中注定会走这样一条路，为什么呢？她本不知道说什么。在思想和精力上，男性没有任何优势，但是女性任由自己被欺骗，以医学为借口、以社交消遣为借口，总之，她有数不尽的机会。女性作为牺牲品，难道真的是医学的灵感吗？时间会说明一切。但是，不管怎么说，代价都是巨大的，因为男性塑造了一个病人、一个出丑的病人，女性已经失去了按照自己意愿工作的能力。如果希望她有工作能力的话，那么她的情人、她的丈夫，应该花时间观察她。而不是对她施加奴役般的压制和阴郁的暗示，应该让她释放自由的天性，让她绽放自己的吸引力，给她全面绽放的爱情。

另一种社会的进步，体现在所有宽容的、体面的男性都会尽量避免使用暴力，避免恐惧的蛊惑。

在全亚洲（可以说是在整个大地），所有女性都被当作孩子一般被看待。应该考虑到，除了我们欧洲地区，一些热带国家，女人们结婚的时候其实还都是孩子，12岁，或者10岁，印度女性甚至只有8岁就结婚了。一个8岁女孩的丈夫,同时也被迫成为她的父亲,在某种程度上,也是她的主人,他会塑造她。由此,我们也能看出印度法律有很明显的矛盾之处:一方面,法律保护女性免受暴力;另外一方面,却允许像"对待小学生一样"去改造她们。她们总是孩子,在不成熟的法律条款下(并不暴力也不屈辱),她们很平静地承受着这一切。在这交杂的状态下,她们保持着惶恐、略带着性感、笼罩着些许恐惧,一边接受爱抚,一边被严厉地管教。

北方女性正好相反,结婚年龄很晚,结婚的时候都已经是成年人了,几乎很少是孩子。把她们当作孩子看,那会产生无尽的暴力,还有危险的事情。一般来说,她们难缠的脾气会使男人拳脚相加,现在是提倡自我的年代,女人们是最脆弱的群体,所有强烈的感情都可能会招致死亡的危险。她们曾经体味过,日日夜夜被恐惧和不安撕咬,被矛盾和痛苦啃食,这一切都会使她们变得阴郁,她们需要反击。男人女人需要相互协调,而不是相互激怒。这是一种非常灵活的状态,不管这些被激怒的人是怎样的,他都隐藏了一种毫无仇恨的自然感情,往往需要一种稍微缓和、灵活和充满爱的方式,来改变一下这傲慢的人,让她变得魅力无穷、柔情似水,让她得到补偿,让她流下动容的泪水,拥有最情意绵绵的从容。

男人应该对此好好思考一番。女人比男人节制,她们很少喝酒;但是男人总会饮酒过度,这总会引起他的自我保护。当她略微兴奋或者冲动,往往是激怒男人的最自然的原因(至少是最可爱的原因),使男人破口大骂、挑衅暴躁。法国女人很清楚这一点。这不是自尊问题,而是爱的问题。遇到这种情况,不应该硬碰硬(就像英国人常做的一样)。也不应该笑,别妄想刚刚还在争吵,突然就能得到爱抚。请讲究一点儿策略,以退为进。随之而来的是一种自然而然的释然,弱小力量的相互妥协;恩泽又回来了,他们承认自己是恶毒的,为了报答对方,以后会变得善良。

在原始时期,管理家族就如同管理国家一样,只依靠政变而存在。我请求您,让我们过渡到文明时期吧,有和谐的条约来制约民众,有自由温和的统治,尊重民众意愿。

男人在家庭内部的政变,是男人亲手打女人时扬起的粗暴手掌,是将圣洁的女神(如此精美,如此脆弱)打倒在地的粗鲁野蛮,这是僭越神坛的大逆不道,是忘恩负义的行为。

女人在家庭中的政变,使弱小的一方变得强大,那是她自己的耻辱,她有通奸的行为,使丈夫受辱,生下了别人的孩子,让两个人都变得堕落,未来也变得悲惨无比。

这些罪恶没有一桩是一样的,如果每天的情感交流、双方的永久结合,使夫妻双方的结合坚实稳固,那么微不足道的小小分歧一被发现,就应该马上先被化解,并不会随时间产生新的疾风骤雨。将一切解释清楚,双方就会越来越注意自己的行为。开诚布公能很好地减少口角的发生。

夫妻间的忏悔是婚姻(未来的婚配)的基础。随着我们逐渐脱离粗鲁野蛮的状态,或者说哪怕我们还处在这种粗鲁野蛮的状态里,我们也能感受到,我们是为了忏悔而结婚的,是为了每天能够相互倾诉,为了毫无保留地说出一切,生活琐事、个人想法、情感状态,彼此之间毫无保留,为了让彼此的灵魂完全相融,甚至是为了宣泄内心郁结已久的滚滚乌云,而不是彼此隐瞒着内心情绪走入婚姻。

我要再次强调,这才是婚姻的根本。

婚姻的根本和下一代有关吗?没有。哪怕他是不育的,这种日常的忏悔也会使两个人紧密结合。即使不要孩子,婚姻也不会破裂。

婚姻的根本存在于夫妻的云雨欢乐之中吗？不。哪怕年迈和疾病影响了床笫之欢，有了这种忏悔，婚姻依旧会存续下去。

婚姻存续在思想、意愿和两颗心灵的日常交流以及永久的和解之中。法学中有个词漂亮地概括了这一切：婚姻，即达成一致。每天都应该重新建立婚姻，保证双方无时无刻不相互信任，确认双方走在一条赞同对方所做和所想的道路上。

您应该和谁结婚？和那个在你面前想真真正正生活的人，不会保留和隐瞒任何思想、任何行为，愿意和你倾诉和分享一切的人。

您应该避免什么样的人？就是那个发誓会和盘托出，但是实际依旧有戒备之心的人，那个内心有所保留的人，在公共财产中存私房钱的人，在重要的事情中有私心的人。

对于那些纯洁、温柔、忠诚的女性，没有什么心结需要消除的女性，没有什么罪恶需要救赎的女性，比别人更需要这种爱情的忏悔，更需要不停地在充满爱的心中进行日常忏悔。

不知道利用这种方式的男性怎么办呢？这时候，需要麻木腻烦，需要对世界视而不见，让人变得盲目和粗鲁，需要一个真正的敌人，以避免女人在第一次和你交流时，就感受到这是一个女人能给予的最甜蜜的快乐。

啊！但是大多数人都是不值得的！他们只是笑笑，根本不听别人讲话，有时候他们会对这种毫无保留的倾诉产生怀疑，她本该不是只被欢迎，还应该被宠爱才对。

这不是什么新鲜事物；对于涉及利益和日常生活的问题，夫妻两人总会沟通，彼此信任。其实，在内心、宗教和爱情方面以及内心的挣扎方面，在幻想的私密生活方面，双方都应该相互信任。结合、结婚，都应该只是因为"释放最后的秘密，为彼此注入力量，彼此倾诉一切"。这个极端的、确定的、危险的原因。

如果她生了点儿病，如果她只是因为做梦而有一点儿心烦意乱，也请不要让这位亲爱的女人离开，不要让她对她依旧还爱着的丈夫产生怀疑。最好是让她相信自己丈夫的宽容大度，并且向他寻求建议，如果向一个不认识的人吐露这个大秘密（最终可能发现不值一提），那么这个人以后将会有对付她和您的武器，把她带到别处，哪怕在大街上，什么也不说，就只是看着她，就能让这个可怜的天真女人面红耳赤、眼眉低垂。

让您这样思考问题是有好处的。如果一个善良而理性的女人有轻微的娇纵，那么她的丈夫应该想想这是为什么，是不是他自己的错误造成的。我们可能忽视了最根本的东西，或者忽视了我们最爱的东西。

应该说："她可能是正确的；我很烦，我太过专注于一件事情了。"

或者说：

"在肢体接触的时候，我应该忍受她的挑剔吗？我就一点儿不能不开心吗？"

或者说：

"她说的对，她看我有一副臭脾气，我很难相处，我很贪婪……"

"很好！我重新点燃了她的内心，我将会更加仁慈，更加宽容、大度。我将会超越我自己。她应该意识到，我更希望有一个她更爱的人，尤其是我更爱的人出现。"

对此，需要说很多话吗？很少就可以。有时候，只要晚上相爱或者相互看着就足够了。

一位很有天分的艺术家，德穆，在一个名为"咖啡馆"的雕刻作品之中,展示了相互注视的两个聪慧灵魂,无需多言,他们相处得非常默契,并且相互理解。

  这里,我需要一道光,尤其是在男性一方,吐露着:"请不要相信,你在我身上能够得到更深刻的庇护。"

第十三章
爱情的相通——大自然的工作室

我离不开上帝。

高级思想的偶尔消失,会使充满科学和发明的美好世界黯然失色。一切都在进步,一切都充满力量,但是却都缺少伟大。这些特点都有体现,但是都会被动摇。概念化的东西都被削弱、被疏离,都散落了;然而,诗歌依旧存在;但是,整体上来看,和谐、诗歌,这些都在哪里呢?我看不到它们。

我离不开上帝。

十年前,我曾经对一个有名的思想家说:"您信奉权力分散论。"我在一定意义上也赞成权力分散论,因为我想要生活;严肃的权力集中者将会扼杀所有个体生活。但是带磁性的世界统一体远不会将其杀死,而是让其自杀;这个统一体就是爱情。这样的集权,谁不想要呢?从凡间到天上,谁感觉不到呢?

我们偏离了主题,实在不能忍受,个人行为,或者政局的变动终止了神授的天意,我们还能感受到伟大的自然规律作用下平等的爱情吗?理性的爱情能是爱情吗?对于我来说,我的内心波涛翻滚。在厚重的生命中,我不知道哪种热情会升腾起来,哪种热切的渴望会升腾起来;一道呼吸从我的脸庞掠过,我感受到了内心无数的跳动。

将所有的宗教刻印在大脑里,以便能够截取使用,这是一种非常快速的方法。即便是您已经在这个世界删去了历史宗教、删去了标注日期的教义的最后痕迹，永恒的教义也还是存在。大自然授予的母性的天意，被古往今来、不可胜数，还有那些你都想不到的、活着的或是死去的宗教迷恋，这天意持久不变地存续着。当地壳的激变撕裂了我们这颗小小星球，她还是会存在下去，就如同宇宙一样不可摧毁，散发着生命力和无限魅力。

当对于"原因"的感情消失了，我不再行动了。我不再能够感知这个可爱世界的幸福了，不再能感到被爱，我不想活了；请让我在坟墓中沉睡吧。我对于渴望进步已经毫无兴趣。思想的喷薄、艺术的绽放虽然依旧伟大，但是我已经没有什么兴趣跟上它们的发展了。曾经创造的30多种科技，再加上30多个，甚至有1 000多种，您想要的一切，我都不想要了；如果您把我的爱情之火熄灭了，我会变成什么样呢？

在东方，黑暗愚昧的诡辩主义时代到来之前，升起了人文主义的曙光，这种重新占据主导地位的思想已经启航，在第二童年期，对智慧的崇尚达到了极点。这就是爱情的相通，是上帝最温柔，也是最高尚的秘密，使我们重新走入了一个无穷尽的时刻。下等生物（就是人类最初始的状态）的黑暗时刻，已经越来越被爱情之火散发的光线驱散，得到了纯化和升华。

我不会重新回到我已经说的东西上，去年的时候，对于所有人来说，这个主题都挺大的，关于这令人害怕而又让人触动的秘密，女人为此献出了生命，玩弄了自己，欢愉、幸福、繁衍，让我们近距离地看到了死亡。这一时刻，我们感受到了这一点，在一场如此深刻的震荡之中，我们在颤栗的肉体里，在冰冻的骨头里……雷声轰鸣，已经不能产生什么影响。当心爱之物马上要与我们擦肩而过，当死神冷漠地一掠而过，如果声音依旧萦绕着，那就是为了说出发自人类内心的一个词,也代表着现实的深度。"女人就是宗教。"

此时此刻,我们说出来了。我们可以无时无刻不说这句话,这句话永远都是事实真相。

现在我要说多少次,妻子和母亲,她们到处绽放光芒,她们的恩泽就是和谐的巨大力量,在家里形成了一个圈子,在社会中形成了一个更大的圈子!她是一个善良、文明的宗教。

在宗教闪现的时候,当过去的习俗在地平线上褪去光泽的时候,当一个全新的、复杂的世界再也掩饰不了它的壮大,姗姗来迟的时候,这才是女性能够一展身手的时候,也是为了能够宽慰和支持自己。她,并不知道自己做了什么,她是生活和爱情的魅力统一体,是一个迷人的统一体。

在人们自发组织、没有绝对崇拜者的大型聚会上,在德国(五六千的音乐人)的流行歌曲音乐会上,在瑞士和法国两国的政治军事领域,为建立广泛的友谊而举行的会谈(曾经和将来做的)上,女性的出现会增加一种神圣的气氛。如果我们的母亲、妻子没有和她们的孩子一起出现在这里,那么可能祖国都不存在了。她们在,我们就能感受到上帝的存在。

我们只谈家庭和个人幸福,我只是简单说一下,曾经某一天,一个踏实的劳动者和我说过一句话:"她是男人的星期天。"

也就是说,她不只带来休憩,而且还带来快乐,带来生活中的滋味,这就是我们想要的生活。

星期天!欢乐、自由、盛会,还有美丽的心灵。神圣的一面。这是一半吗?1/3吗?1/4么?不是,这是全部。

应该更加深入地理解"星期天"这个词的力量,游手好闲的人从来都没有秘密,应该去了解星期天晚上,在劳动者盛会上发生的一切,那里充满着梦想、希望还有向往。

是不是这位亲爱的女主人推动了这种对比。不，这是属于您的女人，是亲爱的、可爱的、善良的妻子。为什么呢？因为和他在一起的时候，在确定的感情中，在确定占有的感情里混入了快乐，能够让她深入了解幸福，品尝幸福。这个愿意奉献的女人，她深刻的观察和细腻的欣赏给你带来了如此多的快乐，远没有将你冷却，在无尽阴郁的日子里，为您打开了一个未知的福乐世界。

所有温柔和神圣的感情都体现在她身上。你们拥有童年的宗教记忆，而她将你们变得更加纯洁。

12岁时候的晨钟声，一直停留在你的记忆里，沐浴在晨光的清新之中，说不清城里的哪一个钟声响起来了，这一切仿佛离你都很远，最终消失，一去不返。但是，某个星期天的早晨，经过前一天一晚上的工作，你注意到了妻子温柔的微笑，她久久地看着你，声音轻柔，用她的双臂环绕着你，跟你问好，为你祈福。她在等待着，为你祈祷。然后，你写道："哦，我的晨光！哦，我的三钟经！……哦！由于你，我变得多么青春！哦！为了你，我多么愿意青春永驻！"

但是她呢，她很机灵，只是表现得有些迟钝和逃避，让你分散了一下注意力，说了一些珍贵的想法，但是你并不能理解的想法，还说了一些她喜欢的计划，但是你昨天还在费神考虑的计划。由此，衍生出你们之间的共同利益，对家庭、对孩子的共同利益，这种过渡是很容易的。然后，看到你正处在一种众星捧月般的待遇下，她说话变得更贴心，日子都开始泛光。时光艰难，困难都很强大；但是，你工作如此出色，上帝都在帮助你，我们还是能够做成这件事的。你没有说不，你想要快乐。但是，在你有时间表述你的所有想法之前，他理性地先说话了："我的朋友，这就是苏醒的夏洛特，这就是喋喋不休的爱德华；小女儿总是不睡觉，她喜欢听……哦！

要迟到了!……我得给他们穿衣服。"

一段黑暗低沉的时光到来了。下雪了,大风起。北方的鸟儿,早早飞来,向我们宣告寒冬的到来。没有行人。这是悲伤的星期天吗?一点儿也不。她在哪?谁会悲伤呢?这不是家里明晃晃的火焰,午餐还是热气腾腾,也增加了屋子的温度。是她的温柔和活力,温暖了一切,活跃了一切。她是如此想念她的亲人,爱他们,拥抱他们,给他们温暖,家里只剩下欢乐。

冬日反而增加了快乐。他们一起庆祝坏天气的到来,因为能将他们拦在家里,还有他们一起度过的欢乐时光。一点儿声音都没有。他,他利用这些时光选择做一些自己喜欢的事情。他,就像是伦勃朗的金银器工匠一样,在打造一件小巧的首饰,如果他不做过多的精修饰,他会一遍又一遍地朗读。但是读书的时候,他知道有时候,有的人会低声私语。屋子里的大多数人内心充满圣洁,一点儿声响也不出,但是,他能够听到后面有人轻轻移动,听到脚步声,只是看不清是谁。她就去做了一些必要的事情,一只手指封在了嘴唇上,比划出一个要乖,别打扰别人的手势。

这些孩子在做什么?我非常好奇。他们在专心地阅读。他们在读探险类的大部头书籍,过去的探险家的英勇无畏和奉献精神,为他们打开了另一个世界,同时也让他们感到如此痛苦。"你们父亲喝的这杯咖啡,孩子,你们在奶里加了太多的糖,实在太多了。所有的幸福和甜蜜都是英雄主义和无尽的痛苦换来的。我们应该将这些伟大灵魂的人性光辉,归功于天意,这些伟大灵魂一点点儿地将地球连接起来,照亮了地球,丰富了地球,使其和谐统一,使人类凝结一心。"一点儿一点儿地,女人对孩子们讲了物质的相通(有精神贯穿的)、航海、商业、道路、航运、铁轨,还有电报等一切知识。

物质的?我顺应这个时代的愚蠢语言。没有什么是物质的。

这些所谓的物质都来源于思想，又重新回到思想之中，因为物质就是方法，就是形式。在各个国家发生，刨除了无知还有盲目的反感情绪，物质还是有强大的道德和宗教力量支撑和贯穿的，也就是我说过的相通。

对孩子们循序渐进地耐心教导，遵循他们的成长规律，这就是对孩子们进行宗教启蒙，让他们在神圣、善良、温情的思想里长大。

当最亲爱的人向我们说出一切，谁能不由衷体会到这种感情呢？孩子们都很惊叹。男人自己当然知道这种感情，只是妻子让他重新感受到了温情的魅力，他在这幸福的眩晕之中沉默了，并且感受到所有的新艺术都带有爱情的力量。

父亲、孩子，都被她的灵魂、她温柔的智慧沐浴着。他们都听她说，她结束了谈话。他们好像在梦中醒来一般……这时候，一阵响动声，嗒嗒地在方砖上响彻。长着翅膀的邻居，也就是屋瓦上的麻雀，向他们发出了请愿，急躁地对他们说："什么？自私的小家伙们，天气这么糟糕，你们竟然不开门！"动静很大，大家打开了门，向外边扔了面包屑。但是，主人过于轻信了，借助这次开门的机会，麻雀飞到屋子尽头欢蹦乱跳，这是一种什么样的心情啊！

"哦！感谢你，红脖子叔叔，让我们想起了你这被遗忘了的亲戚，你是正确的；实际上，我们家难道不是你的家吗？"大家连大气都不敢喘。母亲生怕吓到它们，小心谨慎地向麻雀扔了一些碎面包。但是它呢，一点儿也没感到羞耻，啄完碎面包，又往餐桌上凑了凑，然后飞走了，留下了道别的话："再见了，我亲爱的小兄弟们！"

如果吃饭时间要到了，母亲就会有很多话要说。但是需要把孩子们喂饱，小小的红脖子，也需要喂饱你。

吃饭间，女人对大家说，在大自然的宴会上，上帝让所有生物坐在一起，不管是大的还是小的，将它们按照思想、行业、意愿、工作不同排序，将蚂蚁放在了非常高的位置上，将大型动物（比如犀牛、河马）放在了非常低的位置上。如果人类坐在第一排的位置，只有一个原因，那就是人类有感知能力，能够感知和谐，还有神圣的爱情，有深情的团结之心，有极致的怜悯之心。

  这些谈话可能没有产生影响。对于被感动的孩子们来说，所有走进心里的东西，所有刻进记忆里的东西，就是父母营造的亲情以及母亲在早上的祈祷中所期望的亲情关系。父亲是劳动者，为了亲情去工作，奉献生命和灵魂。母亲拥抱了父亲，餐桌都变得圣洁了。

  一天已经足够了。只是，孩子们，请你们唱一首二重唱，让父亲心花怒放吧：法国重大纪念日播放的歌曲，你们有必要模仿的歌曲；复兴的赞歌，送给世界的创造者、上帝的歌曲，上帝给了我们今天，还有明天。

  我们休息吧。你们的父亲非常劳累了，马上就要睡着了。他为了完成周六的工作，昨天睡得那么晚！快睡觉吧，朋友们，快睡觉吧，孩子们。安然入睡吧，上帝会保佑你们！

  她给所有人祈福。她小心地关了灯，不出一点儿动静，屏住呼吸，轻轻地睡在他旁边，非常小心以免把男人吵醒。他睡着了，有她在身边，他感觉很好，在这寒冬时节，她是他春日的爱情，是他的暖暖夏日。她给他带来四季的陪伴。换取他的神圣魅力，这就是人类的本性吗？

第十四章
续篇——大自然的工作室

宗教的另外两个合理的法律意义，体现在男人和女人的倾向之中，他们各自分别代表一个宗教存在的合理意义。人类在亘古不变的规律下、在上帝的意志下，感受到了永恒。可爱本源中的女人，创造财富的大自然之父。女人通过感受生命、灵魂和永恒的行为：也就是爱和传承，进而感受到上帝。

这是相互矛盾的观点吗？一点儿也不是。这两个观点基于"女性的上帝是爱情"这一点而达成共识。如果爱情不是所有人的爱情，爱情中不能任性，不能肆意去爱，如果爱情不是在自然规律、真理和正义下的爱情，也就是说不围绕"男人即上帝"的观点，那么这爱情就不是爱情。

两根圣堂中的立柱，寓意着男人和女人所各自代表的宗教意义，深深扎根，没有人能够撼动。但是，世界还在飞速变化。有时候，人们只能看到法律规则，有时候只能看到事物本源。人总是在这两个宗教极端摇摆，但是却改变不了它们。

当时的科学并不是中心，女人的地位不久之后也会没落，许多人只看到法律规范，但是忘记了可爱本源，幻想着机器能够不用发动机就可以运转。这种遗忘使得我们曾经沉迷的宗教悲凉地消失了。宗教不会持续很久时间。美丽的光明将会重现，给世界带来无限快乐。我们重新拾起了可爱本源的感情，暂时性地，将它弱化。

不，法律并不是事物本源。如果我们重新提起生活的意义和本源的意义，那我们会取得怎样的进步啊？

脱离了生产，世间就没有欢乐，也没有幸福。我要替孩子们说句话，这样下去，孩子们是不能得到发展的，即便将他们培养成创造者，他们也不会感到幸福。很好，让我们将他们的小世界，延展成大天地。当你们感觉到他不动，当你们感受不到更多的生命热情，那么内心会产生很大的烦恼。只有在变革的时候，重新找到新的感情，才能重新变得幸福。

对于我们深入了解男性和女性最深刻的内心，这是非常必要的，在他们的二重唱之中，每个性别都扮演了非常不同而且非常脆弱的角色，每一个性别都害怕会伤害对方。因为他们并不知道各自内心深处到底有多么和谐。从这里衍生出了探索和迟疑，使人畏惧，产生了两个对立的灵魂，实际上是同一个灵魂之间的小小争吵。在证人面前，从来不会产生这样的争吵。要等到孩子们都睡去了，甚至灯都熄灭了，才能继续。这是枕边最后的思考。

但是，不管两个人是否支持宗教（他，法律；她，本源）神圣而真实的一面，上帝所展现的男性和女性之间都有巨大的差异，男人想的主要是行为方式、处事方法，女人想的主要是爱情，是爱情不停地激励她行动。我想说的是，她在上帝的圣殿，更加贴近她的内心。

女性有了爱情，就有了一切，就明白了一切。她就可以在那标记着人类历史的巨大的轨道上自由跳跃。她自由地传递上帝的自然外观，使剧烈变柔和，化强大为温柔。在这神圣艺术之中，她是主宰，并且她会将这一切教给男人……男人问："在哪里，她可以做这一切呢？在哪里，她可以获得所爱之物的宝藏呢？"在哪里？就在你自己的爱情里啊,在她给你的东西里,在集于一心的财富里,没有任何情感的吐露或者任何辈分能够减轻这种感情。每天这里都产生一个世界,永恒停留。

一切都如此简单,如此低调,但是她还是如此的高级!但是你呢,你的眼睛盯在土地上,盯在工作中,你将会变得盲目,日复一日,不去衡量时间的轨道;她呢,她能更好地感受到时光的运行。她对于他来说,是很和谐的。她时时刻刻追随着时间的运行,不得不为你提前打算,为了你的需求,为了你的快乐,为了你的饮食,为了你的休息。每时每刻,为了你的责任,同时也有你的诗篇。月复一月,她被爱情的痛苦折磨,她踩着时间的节奏,迈着神圣的步伐,不断前进。当一年的伟大时刻敲响,宣告季节的轮回之时,她听到了来自大自然深处的神圣歌声。

大自然有它的礼节,几乎从来不会恣意妄为,大自然与神圣伟大的生活建立了永恒关系,在这种关系中,大自然会诠释地区生活。人们不能轻易地触碰到这一点。那些习俗、权力、强加给一个民族及另一个民族的风俗礼节,只会产生不和谐和不融洽。神圣东方的歌曲,尽管那么美丽,但是在高乐并不合适。高乐有自己云雀般的歌曲,这在迪恩并不少见。

我们欧洲的曙光不是美洲的曙光,也不是犹太的曙光。我们的大雾也不是波罗的海沉重的烟云。很好,这一切都有他的声音。这里的气候、这里的时光、这里的季节,一切都用自己的方式歌唱。她很好地听到了这一切,你的妻子,她是你来自法国的灵敏的耳朵。但是请不要打扰她;她将会唱出合适的曲子。但是,当她一个人做家务的时候,没有了你的陪伴,她会略感悲伤。她安静地工作,在幸福中略带伤感,她开始低声地唱起了祝祷歌,不用刻意去寻找,她就发现了天真神圣的东西,一首真正的圣歌,一首为上帝、为你谱写的心灵之歌。

哦！她非常清楚地知道那些盛会,那一年一度的真正盛会！让她引导你去那里。她自己能够感受到恩泽的日子,那上天眷顾大地的日子,还有那博大的宽容。她知道这一切,因为是她做了这一切,她使上帝的微笑变得可爱,她庆祝这个节日,爱情的永恒的复活节,这是内心焕发生机又重现生机的节日。

没有她,谁还想要春天呢？使所有生命焕发生机的丰富热量,对于我们来说是病态的、沉闷的！但是,她是与我们在一起的,她散发着魔力。

寒冬渐渐离去,他们开始出门活动了。她穿着白色的裙子,阳光强烈,但有时阵阵北风还会驱散暖意。一切都充满生机,但是一切又笼罩着冬日尽头的挣扎。在那重现绿意的草坪上,小孩子们在一起玩耍和打斗；野山羊在嬉戏,磨着新生的犄角。百灵鸟们,比他们的主人还要早到两星期,唱着歌,角逐获得爱情的权利。

在这些充满恩泽的打斗之中,自然流露出一种和谐的感觉,她出现了,她就是和平、善良、美丽的象征……这是世界最鲜活的快乐！……她往前走,她温柔的内心被两个东西占据了。也就是说两个方面。她的孩子们跑向草丛中的小花儿,手里握满了花,尖叫着:"妈妈！你快看！你快看！"在离她最近的位置,在她的耳边,有人和她低语,然后她也跟着笑了……孩子扑倒在充满魅力的女人的胸怀,如此贴近她的胸怀,贴近她的内心。他在很用力地打吗？其实是非常轻地拍打；她并不是没有感觉到,她听到了一切,但是她善良而温柔；她是如此希望孩子们都将会幸福！她一个接一个地回答他们:"是的,我的孩子们……是的,我的朋友。"对他们说:"我们去玩吧。"他们回答说:"哦！这就是你想要的一切吧！"

她是那么善良,她对孩子是如此顺从,甚至她显得很弱小,她温柔地看着他们,在她的笑容背后,也略微带有忧思。他想着她,而她想着上帝。

这比起田园中的花朵盛会,比起收割时节的劳动要更加深情和热烈。她也是,她来了,和其他人一样,拿着她的耙子,她也同样想劳动。但是,她总是那么美丽,她的外表可爱而又奢华,完全翻新了她清爽的形象,而且变得有些深沉。她白皙又丰满的胸脯,她的孩子们在那里吸取生命精华,这些珍贵的宝藏使得这亲爱的女人变得有些迟缓,有些懒惰。大家看到她早出晚归,疲惫不堪;所以大家不让她劳动。但是大家为她工作。她的孩子们,快乐而幸福,她的丈夫因她而感动,遇到花朵就会给她带回去。人们将她的办公桌放满花儿,人们把花插在她的头上,放入她的胸怀。她在瓢泼大雨之中消失了:"够了!够了!"但是,谁会听呢?再见到也是徒劳,她也不能再防备什么。她被他们包围着,被关心和爱抚淹没,沉浸在亲吻和花朵之中。

热情已经很强烈了。不要让这高温的天气搅乱深情妻子的内心。三个月很快就会过去,丰收的三个月对于男人来说是辛苦而可怕的。不管是体力劳动者还是脑力劳动者,都是一样的沉重打击。这强烈的阳光也在剧烈地打击着大脑。这一点是通过两方面表现的。同时,他让我们避免了我们力量中的一个很大的部分,它使人的欲望变大。人会由于季节的轮转,会因为工作的操劳,会因为沉迷享乐而消损。她清楚地感受到这一点,同时她也害怕这一点。她偶然碰到一个智慧的词,一个真正的宗教词汇。当上帝创作了他的杰作,当上帝每年给人类提供食物的时候,难道他不会对人类宣称绝对占有权吗?

但是,这一点并没有很好地被记录下来。人们变得冷漠了,变得神经敏感。要怎样的智慧,她才能满足自己啊!为了漂亮离开,为了低调祷告,为了逃避和拖延。无情的七月到来了,七月也是收获的季节,是一年的胜利日,是丰收的盛会。一切都充满欢乐、力量、强大。夏天烈日的炙烤,就像是胡蜂蛰过的刺痛,让人如坐针毡。她好像有些生病,如此这般,她得到了恩泽,她制作了一张很小的床,放在孩子们的摇篮旁。

幸福的秋季!充满幸福和宽容的季节!劳作快要结束了。在这致命的月份里,爱情在厮杀,最终让人放纵,追随内心的冲动。我们永远都不会告诉那个因为逃离而生气的人,永远都不会告诉那个品尝最多的人。

她,她只有一句话要说。她完全回到他那里。在失信的那一天,他就想完成这一切。"但是,我的朋友,工作一点儿也不会有进展吗?这灰暗的时间,轻浮的时刻,这是一片透明的雾,对于葡萄收获的时节真是美丽极了!让我们加快一些。一道柔和苍白的阳光刚刚穿透空气,落在那琥珀色的葡萄上,将玫瑰色打散。这是收割的季节了。确定的是,今天晚上,我们不会再分开了。天气没有那么热了,我重新回到了你身边,我想逃到你身边躲避这寒冷的冬季。"

这是所有人的快乐。在某些国家,猴子、熊会对葡萄着迷。人类怎么可能没有摇晃的头?之前痛饮的人已经沉醉。她在安抚他,使他镇静。"轻一点儿,轻一点儿……让我们给他树立一个良好的榜样,让我们一起工作,我们也是。"

没有什么讲究兄弟情的机会。所有人在收割季都是平等的,优先权只是给予最优秀的劳动者。对于她来说,创造一个友好的民族是一份巨大的幸福!所有人都来了,甚至什么都没有干的人也来了。她是会被感恩的。她知道乡村,知道他想念的东西。"那一个人呢?""他生病了。""很好,人们打发了他。""另一个人呢?"

"他去旅游了。"她就这样知道了一切,她想一下得到一切,想把他们聚到一起,将他们结合到一起。

很幸运的是,地方很大,山谷的梯田上有一些葡萄园,从上往下看,可以望见大海。时间很安静。我们可以在露天吃饭。一阵暖风吹过,加快了飞翔的行者划过天空的速度。白天很短;尽管还没怎么前进,昏暗的夜晚好像已经快要来了。

她从来都没有如此美丽过。她的眼眸中闪烁着深情。每个人都能感觉到这是因为她,她在想他,想着大家。她深情的目光给这整片大地带来了恩泽。

她的女儿用绿色的葡萄藤、娇嫩的丁香和红色的马鞭草为她编了一个精美的花冠。这柔情的、象征王权的花冠使远处的空气都变得清香。她先拒绝了这顶花冠,但是,她的丈夫非要给她戴上。他想将大地上所有的王冠都给她戴上。

然而,她看上去略显悲伤。

"你怎么了?"

"啊!我太幸福了!"

"我所有的朋友,所有的亲人,都来了……还有所有的好人。一个也不想落下。"

"哎呀!我的朋友,这就是所有人,所有经历痛苦的人,所有失声痛哭的人,那就是缺少的人……非常抱歉……"

她什么也不说了……她的情绪戛然而止……一滴泪滚落,为了躲避大家的目光,她向她的杯子倾斜了一下,用杯子接住了眼泪,在这匆忙的丰收时节里,留下了这滴可爱的泪水……

她的丈夫从她的唇边接过杯子,一饮而尽。

但是,所有看到她哭泣的人都动容了,被她感染。

所有人都不由自主地畅聊起来。

第三篇　进入社会的女性

第一章
女性——和平与文明的天使

女性,其高级的方面就在于,她是爱情的媒介。

她深刻而有魅力的力量在于两个方面。第一个方面就是性方面的吸引力,是肉体的欢愉,但是这生命中的狂躁热血会随着时间流逝而褪去,显得苍白无力;第二个方面就在于她散发出来的神圣的柔情,彰显着平和、宽慰,有治愈的效果。

和其他生物相比,人类高级的地方就在于有创造的力量。人类能够生产,但这是基于两层意义上来说。因为人类也会制造战争、分歧还有斗争。在艺术和思想领域,人类强有力的大手创造的财富也会充满着罪恶,而女性就在后面柔化这种罪恶,宽慰人类,治愈创伤。

我穿过森林,迈出危险的一步,我听到了轻微的脚步声。这应该是一个男人的脚步声,我提高了警惕。然而最终我却发现是女人的脚步声。你好,温柔的和平天使!

30年前,一个英国人曾经去爱尔兰做过一次有目的的旅行,为了发现罪恶并且找到治疗的方法,他描绘了那些可怜的贫苦之人的极端不信任感,当一个陌生男人迈入他们的破落的茅草屋之时,他们会产生极端的不安。"他是一位政府官员吗?难道是一个间谍?……幸亏他并不是独自一个人来的。"人们在他身后隐约望见一个女人的脸庞。从这时候起,人们的内心都敞开了,大家都放心了，并且都很信任他们。人们可能会想象，如果他不带他的妻子来，他会不会做什么坏事。

这和利文斯顿令人赞叹的旅行经历几乎是一样的，他去的是非洲的未开发地区。一个男人只身前往是会被怀疑的，而且很多人都命丧于此。但是如果出现的是一个家庭，那么将会安全很多，这会使当地人感到安心和安全。和平！和平！这是愿望，是这些善良之人的呐喊。他们天真地向这位给他们带来庇护艺术的欧洲传教士表达着自己的愿望。女人们向他说着这个词："给我们睡觉！"很好，安眠、和平、深深的安全感，人们在看到利文斯顿被他的三个孩子围着的时候，就感受到了这一切。人们感受到他并没有从狮子的世界带走这昂贵的巢穴，而是将其作为馈赠人类的财富。

如果一个女人沉默的一面能有这种功效，那么她说话的话会怎么样呢？这种重音的力量会穿透心灵吗？

女人的话，普遍带有一种慰藉的力量，充满和平的美德，柔化一切，治愈一切。但是只有当她不再是囚徒，不再是腼腆的沉默者，当时代的进步将女性解放，赋予她们话语权，赋予她一切行动的自由的时候，这种神圣的馈赠才会在她们身上自由地展现。

在一个真正高贵和宽宏的时刻，有极致天赋的女性都以成熟的年龄为特点，甚至可以说接近衰老，这个特点没有女人不是在颤栗之中预测的。这个让人如此质疑的年龄对于女性来说好像也有她的柔情，一种年轻女孩没有的平静的伟大。

她大概是这样说的（我很遗憾我不能准确地记得她说的话），年轻，就像是阿尔卑斯的风景，充满了未知的奇遇，有顽石、泥石流、暴雨倾盆。老年，就像是一座法式大花园，有参天的绿茵，有美丽而悠长的小径，人们从远处就能看到有朋友来访。宽敞的大路让人们能够一起自由行进，自由交谈，是一个真正的聚会和聊天的好场所。

这个漂亮的对比只是错误地让人相信生活只是单调和统一的。然而实际上正相反。女性在某个年龄有其他年龄所没有的自由。保守的作风让她们保持吸引力。其实应该避免某些层面上的保守作风。实施慈善的方法甚至很多时候对于她来说是很困难并且偶然的。不公正的世界在诅咒她。她在更大的年龄里获得了自由，享受着所有诚挚自由而带来的特权。因而她所有的思想也最旺盛，她用另一种非常特立独行的方式进行思考和交流。最终，她变成了她自己。

年轻美丽的女人总是有犯傻的权利，总是会被人喜欢和欣赏。但是年老的女人就不是这样。她要有思想。她不但要有思想，还要一直保持舒服和有趣。

赛维涅女士用漂亮的方式说出了这些（我在我的回忆录里也引用了这句）："青春和春天，只有绿色，并且永远只是绿色；但是我们，暮秋之中的人，我们是多彩的。"

这让这位女士周身散发出一种很可爱的影响力，一种尤其适合法国的影响力。我们感受到了她自然而然散发的良好亲切的风度，甚至她能将这种风度传染给没有这种气质的人，那么到底是谁给那些愚蠢的微笑者，那些拥抱害羞的人就能很快获得快乐的人呢？

这种仁慈的王权点亮了她的沙龙，就像是一道柔和的光线。她鼓励了特别的人，那些能说会道的人都沉默了，他们在这充满思想的女人的控制下，都变得拘谨了。这些交流一点儿也不是我们到处能听到的毫无价值的长篇大论，无尽的话题跳跃使得空虚的大脑占据优势。当有人提出了问题，没有冗长无趣，没有卖弄学问，那么她就会加入一个发自内心的词，一个总是能激发她自己的词,给对方热情和阳光,让对话变得容易和舒服。人们相互看看对方,相互微笑。

我们并不是很清楚地知道有时候一个女人说出的简单的词能够拯救一个男人,使他振奋,使他变得强大,总是给他力量让自己觉得自己被需要。

有一天,我看到了一个阴郁而可怜的孩子,他有一点儿羞涩,有一点儿阴郁,有一点儿悲惨。然而他心中有一团火。他的母亲,是一个非常难以接近的人,对我说:"没人知道他怎么了。但是我知道,女士,这是因为从来没有人亲吻过他。"没有什么比这更正确的。

很好,在社会上,这位思想丰富的女士,有很多这样的女士都流产过(不在少数),因为她从来没有去亲吻、去鼓励、去敦促他们。人们不知道这是如何做成的。没有人怨恨他们;但是当他们偶然碰到一个低调的词,一切都变得冰冷了;人们去了别处,人们不再在乎,甚至人们开始嘲笑他们。

这个被拒绝的人,请您注意一点儿,他可能是一个有吸引力的天才。哦!在此时此刻,要是这个有思想的女人,重新拾起了这个可怜人不敢说出的词(有时候强大,有时候深刻),比如"优雅""恩泽",那该多好啊,要是能够重新将这些东西放入手心,将那些东西变得有价值,展现给无心者、给嘲笑者们,告诉他们这石头其实是宝石该多好……一个巨大的蜕变将会发生。报仇、重拾信心、胜利者,他可能已经可以证明在这群人之中,他自己才是真正的人,其他人都是虚无。

第二章
最后的爱——女性的友谊

对于一个女人来说,丈夫离世是异常沉重的,从此茕茕孑立,无处寻求慰藉,她感到万分苦涩,她真想随他而去,甚至渴望随他而去。"我要死了,"她说道。哎!实际上,为此而死的人很少。如果这寡妇不会在丈夫火化的时候一起自杀,不像印度女人那样在丈夫葬礼上作为陪葬被烧死,她就还可能活很久。上天似乎乐于羞辱最真挚的人,让她在年轻貌美之时遭遇变故。因为性格迥异,每个人悲伤时的身体反应也各有不同,甚至截然相反。我曾见过一个女人,她沉溺于悲痛和泪水之中,遭受到无情的打击,为生活奔走迷失,但仍然身体健康。一直以来,正是她所遭受的那些难熬的日子,给了她前所未有的美丽,这是一份令人羡慕的奢侈。她因此感到脸红,感到哀怨,她对这种冷漠的表情感到耻辱,而这种耻辱更增加了她的绝望。

这是天意。老天并不想她死,不想这朵可爱的花朵凋零。她欲求一死,但求而不得。她不但要受罪般地活着,还不得不取悦这世界。她想追随的这世界也不想她做出如此大的牺牲。是爱,给了她如此多的希望和祝福,是爱,付出这么多才打开了她的内心,并使她成为一个完整的人,这样的爱怎会想要将这一切埋葬,又岂会忍心将她拖入地狱?如果这是真爱,它就会允许,有时甚至会鼓励她再爱一次。

在我们沿海地区，对当地妇女的众多评价中，我发现两件事情：那就是，这里的女人通常为丈夫操心牵挂，爱慕丈夫，对丈夫极为忠诚；而一旦丈夫去世，她们就会改嫁。在那些去危险海域（比如纽芬兰岛、格朗维尔）捕鱼的水手家里，还有那些没有孩子（外国移民的孩子除外）的英勇的本地人家里，只要丈夫不再回来，妇女就会立刻再婚。确实也应该这样；因为不这样做的话，孩子们就活不了。即使有时候丈夫回来了，发现自己的朋友为他照顾家庭，也会充满感激之情。

如果没有孩子要抚养，她爱的男人也不会让这个使自己幸福、渴望、感激的女人陷入永远的不幸中。可是她却拒绝再嫁了。她坚定地相信，她可以永远忍受痛苦和回忆的侵蚀。但是丈夫比妻子更了解她自己，他总能凭经验提前感知到变故的无情，感知到她将会抱憾终生。

难道他忍心看到，将来自己的妻子，晚上孤独地回到家，家里却空无一人，对着熄灭的炉火独自哭泣么？

如果他略加思考，如果他对人性有基本的了解，他就会带着同情心，感受那种痛苦，而这种痛苦就是被人们所忽视的，只有医生可以观察到这种痛苦，并为之惋惜。爱的需求在麻木的人身上转瞬即逝，相反，在纯洁、保守的女人身上，往往会有增无减。她从此变得行动迟缓，生活会变得沉重、乏味，她的心智会下降，更不容易被新奇的事物所吸引，她也因此（每天以泪洗面，不思茶饭）身材发胖，显得更加强壮、妩媚，所有这些都使她心神不宁，难以承受。

心血沸腾、紧张兴奋、过去无益的固定观念，创造了许多痛苦和令人感到羞耻的事情，女人们保守着这个秘密，那是一种梦想破碎后的折磨。因为她们坚守贞洁而受到折磨，聊度余生，当时，女人常常受到残酷疾病的折磨。或者，这些可怜的孀妇，被世人无情嘲笑,陷入无法预料的某种羞耻当中,在经历了严酷的生活之后,终于成为命运的傀儡。

那个爱他的人,那个已经去世的丈夫,应该为她的未来考虑,不要让她的余生以泪洗面。他应该考虑深远,不应强加于她任何东西,为她解除顾虑,甚至可以将自己当做是她的父亲,解放她、引导她、开导她,为她安排好以后的生活。

如此,她的第一次婚姻并没有结束。这段婚姻是通过服从、感激和感情而维持下去的。就算再婚以后,她也不会忘记前夫,相反,是靠他支撑着活下去,在内心最深处,她对自己说:"我按他的想法做了。我所获得的幸福,是他给我的。他保佑着我,安慰着我,给了我最后的爱和温柔。"

如果她必须再婚,这位孀妇最关心的事,就是带上她的"近亲"。我理解的并不是犹太法律中血缘上的近亲;而是精神上的近亲。我理解那个近亲还爱着故去之人,故去之人的灵魂还在这位近亲心里,这位孀妇通过这远未失去的属于亡人的近亲,拥有了更多的魅力。婚姻固有的变革力量,使得女人长期在身体上、精神上,有着另一种生机,如果第二位丈夫在爱情和友情方面表现不一的话,这种生机就可能会损害到这个近亲,损害这位无可非议的妻子。

为何孀妇通常比少女更美?有人说:"因为爱情曾来过。"但是,还应该这样说:"因为爱情住在了她心里。"我们在她们身上看到了爱情醉人的影子。爱情养育了这朵花,时间没有白费。爱情悄悄地把一朵花蕾培育成了一支西洋玫瑰。每一片花瓣上都滴着欲望。这里一切皆有恩泽,一切皆是灵魂。她不能拥有爱情了吗?不,这反而更增加了爱情的机会。如果这朵爱情之花曾经幸福,并保存在值得的人手中,那就让她再幸福一次。在她经历第二个春天的时候,她会变得更加绚烂,沉浸在夺目的鲜艳色彩中,你们应该不会再为她年轻时候的缺陷而遗憾了。在纯洁的女人身上,童贞又一次绽放了花朵。甜美的生活使她得到安慰,让她变得更加美丽。她在两段爱情中,变得更加和谐。

人只能活一次吗?灵魂只有一种永生的方式吗?除了我们不朽的精力能持久延续,难道我们自身散发的气息,不能传递到朋友身上吗?朋友因此能够传承我们的想法,延续我们内心最炙热的情感。一位热情的作家,承袭了老师贝纳丹·德·圣皮埃尔①最后的爱,自己身上就保留了老师的影子。当时,一位杰出的历史学家,在他发表的一份严肃评论中,使人们相信,如果他真三生有幸和18世纪的孔多塞夫人②进行过灵魂沟通,那么,他确实继承了一份伟大的遗产。

有些孀妇,或年老,或完全不担心是否还年轻,都不会接受第二次婚姻。对她们来说领养孩子就够了。

她可以在丈夫托付给她的养子身上,延续丈夫的灵魂。这个儿子,可以填补她的内心,让她生活有目标。有这么多的孩子没有父母,还有这么多孩子的父母远在他乡!我们不知道,在冷酷的学校里,一个被抛弃的孩子到底有多么需要女人的怜悯。那些学校都已变成了军队,对于一个迷失在这样偌大校园里的孩子来说,他最需要的,是一个女人母亲般的目光,看着他,安慰他,如果他受罚了,会为他说情,尤其是,她会带他出去,换换空气,散散步,告诉他一些可能比平时工作都要多的事,最后会看着他在眼前和喜欢的

---

① 贝纳丹·德·圣皮埃尔(Bernardin de Saint-Pierre,1737—1814):法国作家、植物学家。他是法国伤感主义代表作家,代表作《保尔和薇吉妮》。

② 孔多塞夫人(Madame de Condorcet),即索菲娅·德·孔多塞(1764—1822):她是法国著名哲学家、数学家孔多塞的夫人,是当时著名的沙龙女主人。在法国大革命时期,雅各宾派当政后,孔多塞被杀害,而其夫人一直坚强、独立,并极具影响力。

孩子玩耍。当他升入更高一级的学校时，这个女人对他就更为重要。她会救他于危难之中，有可能亲生母亲都做不到。他会向她吐露很多担心母亲知道的事情。她会聪明地保守秘密，让他安稳度日，夹杂着狂热的欢愉、使人堕落的过渡阶段。

这真是一个棘手的任务，但通常会让一个男孩变得更加优美，还可能有点儿女性化，另外，有时，还会让女人脆弱的内心沉浸在痛苦之中。成为一个真真正正的母亲确实很困难。有时候，她的爱是别样的。为了她的幸福，我希望，这美好而温柔的女人，能够给予那些不幸而很少得到女人抚慰的人们以母亲般的保护。我说的是女人们自己。

那些深知因自己的性别而受苦的女人们，更应该互相爱护，互相支持。但事实正好相反。这叫什么事！较劲、嫉妒，在她们之间相当强烈。敌对是人的本能。它比青春更长久。很少有女人能够宽容地对待那些年轻貌美的可怜女工和女仆。

她们失去了温柔的、能让她们焕发青春的天赋，这种天赋本可以保护爱情（几乎也是值得获得爱情的天赋）。然而什么样的幸福能够启发、引导恋人，使他们亲近呢！什么样的幸福能够使这位年轻的工人明白，他的咖啡时光对他来说是如此珍贵，从各方面讲，却比他的家庭生活更为不幸。通常，对一个人来说，一句话就已足够产生爱情，或者让爱升华。有很多时候，我发现丈夫心生烦恼，就远离了妻子。他想要一个偶尔的赞美，一个令他惊喜的仰慕的动作，以及旁人羡慕他幸福的一声赞叹，让他看到别人都看到的就足够了：她比以前更有魅力，唤醒他沉睡的心，让他想起，他一直爱着她。

在家庭危机的时候，一位引人注意的女性朋友突然来到了他家，高兴地参与到他家的生活。她宽慰他们，却不是为了这个年轻女人去宽慰,她引导他们,却不去刻意为之。当她来的时候,妻子沉重的心情、暗自神伤的表情,都因她舒展开了,让我说的话,妻子释放了压力。突然,妻子爆发了,她控诉着丈夫的强硬,对她的不尊重,因为这位女性朋友的丈夫完全相反……其余的,也就不言自明了。此时,我们应该抱住她,安慰她。对于一个有智慧、有经验的女人来说,把这个泪流满面的孩子抱在怀里,安慰她,抚平她的情绪。终于重新找到了母亲的感觉!这意外的幸福,将她从这疯狂的局面和盲目的复仇当中解救出来,这之后,她就一直哭。

有时,她傲气十足,也不屑于报复了。她要求分居。这也是我们今天常见的。一个粗暴的年轻人,本来可以成熟些的,在他第一次犯错后,他改了,而女人感觉自己比较富裕,什么也不听,最终无法承受地爆发了,她想要回家。她的家庭有钱有势,加以挑唆;佣人们也是护着她对抗她丈夫。她收回了嫁妆。但是她的自由呢?没有。她还这么年轻,就守了寡。难道她还能(如果可以这么说的话)收回已经付出的感情,收回千丝万缕的情谊,她能反悔吗?不,不,她收不回了。没有比这更痛苦的了。

什么!没有商量的余地?我们不能把这个年轻人带回来?他所有的错误,都是因为年轻不懂事。他既不恶毒,也不吝啬。这份嫁妆,还是由父母保管吧。她曾经爱过,而现在却后悔了。他深深感觉到(尤其是她离开以后),自己再也找不到比她更合心意的女人了。这种自尊对他们来说是命中注定,这难道不也是一种爱情的魔力吗?

"爱情!这是我们在世上唯一拥有的东西了……明天我们都将会死去。趁着现在好好爱吧,我发誓你们还互相爱着彼此。"

这就是这位密友所说,而她也确实以实际行动更好地解释了这句话。当她在家抚慰这个可怜的女人期间,不管她愿不愿意,给她打扮,让她漂漂亮亮的。有人要来看她了。只有一个来,他是谁呢?您来猜一猜。

"她丈夫?"

是她的情人。从外表上看可能有点像,但是从灵魂上讲,却完全是另外一个人。如果来看她的是她的丈夫,她还会有这种迷人的麻烦吗?难道付出如此多的爱慕、殷勤,就应该换来狂热的爱情?……喔!真没办法解释……两人都不知道说了什么,结结巴巴、海誓山盟……言而简之,他们两个都心智错乱了。朋友笑了,不敢苟同。天色晚了,晚餐时间不长,因为她有偏头疼,她不能陪他们了,他们也坚持要离开,他们在感情上也已十分疲惫了。我们可以让他们自己待着。他们不会打架的。在那边还能在对的时间为自己辩护;但是在这里,他们都安静下来了。

这就完了吗?不。天意使他们重新结合,只盼着暴风雨能够重新退回地平线。从他们那里,她明白了两件事情。首先,远离是非之事。是非之事并非来自爱她的人,而是来自周围的人。如果其中一个弄错,这个错误延续、加重,那就必须远离这种致命的友情。有时候换个地方,就会改变一切。

另一个常见的,想要克服的地方就是闲散。生活起伏不定,闲散无事,不知有多少的悲愁,多少消极的想法,多少辛酸,都会无情地降临。将灵魂与生活相融合的,是尽力合作共谋;至少,要分开行事,让双方有惋惜之感,忍受暂时不能在一起的小小折磨——这样,一方对另一方产生渴望之情,焦急等待着相见的日子,想着并渴望着夜晚的来临。

第三章　女性的守护者——卡罗琳娜

位于世界第五大洲的澳大利亚，到目前为止只出过一个圣人、一个传奇。这个圣人是一个英国女人，据说是最近去世的。

她没有什么财产，也没什么救济金，她为这个新世界所做的，比所有的移民社群和英国政府还要多。世界最富有、最强大的政府，印度人和拥有1.2亿人口的帝国的主人，本应该在这里收回自己的损失，却败在了这片殖民地上。而一位朴实的妇女却凭着无限的仁慈和强大的内心成功了。

在此，让我们向这个坚贞不屈的女人致敬。善良而又有如此慷慨怜悯之心的法国女人或德国女人，或许也会这样做，但是我不知道她们是否能一直坚持着走过这么多的艰难。要做到这些，需要有令人钦佩的顽强和崇高的坚持精神。

1800年即将来临，卡罗琳娜·琼斯降生在北安普敦郡的一个农场里。20岁的时候，她被一名东印度公司的军官娶走了。这个转折来得太突然。在英格兰乡下，她在家教良好严格的氛围中长大，但是最终陷入了战乱当中，在那里，一切都是被允许的。战士们的女儿成了孤儿，被放在马德拉斯大街上售卖。她把女孩子们领回家，住在自己家里。人们笑她，但她不以为然。就这样，她的房子成了皇家孤儿院。

她的丈夫齐索姆上尉，由于健康问题，需要到有良好气候环境的地方去休养,他获得了去澳大利亚休养的机会,并在1838年与妻子和孩子们住在那里。但是,不久之后,他就奉命回到岗位,留下妻子独自在澳大利亚,就是在那个时候,她开始了自己热忱的事业。

尽人皆知,悉尼,以及整个澳大利亚都住满了罪犯、囚徒,很多人是劳改犯。源源不断的驱逐流放,为澳大利亚带来了众多的男人,但相对来说,女人就少一些。可以想象,女人是多么稀缺、多么抢手。每当有满载女人的大船停靠,早已在岸边翘首以待的人们野蛮地欢呼,这就是所谓的饥渴的叫喊。最野蛮、最令人愤慨的行径在这里司空见惯。即使是女佣人,她们丈夫不在家的时候,也毫无安全可言。至于那些被流放的少女,她们就如同从天上抛进男人堆里的野味儿。

要明白这情况有多么恐怖,就应该知道,一个英国女人意味着什么。她们既没有跟我们一样获得资源的途径,也没有挣钱的门路和去处。她们不会谋生计;仅仅会照顾孩子和家庭。她们完全是靠依附别人生活(收入微薄,没有嫁妆)。已婚的女人,会遭到毒打。还没结婚的,也是命苦,惊惶失措,跌跌撞撞,弄得浑身是伤。有人曾说"她们就如同一条迷途的狗",到处流浪寻找主人,而不懂得自己做自己的主人。

跟这些女人相比,那些风尘女子抱怨的就更多了。这些女人处境凄凉,但能够反唇相讥,还能相对保持一点儿自尊。那个英国女孩没有一点儿逃生的希望,没有武器对抗别人的羞辱,她什么也没说(说话的是一些爱尔兰女人)。她心里承受不住,就不停地喝酒,沉浸在昏昏沉沉中,只有这样,她才能忘记自己受到的凌辱。

那些女孩子们啊!哎!她们有的才15岁、12岁,却被迫做这种行当、做盗贼,她们绝大部分就是这么被警察逮捕,然后快速判决,被流放到澳大利亚。她们通常被塞进又旧又破的大船,就像大洋号一样,消失在加莱海峡面前,大船将400个女人的尸体扔向海里,她们都是那么年轻,而大部分都还十分美丽。但凡看到这幕悲剧的人们,都会为她们哭泣、绝望。

我们可以设想,这可怜的人儿变成了什么样子,她就像手无寸铁的羊羔儿,被扔进了罪犯的世界。她们在悉尼的大街上被围捕,唯有在深夜城外礁石中伴着星辰入睡,才能躲避这接踵而来的凌辱。

卡罗琳娜有着英伦的节操和女性的慈悲,她被这令人愤怒的一幕伤害到了。她恳求当局帮助;但他们要忙着看守这么多危险的罪犯,忙着别的事,哪有功夫管这些卑微的可怜人儿。她恳求教士;但和所有的教会一样,英国国教更相信人性本恶,而并不指望人类的解救办法。她又向媒体求助,但却招来报纸上讽刺的回应。

然而,她一遍遍请求,最终她没花一分钱,政府慷慨地借给她一个旧仓库。于是她就把那一百来个女孩子都安置在了这里,至少对她们来说,也算有了个栖身之地。那些已婚妇女,在丈夫不在的时候,至少也能暂时栖身在院子里,不用再害怕夜里有人袭击。

怎么养活这群女孩呢?关键是她们中大多数都身无长技。卡罗琳娜,这个淳朴上尉的妻子,还照管着三个孩子,着实犯了难。她去乡下找那些已婚人士和人家雇佣她们。就这样,她们就能给别人腾出位置。一年以前,她曾救过700个女人;其中300人是英格兰新教徒,另外400人是爱尔兰天主教徒。她们中的很多人都结了婚,并在自己家里为那些被流放的可怜姐妹开辟了避难所。

等悉尼都住满了之后,她需要去远处寻找安置之所。长途跋涉似乎并不适合一个年轻女人,尤其在这样一个鱼龙混杂的国家,这里住宅之间通常离得很远,没有任何警戒和公共保护设施。但她敢于这样穿梭于各地之间。她有一匹好马，名字叫"上尉"（以此纪念她的丈夫），她就是骑着它奔波在路上，没有路的时候，经常要横穿湍急的河流。最大胆的是，她还把一些女孩子带上，有时甚至还有60岁的老妪，将她们安置在住户家做女佣，或者为她们主持婚礼。她在各处都受到了尊敬而友好的接待，人们待她就像上帝一般。虽然可能有些人会因为她们的外表而误会她们。但她始终都和这些女孩在一起，睡在安全的地方，她们宁愿在露天的马车上过夜也不愿意分开。

我们开始隐约看到她计划的壮大和美好前景了。直到那时人们都没有为改变这个现状而做什么，一切都一成不变，人们不停地改换着贫瘠的殖民地，那些殖民地又不断消逝。而且，他们的灵魂不会变，品行不会变，习惯不会变。邪恶者仍旧邪恶；在伦敦，卖淫活动更多，令人感到耻辱又看不到未来。这个令人钦佩的女人进行的革命可以这样形容：让之死亡，让不能传宗接代和令人厌恶的单身彻底结束。

当她第一次向总督求助的时候，总督曾说："关我什么事！难道我是来给他们找媳妇的吗？"然而，一切都已准备就绪，就等总督一句话了。这就是生活的秘密，是为了新世界的延续。因此，这位纯洁神圣的女中豪杰没有犹豫，让自己成了这片殖民地上爱的代言人、幸福的使者。她尽力在这些速配婚姻中指导大家做出正确选择。但是怎么做呢？她相信，在莫大的孤独中，如果没有第三者阴谋捣乱，上天会安排好一切；我们想爱，也相爱了；是时间让我们相连；最终我们深深相恋。

她着重负责帮助人们家庭团聚。她帮助年轻的已婚女孩做女主人，并把父母接来。她还把那些濒临饿死的不幸的英国女工人接过来，她们就像我们今天的工人一样。

她所得到的回报，却是谋杀。悉尼的流氓认为她引来了这么多的移民，拉低了工资水平，对他们来说十分不利。一群歹徒纠结起来躲到窗下想要她的命。她勇敢地站出来，跟他们讲道说教，晓之以理。最终，这些人对她满怀敬意而去。

　　七年之后，她去伦敦游说内阁接受自己的想法，并将它们传播推广出去。大臣格雷先生和上议院委员会同意听取她的意见并向她询问。还有一件难得的事情值得高兴，就是她的榜样——她的丈夫回到了澳大利亚。这对和睦的伉俪，为了多行善举而不得不忍受离别之苦。当她病重之时，就回到了丈夫身边。据说，她已经病入膏肓。

　　她是一个世界的传奇。她的思想随着时间的变化而改变。

　　这是一个不能等闲视之的奇女子，这位圣母般的女子有着最正义的灵魂，她的思想很有现实性，没有任何夸张。她很有管理头脑，将一切都记录在案，事无巨细，财产、款项、人物、账目都条分缕析、一目了然。她认为要为这个家，为丈夫和孩子们的家产负责，她计算着所有款项，虽然要付的钱很多，但除了有一小笔之外，都已经收回来了。在她一生无私奉献的生涯中，她只用了家里的16英镑就让一个家庭摆脱了贫困。

　　可见，要缔造一个世界，也并不那么昂贵。

第四章　女囚犯们的慰藉

1845年,马蕾女士在学院授奖的论文中写道:"在法国,每年有1万名女子入狱。罪行最严重的,待遇也最好,住在中央监狱。罪行最轻的,数量有8 000人,关在省里的监狱,那里就像潮湿的老修道院,年久失修,在这样令人懊恼、堕落、懒散的环境中,没有铺盖,有时候甚至连床都没有。"希望那之后监狱的配备好一些了。

一直到1840年,女囚还是由男人看管!今天仍然如此,女犯被逮捕关到警察局,由10个20岁的小伙子看守。(令人悲伤的奥斯琳达案件,判决时间是1858年9月14日。)

在违法犯罪记录中,令人惊讶的是女犯数量很少(17%),因为她们挣的比男人少得多,遭受的苦难一定更多。当我们和马蕾女士深入了解案件的细节时,这个数字还在减少,大部分都消失了。这些违法犯罪行为很多都是被迫的。在这里,卖淫的妈妈们打骂12岁的孩子,用拳头打掉她们的牙齿,把她们放在街上当小偷。那些情人们自己并不去犯罪,但是会强迫孩子们去犯罪,强迫女人为他们去偷窃;否则,就会棍棒相加。在别处,这些不幸的原因,仅仅就是饥饿。至于其他人,是她们的好心、她们的同情才导致犯罪,她们出卖自己也是为了赡养父母,她们的堕落值得道德的褒奖。

她们中的大部分都是好女人,温柔又善良。穷人们最了解她们。他们信任这些女孩,喜欢她们。我们应该注意到,在这城市的渣滓中,还有无限的善良。在乡村也有众多的冷酷。人们有点儿害怕灾难,却不怕眼睁睁看着自己的父母活活饿死。

让她们被迫出卖自己,陷入犯罪的真正的、深层次的、总体的原因,是苦恼而凄惨的生活。道德,对于一个女孩来说,就是每天坐 14 个小时,做同样的事情(我们见过,就为了挣 10 苏),她低着头,蜷着身子,座位一直都是热乎的,疲惫不堪。冬天,她们仅有一个很小的火盆做取暖之用,她们冻得瑟瑟发抖,不断生病。占所有女性犯罪第五位的,就是这些女缝纫工。

这个女人、这可怜的孩子,她需要活动一下,需要改变一下姿势。任何一种新的感觉对她来说都是那么迷人;但要幸福不需要什么太大的变化;做点儿家务动弹动弹,时不时地干点儿活,照顾照顾孩子,这就是她的天堂。爱她,让她的生活愉快些,少烦恼些,她就不会痛苦了。拿下她手上的针,她每天要拿这针做几个小时的活儿,简直就是没完没了的、无聊的折磨。我们又有谁能受得了呢?

马蕾女士看到了监狱,看得清清楚楚。这是很大的功德。希望我们的女士们可以学学她,控制一下自己的抵触情绪,来到这地狱,这里,关着很多天使——堕落的天使,她们中的一些人比圣女还更接近上天。

这本书的过错,就是它的胆怯,它婉转的方式。她既想要也不想要宗教监督人。她按照时间的方式走,接受法官的审判,其中大部分法官都赞成这种牢房系统。那里空气稀少,光线昏暗;她们个个都变得面黄肌瘦。

解决方法就是把墙撞倒,这样就会有空气和阳光了。这阳光挽救了她们。

另一个解救办法是在另外的环境里劳动,虽然这劳动十分严苛,但是中间会有各种各样的音乐听(这项举措在几位女新教徒的关怀下已经在巴黎成功施行)。这些女囚都对音乐十分迷恋。音乐使她们内心调和,得到了精神上的平衡;音乐减轻了她们内心的火。

里昂·富歇尔很好地道出了这一点:应该把乡下来的男女囚犯们放到农田里干活,而不是把他们关在这可怕的制造肺病的高墙中。是的,把农民重新放归到农田里(至少是在阿尔及利亚)。我补充说:工人都能有效地在半农业机构被殖民化,他们每天做几个小时的园艺工作来养家糊口。

我们跟英国人不一样,我们不需要在世界各地拥有昂贵的监狱。让我们在地中海开发殖民地吧。非洲会养育我们的帝国。到我们真的想整顿的那一天,它将会变得人口众多、异常肥沃。

但是最重要、最具决定性、最有效力的方法,是爱和婚姻。

"婚姻?谁想要结婚?"不止一个人都会这么想。

布鲁赛说:"一个人之所以生病,是因为本身力量过剩,这个力量转移到另一个人身上就会变弱。如果特性不同,则身体状况就会不同,就不会生病了。"

我觉得,一个人生活在压抑的城市和拥挤的社会中,会通过暴力进行犯罪,有时候是由于力量过剩,他可能会安分守己,也可能在阿特拉斯享受自由,过着军事殖民地冒险的生活。马蕾女士注意到,一般来说,那些因为发怒或者嫉妒曾经犯过罪的女人,一点都不堕落。根据她们的精力加以利用,让她们将其全部倾注在爱和家庭里,她们将会成为真正温顺的女人。

那些受难的人,那些因为尽孝或者出于母亲的责任而出卖自己并因此受苦的圣女们,谁又会相信她们是被玷污的?啊!那些不幸的人，道德让她们遭受这些折磨，要知道她们是最纯真无瑕的。她们的心虽破碎，但依然纯净，比任何一个女人的心都更渴望幸福和爱，没有一个人不应该被爱。

那些真正有罪的女人，如果我们让她们离开欧洲，把她们放在一片新的天空下，一片无人知道她们过错的土地上；如果她们能在这个社会上感受到，母亲惩罚她，仍然还是母亲；如果她们懂得，在不幸之后，能将其忘记，爱或许就会融化她们的心，并且，涤除她们心灵上的罪恶。

当我见到这些地中海边上的土地光秃，山脉干旱，但是却保留着泉水，总有一天这里会再长满森林，我感觉到，如果有我们的帮助，20个新的民族将会在那里诞生。我们非洲、亚洲的士兵，不会回到这片贫瘠的土地，而是会成为非洲和亚洲的主人。像女人和临时工一样，他们不喜欢东方雕像，更喜欢得到一个活生生的真正的女人，一个有灵魂、有智慧的女人，一个生动坚强的法国女人，一个因世事磨练而变的圆润，因为幸福而变得更加美丽的女人。

这就是我未来的故事。我猜测，我承认，条件是，医学将会在本世纪达到几个目标：驯化人类的艺术和交流的艺术，通过结合不同类型、不同条件、不同性格的人而使家庭和谐的艺术。对我们的类型、条件和性格来说，比卡罗琳娜临时安排的英国婚姻要更灵活一些。我想要一位法国的卡罗琳娜，她满腹学识，受医生启发，巧妙地将解放的妇女安置在最合适的条件下。如果，比方说，这个尖锐易怒的女人，和一个暴力的男人在空气清新的大山里结婚，那恐怕就会有新的暴行了；应该把她放在平原上，和一个冷静的男人在一起，她尊敬他身上温柔的力量和男子汉气概。

这些才是唯一可靠的方法。根据马蕾女士的看法，目前的状况没改变任何事情，她们依然是屡教屡犯。中央监狱里的缄默，对这些女人们来说是一种折磨，其中有些人因此变得疯疯癫癫。马蕾女士对此有什么建议呢？把她们放在单人牢房里，会让更多的人变疯。她们在那里将会被牧师教导。

总体上，牧师给她们带来了什么呢？是一些隐约模糊的结论（马蕾）。他在不同的阶层和不同人面前说的都一样。工人在这里只找到烦恼，农民也听不到一句话。我们能和一个堕落的、在困苦中变得冷酷无情的女孩说同样的话吗？能和一个粗暴，但是毫不堕落的女孩说同样的话吗？最好的牧师，自身会不懂爱情、世界和生活，他真明白上述这么复杂的事，以及各种各样的情况吗？那些受雇于学监的修女又少了多少呢？推荐这些牧师的马蕾女士也承认，她们什么也不明白，她们讨厌犯人，对让她们入狱的情况和贫穷的邪念等毫无概念。

作为社会的成员，只有这一个被塑造成了普遍的模式，并且在这个灵魂的药方里，这种特殊的、个人的感觉不断地减少。即使是世俗的男人，有我们千篇一律的教育等，也不如女人适合。我理解世上的女人，那些有一定年纪且有经历的女人，见多识广懂天命的女人，会操心的女人，知道一千个微妙的秘密而男人从不怀疑的女人。

你们相信我们会找到很多乐于奉献、勇敢的女人经常来这些阴暗的地方，面对这些可怜的女人吗？可能，我们觉得做了好事。然而，对此我们需要坚持下去的力量。

我敢说，我们会找到这样的人，这样必不可少的支持，不只在心里，而是在精神上。对于一种高等的、纯洁的、见多识广的智慧，这种智慧随着年龄的增长才会有，我们要为我所用，在这本活书本里读到的,是一门不可思议的、最有教益、最激动人心的学问。别给我看你们那些所谓的戏剧和表演了,真正伟大的戏剧在这里。把你们的兴趣和眼泪暂时收一下吧。任何虚构在这样的现实面前都会变得苍白无力,如此强烈啊!也如此棘手;这是女人的命运。女士,如果我交到您手中一条条丝线,把它们从黑暗慢慢变得明亮,难道不是一种幸福吗?而且,如果可能的话,用您的智慧,把这些可怜的断线重新修理并再接起来……哦!女士,即便是天使也要嫉妒您了。

上帝的天使,请原谅我跟您说一件阴暗、令人不快,甚至可怕的事情。但有慈悲这团火炙烤内心,一切都会得到净化。

如果我们找不到一种方法让监狱里恢复自然的状态,结束强者对弱者可恶的暴政,结束弱者受酷刑的现状,结束她们作为强者玩物的现状,那监狱就不会有任何改观了。

这种情况众所周知,但没有人讲出来。一个名声不好的人(有重大政治错误,但是心地好),他最了解监狱的情况,当我们还是朋友的时候,他不只一次红着眼睛流着泪跟我讲塔塔尔系统的秘密,那里是一个绝望的无底泥沼。

结果是不一样的;这个男人落到如此落魄的地步,即便一个孩子都能让他惊惶颤抖;女人也变成了泼妇。

这不是用泥瓦匠、高墙和囚室就能解决的。相反,我们得到的,将是令人羞愧的自杀者,高位截瘫的人和傻瓜。他们需要的是空气,是工作,那累人的工作。而且,对于已婚的犯人来说,应该给予她任何人都无权剥夺的东西:婚姻。

我请教了在法兰西人文科学院的著名的同人法学家下面的问题:法律,在判决这个人入狱的时候,同时废除了其婚姻的民事效力,法律是想判决他单身吗?对我来说,我根本不相信。

而我所确切知道的是，他那无辜的没有被判刑的配偶，保留了自己永恒的权利。

这些不幸的人中的好些人十分珍惜自己的家庭，并且还继续为家庭做最光荣的牺牲。我看到，在圣米歇尔山，有一个囚犯，是一个技术娴熟的制帽商，在深牢大狱被剥夺了一切，他一直在工作养自己的妻子，迫不及待等着和妻子团聚的时刻。

天主教会相信婚姻持久不可分离，所以婚姻权也是永久的。它怎么在这里没有以宗教、道德和怜悯的名义提出要求呢？

我知道，这件事确实有实际困难。现在需要一个果断的贤人。我们不能冒冒失失地给一个女囚介绍一个心术不正、道德败坏的丈夫，这样的丈夫有可能把她给带坏。一个管理部门负责这么多事务，不能轻易得到这方面详细的信息，而通常是去远处打听消息，追随着一个人所写的微妙而珍贵的信件。这就需要一位好心而真正有美德的女人。

如果监狱是位于大城市里或者离大城市不远的地方，她会在那里为丈夫找工作，靠近他，为了女囚在智慧的保护者告知的某个月的某一天去看望他的时候能幸幸福福的。

女人只为爱情而生。那就给她爱，为她做一切你想做的。她们值得这些；她们活力四射，有时候很兴奋并且莫名奇妙地坠入爱河，但是从来没有得到满足，像男人一样，从未被无耻地制服过。能给他们带来幸福之光的女人，将会受到无比的爱慕和崇拜，她将会按自己的意愿来指引这群脆弱的人。

马蕾女士真切感受到了。这就是纪律和再生的伟大方式。她希望我们能利用它，这样女囚就能够接纳值得的丈夫。但是，她放置了这么多的束缚和窘迫，以至于再次见面，可能会更加痛苦。

我们不应该羡慕他们得到的东西。监督，即使有的话，也只能由那些有耳目的该监督的人来做,他们会注意到她们感情的流露,注意到她们苍白的、孤独的面容。我们应该求助于一个可靠而受尊敬的人那殷勤的仁慈,他拿走了她身上的一切,在这至高无上的安慰中,她身上宽容的美德保护着她那可怜卑微的姐妹,她们只重视上帝。

第五章　女性强大的治愈能力

在里昂，大家都认识我的好朋友，一位学者，洛尔戴医生，他有着世界上最充实的内心，倾尽自己的力量做好事。实际上，是他的母亲造就了这样的他。像他一样，他的母亲也是这样做的。这位女士在科学和她的善举方面是一个传奇。

洛尔戴女士的父亲理查德是里昂的一名工人、投弹手，他也没做什么其他的事情，就是在部队教授数学，不久后又给军官和所有人上课。回到里昂后，他结了婚，于是开始给自己的女儿上课。像弗洛贝尔的小孩子一样，她就是从小孩子感兴趣的几何（相反，算数会让他们厌倦）开始学习的。作为一个工厂主的妻子，她生活在工人中间，在里昂大动乱期间，她为了所有人的安全甘愿冒险，时而救保皇党人，时而救雅各宾党人，并勇敢地强行进入当局大门为他们争取特赦。我们懂得在这些动荡之后的那种无法忍受的筋疲力竭的感觉。快到 1800 年的时候，好像整个世界都衰退了。作家塞南古写了一本绝望之作《关于爱》①，格兰维尔写了一本《最后的人》②。洛尔戴女士自己，不管她有多大的勇气，面对着这满眼

---

① 《关于爱》(De l'Aomour) 由塞南古 (Senancour, 1770—1846) 于 1806 年所作的一本文集，他在书中抨击了广为接受的社会传统。
② 《最后的人》(Le Dernier Homme) 由格兰维尔 (Grainville) 于 1805 所作的一本散文诗形式的科幻作品，是第一部描绘世界终结的近现代作品。

的废墟，她也变得衰弱了。一位紧张不安的女病人拉住了她，这个病人看起来已经无法医治了。她30岁。她去看了一位技术十分娴熟的医生吉尔伯特，医生对她说："您什么事都没有。明天，您带着孩子，去里昂城门那边，给我采这样那样的植物回来。没别的了。"她没法走路，做起来十分费劲。第三天，医生又让她到一古里外的地方再去采摘。每天他都增加数量。一年以前，这位女病人成了植物学家，带着她12岁的儿子，每天走八古里去采摘植物。

为了阅读植物学家的著作，也为了教育儿子，她学会了拉丁语。她还学了化学、天文学和物理学课程。她还为儿子准备了医学课程，并把他送到巴黎和德国去求学。她也得到了很好的回报。儿子和母亲有着同样的心地，在里昂所有战役中，他们母子救助各党派的伤员，给他们包扎，帮他们藏身。总之，她和这位年轻的、无畏的、慷慨的医生一起配合。如果她没有跟他生活在一起，而是在一家大的医疗中心，她将会在这方面有更多的研究，她的成就也不会仅仅限于植物学方面。她是穷人的草药师。她本来可能成为一名医生的。

我的亲眼所见让我陷入了回忆当中。我在纪龙德河岸上一个很美的地方，可以在那里写作。但是，不论是这里还是村里的别的什么地方，连一个医生都没有。他们好几个医生集中在一个小城市里，也根本没在市中心，几乎无事可做。穷人们还没等到医生来，再付完昂贵的出诊费，就都已经死了。本来要不是耽误时间，这些病都算不上什么大毛病；不过就是有点儿发烧，用一点儿金鸡纳霜就好；不过就是孩子咽炎，当时难受，但过后就会痊愈；但是一拖延，孩子就没命了。洛尔戴夫人在哪里？

一个美国女人有着十万英镑收入，尽管如此，她却内心富有、学识渊博，而且大脑敏锐，她小心谨慎，有着英伦的节操，但却没有妨碍她决心让女儿接受医学教育。在这个动乱的移民国家,情势经常会把你带到远离大文明中心的地方,如果这个年轻女孩嫁给了(假设)一个住在西边的,不知道哪条河流边的工厂主,那么她周围的这几千工人,这几千开荒者,就能在大工厂得到临时救助,而不用因为等待百里以外的医生而死亡了。他们在冬天天气严寒的时候,没有任何救助措施。在其他国家会更少,比如俄罗斯,春秋两季的淤泥至少会持续六个月,这中间交通往来完全被阻断!

在美国,男女学生都可以学习解剖学课程。如果偏见妨碍了解剖工作,那么奥祖科斯医生就会制作出令人赞叹的模仿品来弥补这一不足。他告诉我,他为美国做的模仿品和为世界其他国家做的一样多。

"假设科学是平等的,那么谁是最好的医生呢?——爱别人最多的那一个。"

这位大师所说的美好的词汇让我们从中得出结论:"女人才是真正的医生。"

她们存在于所有野蛮民族当中。在他们中间,知道最简单的秘密的女人,也懂得运用秘密。当然,医生也存在于非野蛮民族和高度文明的民族当中。在波斯,祆教祭司就来自那些掌握某一门科学知识的人。

实际上,男人没那么多同情心,受自身哲学文化和广义文化的影响,男人很容易得到自我安慰,不会像女人那样更多地安慰病人。

女人更容易被打动。不幸的是,她们被打动的太多了,她们容易同情别人,容易被自己见到的病人的紧张所感染,最终自己也变成了病人。有时候每个月都会发生残酷、血腥、叫人厌恶的意外事故,我们不敢让她们看到,还有,如果她们怀孕的话,那就更不敢让她们接触这样的场面。所以,我们应该放弃这一看法了。虽然她们确实是有安慰、修复、监护、医护作用,总之,她们不是医生。

但是,她们的辅助作用是多么大啊!她们的直觉,在千百件棘手的事情中,弥补了男人在这方面多少的不足!男人的教育会让他们产生一种感知,但是女人却能生发出好几种。这在女人的病症中体现得更为明显。为了探知这个令人无法捉摸的秘密与这神秘莫测的变化,他自己需要是个女人或者无限地爱别人。

医生这一神圣的职业需要具备各种各样的才能,即使不具备这一种才能,为了履行好这一职务,也应该成为双面人。更完整地说,就是男人—女人,女人依从丈夫,就像普歇夫人、哈尼曼夫人等;母亲依从儿子,就像洛尔戴夫人做的一样。所以我也明白,一个上了年纪的寡妇跟着自己亲手培养的养子一起从事医疗行业。

医生(不容置疑,医生是法国的第一等级,最有前途的职业)会想对他们自己进行检查,让他们想到的不了解情况的人来告诉他心里有什么吗?好,下面就是他的想法:

有两个部分的医学我们谈论的还不够:一是告解,是一种让病人知晓各种前例,介绍身体可能遇到的危机的方法;二是心理疗法,为了让病人把内心所想都坦诚地说出,从这方面看,就是要求他们跨过心里这个坎,通常这个坎是极难察觉到的,且在病人的内心深处,虽然所有的灵丹妙药都用了,因为这个坎一直在,也随时会让病症再度回来。

哦!女人啊,一个好女人,虽然不太年轻,但是在一切过后,一颗年轻、令人感动、温柔的心(在她的恻隐之心中有着机灵和耐心)会来得更好!在此,男人就是很必要的。他需要冷静严肃地观察并推测身体状况和病人想要表达的意思。但是,如果医生的妻子也在的话,如果她跟着他,她肯定会知道更多!她的同情之心在女人身上获得的尤其多。有时，为了解决一切问题，得知详情，只要哭就足够了。

我在巴黎有个邻居，是一个30岁的煤炭商，在奥弗涅有产业，在这里有一家店铺，运营还不错。他在老家娶了一个媳妇，是一个温柔体贴的奥弗涅女孩，有点儿矮，但是挺漂亮，她的脸有时黑黑的，跟那小小的满是光芒的眼睛相比，也绝不逊色。她很乖巧，即使看到我们一直在看她，也不生气。他们住在一条肮脏、狭窄、阴暗又有点儿破烂的街上。有时候，这个年轻力壮的煤炭商，也免不了感冒发烧。他们也都习以为常了。他脸色苍白，日渐消瘦。他们叫来了一位不错的医生，他随即看出了病情的可能原因，就是房间里的潮湿引起了发烧，巴黎的大雾对一个长期呼吸康塔勒新鲜、寒冷空气的人来说并没什么。医生告诉他，病会好的，但是如果他还回老家，还是会复发。煤炭商什么也没说，他烧得更厉害了。

煤炭商附近的一个女邻居，通过医生的最后一次诊断，还发现了别的东西。她告诉煤炭商的妻子说："小姑娘，你知道为什么你的丈夫发烧，而且越来越重了？是因为你漂亮的眼睛太喜欢被人看了……你知道为什么这几天他感冒加重了吗？是因为在他心里，爱和吝啬在做斗争。他觉得在这方面赢得的太少了。他难以自拔。他如果这么下去，会死的。"

男人和女人都没表态。而是这个女邻居做出了决定。她提醒煤炭商的父母，说他们的儿子越来越虚弱了。那边的父母给煤炭商来信说，他的产业情况不大好；而且，他以为能在巴黎做一番好买卖的时候，却在奥弗涅破产了。这让他醒悟了过来，把一切都做了个了断。他不再发烧了，出让了店铺，带着自己的小媳妇离开了。他们两个都得救了。

挽救别人，就是挽救自己。运用无限的温柔和治愈能力，治疗一颗受伤的心,在治愈别人的同时自我疗愈。一个在服丧期间的女人满心悲伤,这对她来说是巨大的损失,她从来不知道,这份痛苦的资本对其他人的病痛来说,是(请允许我用这个词)个绝妙的药方。一位母亲失去了孩子。这位女士去了她那里,哭了。想到这位女士已经失去了所有,如今身单影只,这位母亲几乎不敢哭了。她呢,在这一天的不幸中,她还温馨地看到自己身边还有一个美好而不错的家庭。她还有丈夫;还有炙热爱情的慰藉,虽然这美好被失去孩子唤醒了。她比较着,说道:"在这人世间,我还拥有很多东西。"

我们向着更美好、更智慧、更有人情味的时代前进。同年,医学院讨论了一件大事,就是巴黎医院外迁。人们毁掉了这些令人悲伤的房子,这是浸透着多代人疫气的病态的炉灶,在这里,因为可怕的恶劣环境积累,疾病更加严重,死亡会大大增加。人们在家里照顾穷人;这对他们而言是无比的幸福,因为人们能在他们的需求中,在导致疾病的环境中懂得、看到这种幸福,一旦他们回到医院,疾病就又会复发。最终,在少数情况下,他们得离开家,人们在城市周围建造了一些小医院,在这里,病人不会再迷失和淹没在人群里,将会受到别样的重视,重新成为一个人,而不是一个编号。

我从来没有战战兢兢地进过这些在今天已成为医院的老旧阴暗的修道院。干净的床铺、镶木地板和天花板,虽然看起来好,但都是徒劳。我害怕的是那些墙。我能感觉到墙上的亡魂,那过道里消失的一代又一代人。这么多濒死的人把他们黯淡的眼睛和最后的意念固定在了这同一个地方,你们觉得都是没用的吗!

在市区外围建立被花园簇拥的小型卫生保健医院,尤其是护理专业,这些有人情味的改革,都应该首先为女人们设置好。大量的产妇由于传染性发烧被夺去了生命。一般来说,女人比男人更容易被传染。她们更富有想象力,看到这比肩接踵的病人,这些垂死的病人和死去的病人会更敏感;仅仅这个原因,就能让她们死亡。如果有父母的话,每周也只来一两次。姐妹们有物质方面的护理,看着这么多的病痛,她们也有点儿麻木了。里面坐着的是一个年轻男人。那就是他,而且就是因为他年轻,还没有麻木,如果他还好,那就是他精神上的能量更多一些。他会从中获得多么大的益处!他的内心将变得多么强大!

L医生,很年轻,在巴黎一家医院工作,看到一名20岁的女孩子进了他的诊室,她肺病已经到了晚期,既没有女性朋友,也没有女性亲戚。在她绝对的孤独中,在这疯狂的悲伤中,在即将结束的忧郁中,她生活得很好,如果不跟她讲话,她会在自己的眼中看到一丝怜悯。从那时起,她就一直看着他,来来回回地走进诊室,她就不觉得完全孤独了。她慢慢消逝在这纯洁和最后的好感中。一天他走过来,她招了招手。他说:"您想要什么?""您的手。"她死了。他们的握手并不是没有价值的,这是灵魂的通道。一个从这里获益的灵魂。即使在知道这个之前,看着这个有魅力又医术高超的男人,我也感觉到了,他就是这个女人曾经不信任的人之一,也是在内心深处的温柔中找到灵丹妙药的人。

最好的男人就是,女人不能什么都告诉他的男人。尤其是每个月有一个星期,女病人生两次病,非常脆弱、虚弱、容易激动,尤其是不敢说话。她感到惭愧,所以,她害怕、哭泣、做梦。她并不跟自己的姐妹或者什么人说这一切,她的姐妹是个处女,什么都不想了解,也没有时间去听这些。她需要一个真正的女人,一个好女人,一个懂得一切,能感知一切的女人,让她倾吐心声,给她美好的希望,告诉她:"不要担心,我会去看你的孩子,我会给你找工作;你不会在出门的时候感到尴尬。"这个女人细腻而敏锐,十分善良,在看到她害怕死亡的邻居死去时,猜测着她不敢说的是什么:"你不会死的,什么都不要怕,小妹,我们不会让你死的……"1 000件其他的疯狂而温柔的事情比发现一颗母亲般的心要好。女病人就像一个孩子一样。要跟她说一些对婴儿说的话,爱抚她,安慰她。从女人到女人,一些爱抚,一个温柔的拥抱,往往是全能的东西。如果这位女士有影响力,有权威性,有思想,有地位,她的善举就会越多。而女病人呢,躺在床上就很幸福了,她会重新充满力量和勇气,为了让自己高兴而很快康复。

第六章　简单之人

好人总是孤独死去，安慰别人的人反而得不到安慰。他们的温和、服从、融洽，让他们保持这样，虽然他们不想。通常，那些天真的女人只为了善良而活，小时候应该被宠爱包围着，当她们看到朋友、亲人以及一切都消失时，就独自走向了一个庄严的时刻。

她不需要别人拉着；她自己会去，会走。她只想服从上帝。她觉得托付对了人，她希望着，寄信任于他。所有她温柔神圣的憧憬、她的梦想，对于其他人的幸福来说都是没用的，她准备做无法实现的事情，所有这些都好像只是未来的承诺，是一个新世界的入口。

这个时代，那些宗教人士的豪言壮语，雷诺的迁徙和杜梅斯尼尔的安慰支持着她，给了她希望。在变态学的书中（昆虫），她看到了："我家里有多少东西还没有被开发出来！可能那里还有一个更好的灵魂，还没有出现。为什么有时我感觉到的那些更强劲的势头、那些更强壮的翅膀，在生活和行动中没有得到发挥呢？这些被耽误的萌芽对我快速前进的生命来说有些晚了，但是对另外一个生命也有可能。一个苏格兰人（弗格森）曾说过一段巧妙但是很严肃的话，道出了惊人的事实：'如果胚胎能在母体内思考的话，他会说：我的器官在这里毫无用处，腿不能走，牙不能吃。耐心点！这些器官跟我说，大自然在我的生命里呼唤我。等有一天我出去了，这些工具就都能派上用场了。他们现在停止活动,他们还在等待。我只是一个像蛹一样的人。'"

在这些预感当中,想要的最多,犹豫最少,跟我们坚决做保证的是爱情。"在这个世界上,爱是存在的真正理由;只要我们有爱,就不会死。"(格兰维尔)什么样的世界造就什么样的人。有这么深刻的理由继续下去,他怎么会结束自己的生命呢?有这么多的温柔、善良、好感,他怎么积累这宝贵的生命力,来打破这么和谐的生活呢?

所以她不怕上帝。她平静地走向他,只想要他所想要的东西,但是对未来的生活十分确定,说道:"上帝,我还爱着。"

这就是她内心的信仰。但是年龄和性别的弱势有时候也会对她有影响,她也有忧郁的时候。所以,她去看自己的花儿,跟它们聊天,说知心话。她在这个审慎的社会中平复自己的想法,这个想法并不令人讨厌,她微笑着,默不作声。至少,这些花儿说话的声音如此低沉,以至于我们都听不到它们。我们好像在它们身上看到了沉默的孩子的影子。

她一边照顾着这些花儿,一边对它们说:"我沉默的小宝贝!我跟你们说了这么多,你们可以相信我。如果你们有关于未来的秘密,就告诉我,我不会说什么的。"

最老实的女人之一,年老的女预言家要说什么(马鞭草或者欧石楠,不论是什么):"你爱我们……嗯,我们也爱你,我们在等你……你要知道,我们也是你的未来,是你在这世上的不朽。你纯洁的生命、你天真的气息、你神圣的身体,将会在我们的记忆中重现。当你这份优越的天性解放出来,它将会张开翅膀,朋友的这种天资将会永存我们心间。你珍贵的神圣的遗体、你的孀妇,将在我们身上开出花朵。"

这不是一首空虚无意义的诗。而是确确实实的事实。我们身体的死亡只不过是回归自然。在这移动的驱壳中很少有什么固体的东西；而是液体的，会蒸发。在很短的时间内，我们会被花花草草贪婪强劲地吸吮着。这个世界充满了丰富的绿色，我们被这绿色包围着，这是呼吸着大自然的嘴和肺，它没有一刻不需要我们，在被溶解的动物身上得到重生。她等待着，她等不及了。她不会让她不可或缺的人在街头流浪。她用爱吸引他，用欲望改变他，给他殷勤的恩惠。她在生长过程中，在开花的时候呼吸着我们的气息。从身体上和灵魂上讲，死亡就是生存。在这个世界上除了生命之外别无其他。

野蛮时代的无知让死亡变得恐怖。死亡是一朵花。

从那时起，那些厌恶之感，那些对坟墓的恐惧就消失了。是人类造就了坟墓，然后却又惧怕坟墓。大自然就没有做过这样的事情。你们跟我说说幽灵，说说在这地球之上的深深的黑暗多好？多亏了上帝，我可以笑。没什么能拦住我。我几乎不会在那里留下痕迹。所以再堆积一些石子、大理石、青铜吧。你们不会抓住我的。当你们哭泣着在下面寻找我的时候，我已经长成了植物，长成了大树，开出了花朵，成长为光明的孩子，我已经苏醒，正向着曙光出发。

古代是如此的通透精辟，之前真的被上帝那和蔼的微光所照亮，已经用优美的画面诠释了这个简单的奥秘。

瑞香变成了夹竹桃，而美丽并没有减少。泪水涟涟的水仙花，保留着泉水的美丽。这是诗歌，而不是谎言。拉瓦锡本来可以说出来的。贝采里乌斯也没有多说。

安静！安静！世界上温柔的圣母，是快乐之母！……人们说她对道德方面的事情冷漠，无动于衷，表现得毫不相关！但是在愚昧无知，满是怪物的夜里，有着怎样的心灵安宁呢？在真相中，在上帝的微光中是没有欢乐的。

动物生命中最具抵抗力的残骸固执地保持着自己的形状，而贝壳最后则以让步收场，它们化为尘土，归为原子，最后自己进入了植物引力之中。我亲眼见过这样的场景。即使在我写作的地方，在大洋和广阔的纪隆德河无休止的相爱相争的法国，悬崖断壁给了汹涌的河流众多的石子，而这些石子，最终都变成了沙子。百株蓬勃生长的植物用脚抓住这峭壁，适应它，它们有着顽强的生命力，它们的生命如此芬芳，以至于远处路上的旅行者、船上的水手，吮吸着这芬芳，他们都被震惊了。大海都陶醉了。这些厉害的植物究竟是什么？……最小、最卑微的，我们的老朋友，淳朴的高卢人，迷迭香、鼠尾草、薄荷、百里香、成群的欧百里香，还有这么多、这么多不凋谢的植物，它们好像对生死毫不在意。

高卢人希望如此，也是这么想的。我们发现的她的第一个词，就是"希望"，刻在一枚老纪念章上面。

第二个词是在开创文艺复兴的伟大书籍里面，就是："希望就在那里。"

你和我，我们可能在坟墓里能看到它。

但是，孤独、善良、温柔而又没有希望的女人，被命运捉弄，又去哪里寄托这个希望呢？

在这些沙丘的沙粒当中，在这块可能谈不上是土地的贫瘠芳香的土地上，我也需要它；这是大海的沙子，它们一度还曾活着。小小的土地，除了生命别无其他。

所有这些海洋生命的可怜灵魂都是一朵花，散发着芬芳。

橡树林在北边留出了一块阳光明媚的空地，在这个季节快要结束的时候，她还在呼吸着这味道和淳朴的蓬勃生机。它们醇美、简朴而又令人惬意的香气,一点儿不会让人觉得枯燥,就像在南方的一样。而我们的香气是真正的神明和灵魂。这是永恒的生命给我们的大脑带来了生存的欲望。这些热带植物的幻景,这转瞬即逝的明快,只能引起懒散。在北方,这里的一种绿色植物给了我们灵感,给了我们在作品中创作新的继续下去的理由。

不是单独延续下去,而是让我们的自然群落、灵魂群体、恋人和朋友一起继续下去。他们一起行动,那种复合式的不朽是由好几种组成的。可能每一个弱者都要联合起来,设法持续爱情。

医学可能要笑话我们的想法简单了。然而,如果那些有名的药方对结实的身体没有什么作用,它们对那些饮食节制的人是非常好的,对女人,尤其是对那些不管时间如何变化依然品性温柔,生活没什么大的变化,身体纯净、敏感、纯洁的女人来说。

放过这个无辜的女人吧,收拾好这一切。收集、准备这些法兰西的魅力瑰宝是对女人的恩赐。

在对的时候,在被掩盖的石沙丘上,她与蜜蜂分享迷迭香,迷迭香蓝色的花朵让纳博讷的蜜更加芬芳。她抽出天空之水,安慰最痛苦的心灵。秋天还没到来之前,她和鸟儿待在一起,采摘小灌木上的浆果。她请求鸟儿不要把所有浆果都吃光,留一些给穷人。她把这些浆果做成有用的罐头,可是我们却早已把这些忘到脑后去了。

温柔的呵护让生活更加有魅力,并使得生命得以延长。如果这些植物不能使身体复原,它们就会支撑心灵,为它准备着,让通向植物生命的大通道更加平坦。

每天早晨,当太阳升起的时候,她独自一个人,把心给了上帝,梦想着那珍贵的过去、遥远的未来,她亲切地看着自己可爱的孩子,这些孩子之后开出的花将会成为她的生命。这些感人的喜爱植物的感人面孔也是来自我们吸收的东西,来自我们所说的死亡。谁能怪她这么清新迷人,在这片草地上比最甜美的睡眠更美。生活让人厌倦、焦躁不安,却在这个普通的朋友身上感受到深深的和平的吸引力。

  在等待期间,所有姐妹可以做的或者可以强迫要求的,所有用友谊换来的都有了。她亲自给它们浇水、培土,让它们抵抗寒冬。她把周围的叶子和落花堆积起来,这些对它们来说是遮盖物也是养分。她只是带着感激拿走了她的那些。如果她的手还仍然美丽,仍然采摘着樱桃、桃子、果子,她会笑着对它们说:"帮一帮你的姐妹……到时候,不久之后,她会真心报答你们的。"

第七章　孩子—光明—未来

暮年，儿时摇篮的最初印象又完全回来了。孩子在到人世的前夕就感受到了光明这位宇宙之母的温柔抚摸，她在孩子的母亲之前，先迎接孩子的到来，甚至在第一眼就告诉了他母亲的存在，她温暖了黄昏，陶醉了温柔的夕阳，照亮了未来的黎明。

我们在孩子们的社会中，预先发现了她、光明以及新生活的未来。他们就是天使，是我们希望看到的纯洁的灵魂。他们是移动的花朵，是热情的小鸟。生命的力量在他们身上是如此的强大。他们不知疲惫地玩耍，我不知道他们身上散发出何种令人重返青春的神物。被触动最多的心，最好地酝酿着他记忆的宝藏，纪念着自己的伤口，虽然如此，但还是会焕然一新。当内心被纯真的欢乐所占据，它会为自己感到惊讶："怎么回事！……我什么都不记得了。"

如果上帝允许孤儿这样的悲剧发生，这好像是对那些没有家人的女人的安慰。她们爱着所有的孩子，但是她们当中又有多少得不到丝毫的疼爱！这个意外、这迟来的母爱的大冒险，让一颗年轻的心幸福地投入一个温情的女人的怀抱，它独自占有着这份爱，它往往是一种比任何自然的快乐都强烈的快乐。再次当上母亲的快乐，又加上了犹如最后的猛烈的爱一般的炽烈的东西。

没什么更接近童年，更让她爱第二段童年，那个经历丰富、审慎、被我们称作"老年"的童年，这段童年拥有智慧，只能听清楚开始的声音。这是她们的自然走向；孩子和老人都用满是天真的眼神审视自己，孩子们被吸引了，是因为他们确定在那里能找到无限的宽容。它组成了世界上最美好的和谐之一。

这是我的梦想，为了实现这美好的和谐，我想，尤其是那些没有住进大房子的孤儿们，能到乡下的小房子里去，在一位能带给他幸福的修女的精神教导下成长。

学业、服装和文化，我懂一些园艺（为了帮助家里生存，就像鲁昂的孩子们做的那样），所有这些都将由一位年轻的学校女教师来教导，并由丈夫辅助。但是除了宗教和精神教育，她有更多的自由，休闲阅读和建设性阅读、课间休息和散步则都是由修女负责。

跟孩子们在一起，尤其是女孩子，需要温柔一些、灵活一些，所有一切都不可预料。女教师代表着绝对的秩序，她对这些判断应该不够准确。女教师应该成为孩子们的朋友，他们从不悖逆老师，但是也能从这里得到天性使然的如此的宽容、如此合情合理的软弱。一个有智慧的女人会对那些异常勤奋的人保持这样，让政府的坏声誉依然如此；但是，她会让人们爱上她，把好好的办公室变成了家务场所，她慢慢地影响着，还未等他出现就引导着，而且，长时间地自我培养着女教师本身，给予她精神的印记。

修女没有任何必要去惩罚孩子们，相反干预只是为了让严肃的纪律更加温和，她将会获得孩子们无限的信任。她们会乐意向她敞开小小的心扉，对自己的悲伤甚至缺点都毫不掩饰，也会告诉她思考的方式。求知就是一切。一旦我们知道了并看到了结果，我们可以通过经常地稍稍改变一下习惯，让惩罚变得没有必要，让孩子自己转变。他会想要转变的，尤其是如果他想讨别人喜欢，也让别人喜欢自己。

他，在这样一座房子里，有100件女教师不能做的棘手的事情、善事、需要耐心和巧妙温柔的事。假设一个4岁的小女孩，陷入了强烈的痛苦当中，她想象着那种恐惧，会让她变得无依无靠，重要的是，她要活着。需要一个人，来给她善意、温柔、他慢慢地用小小的娱乐放松来安抚她，最后，被折断了茎的花朵，通过嫁接又在另一个品种上重新开放。这很困难，并不是从来没有通过集体照顾来实现。我曾经见过一个穷困可怜的孩子死在了巴黎的大房子里。那些同情他的姐妹们还曾经在他的床上放了几个玩具。但是他从没有碰过。他需要的，是一个能抱着他，亲吻他，和他交心，给他母亲怀抱的女人。

当这些突然到来并一直持续时，另一个危险临近了。这会让人变得更加坚强冷酷。那些感觉自己被抛弃的人，他们知道自己的父母如此残酷，他们通过严酷的战争之门来到了人世，他们会以为这个社会就像敌人一样。如果另一个孩子辱骂他们是野种，他们就会变得尖刻、愤怒，憎恨人类，讨厌这个世界和周围的伙伴。他们很可能会走上一条错误的道路、一条令人鄙视的道路，而起初这种鄙视就是不公平的。比如，有一个10岁的男孩，就是一个厌恶人类的人。如果他是个女孩，我们只需要蔑视她就足以让她自暴自弃，毫不自重地向邪恶低头。有必要用一颗善良的心来关爱这年轻的灵魂，让她温柔地感受到自己仍然有价值，让她知道，虽然有着这不幸，世界仍然还是她的朋友，她应该自重，为那些爱她的人争光。

尤其到了年龄危机的时候，集体护理完全不管用，那时候就需要一种情感。想象一下，这可怜的小女孩，忍受着在那些一成不变的课桌前的艰苦教育，忍受着集体大宿舍和冷冷清清的长走廊，因为只有保持干净才能保证健康。服从着严厉的规定，按时起床，用冷水洗漱，哆哆嗦嗦却什么也不敢说，为受这种痛苦而感到惭愧，也不知道为什么哭泣。在这个时候，要是家里有一些防御措施多好！妈妈们的心融化成了温柔的抚摸、宠爱，化成了千千万万有用无用的爱护；小女孩发现周围是一个温暖的世界，有着热情的关爱，有不安的未雨绸缪。对于母亲和家人来说，这个孤儿在医院里有严酷的高墙和医疗人员，他们共同照顾病人，对所有人都一样，对所有人都保持冷淡。他在这里一点儿都不自在，在这些屋子里，命令就是一切，要表现良好不要表现出不公平、不公正。然而，这就是世界想要的样子，一种个人的善良、温柔的热情和热烈的甜蜜，母亲把孩子放在衬衫和肌肤中间那热烈的温暖之中。所以，至少有一个女性朋友、一个善良温柔的女人是很有必要的，当然，她得至少能弥补一下他的缺陷。

最严重的是，确切地说，在这个危机时刻即将到来的时候，这个女孤儿唯一的母亲、法律，以及管理对于她来说是欠缺的。国家已经做了该做的。政府的避难所，不算收容所，为她而关闭了。她将要去到一个陌生的世界，那广阔的世界，她对那里一无所知，而这个世界对她来说犹如一个可怕的混沌之处。

那要把她安置在何处呢？安置在一户农家吗？这可能是最好的去处了；但是这些粗鲁的农民，他们平常拼命干活，对她也会像对自己一样，把她累死。她对这种可怕的无依无靠的生活没有丝毫准备，她此刻还在过渡阶段。其他的地方会更危险，如果我们把她放到工业中心，她将会面临城市的污染，在这个冷酷无情的世界，任何一个女人都会成为牺牲品。无父无母的女孩不会得到什么尊重。我们把她托付给某个家长，这个家长甚至会经常滥用自己的权力。男人会戏耍她，女人打她，家里的男孩子跑过去抓她。或者她会陷入一场无情的战争，坠入一个地狱般的地方。在外面，会被路人和其他人追逐,而且(更糟的是)一些女性朋友也会吸引她、安慰她、抚慰她以便出卖她。

在这片土地上,我不认识比她更值得同情的人了,她就像一只可怜的鸟儿,没有窝,没有避难所,这朵娇嫩无辜的花朵,天真无邪,没有能力自卫,是个可怜的小女孩(她的情况已经很糟了),上天给了她妩媚也给了她灾祸,而且,恰恰在这危险的时候,她被置于狂风暴雨中!她独自一人,颤抖着穿过从没去过的医院的门槛,手里拿着小包裹,她的手已经长大了一些,也变得漂亮了,啊!她被深深地抛弃,她要……要走向什么样的命运呢?只有上帝知道。

不,她不会的;她的教母,善良的仙女会找到阻止她的办法。如果孤儿院的生活能有点儿田园风,能做点儿针线活,做点儿园艺,对于这个孤儿院来说工作量并不算大,可以容许一个有点笨拙的女孩子在这里劳作。她会养活自己。在这段时间内,修女会将她培养成人,栽培她,给她应有的教育,这些都会让她变成那些勤劳工作的人,比如工人、商人或者农场主很想娶的人。对他们来说,在这样一个房子里、在这些受尊敬的人当中,带走一个有教养的女孩,让她加入自己的生活是多么靠谱!没有家,没有家人,她仍会感觉像在自己家一样,会很幸福,即使是在极其贫穷的条件下,也会比那些被宠溺的女孩,那些总是娇柔造作地对什么都不满意的女孩子要快乐一百倍,要更有魅力。我们那些不错的农场主,此时此刻,他们很难找到资产阶级的女孩,或者说,如果他们找到了,那些女孩子也会毁了他们。她们的追求更高,想着嫁给一个绅士、一位职员(明天就可能丢掉工作)。她们既没有简洁有力的习惯,也没有这种崇高的农业生活所要求的智慧。这个女孤儿掌握的都是有用的东西,她忠于自己的丈夫,有能力去管理乡间的大房子,她将会为这个男人带来幸福,带来更多的财富。

如果我们善良的修女仅仅是善良，只是简单地收养了这个女孤儿；她会把这个可爱的女孩子接到家里，给她做首饰；她有一个爱她的女儿（女孤儿），这个女儿将来会在她的养育下出落成一位优雅的淑女，她时时刻刻都会像在过欢乐圣洁的节日一般。她不想看到她长大，她更喜欢这样占有着她，不愿让她过上困难的婚姻生活。有一天，当她给女儿带上帽子，一切就都会失去了。我们看着她戴着帽子，或者更好的是，她留着美丽的秀发，看着她变成半个农妇；而我们什么也阻挡不了，阻挡不了她阅读，也阻挡不了她听音乐；我们看着她去瑞士，去德国。但是这些同时也让未来变得更加容易。她走高贵风很容易，如果需要也能更朴素；总之，她什么都能应付一些。

这是那些年老和有着丰富的经历与纯粹生活的人们的一种能力，他们能够预测未来。然而本书里讲述的这位智慧迷人的女士，能够非常清楚地预测欧洲社会的未来。伟大而深刻的改革是做不到的。女人和家人们将不得不适应这种新的情况。简单的女人（出自《关于爱》）、有教养的修女（出自《女人》），她们会满足吗？绝不会。后者自己觉得男人未来的配偶应该更加完满、更加强大、和谐、言行一致；并且，这也是她收养的女孤儿所想要的。

她的努力、她的才智，就是让这个她爱的孩子，变得与她不同，为一个更好的世界做好准备，为一个在工作和平等方面偏男性化的社会做好准备。

什么呀！这是做梦吧？在活生生的现实中，我们是不是对美好的未来有了一些轮廓，一些完美的影像了呢？

在美国东部的蛮荒之地，不论是已婚的妇女还是寡妇，白天劳作耕种，晚上也不怎么看书，就连《圣经》也不给孩子们读。

我本人有一天从最凄惨的边境去瑞士，经过了一片冷杉林，我被惊艳到了,牧场里钟表匠的女儿们都是既漂亮又庄重的女孩子,像贵族小姐一样受过严格的教育,她们穿着天鹅绒的束身衣收割草料。没什么比这更有魅力的了。她们将艺术和农活结合起来,这片土地在她们灵巧的双手下好像开出了花朵,显然这朵花有一种被精神触动的自豪感。

但是更让我触动,让我有那么一刻觉得自己穿越到了下一个世纪的是在卢塞恩湖畔,我遇到了一个来自阿尔萨斯的富裕农家。我有幸见到的这家人绝不是配不上这种崇高风格的人。父亲、母亲、漂亮的女儿,他们穿着古拙朴素、高贵典雅的家乡服饰。这对父母是纯正的阿尔萨斯人,人善心美、头脑聪慧,有些固执且强悍。女儿呢,是纯正的法国范儿,有一种洛林的干练气质,就像从铁变成刚一样。女孩十分年轻,她苗条、活泼,用她苗条的身躯、惊人的年轻有力的臂膀包揽了一切。但是她的胳膊已经被晒的黑黑的。她的父亲说:"是她自己愿意干农活的;她在田里生活,在田里耕作,在田里读书……"喔!牛儿们都跟她很熟,很喜欢她。当她累了,就跳到牛背上坐下来,牛儿们会干的更起劲儿。这样不会妨碍晚上的时候女孩子给我读歌德或拉马丁的作品,或者为我弹奏韦伯和莫扎特的曲子。

我很希望女孤儿们的修女和抚养人能够看到这样一个生动迷人的理想实现。世界将来无疑将会走向这样一种同样或相似的模式。

要造就出这样的宝藏,在她身上实现纯粹、强大、完全平等、高尚淳朴的生活梦想,解放人类,并让人们不断为了爱,为了自由而努力,这是宗教上的大事。只要女人不是工作和行动的附庸,我们是农奴,我们什么也做不了。

把这个事情交给世界吧,女士。不论是你宝贵的想法,还是你近几年的高尚工作。把你内心的恩泽、你成熟的智慧、伟大高贵的意志都拿出来吧。希望上帝喜欢你在这片土地上所做的一切好事！那这片土地将会重新变得有安全感！

我设想着,这位受人爱戴的女人,在一个阳光温暖的冬日,有点儿发烧,有点儿虚弱,但是无论如何她都想下楼来,坐在花园里。把女儿抱在怀里,她会看到自己已经有 8 天没有见到的亲爱的女儿们。她闭上眼睛。周围出现了女儿们的身影,如同一个可爱的花冠,她看着她们,有点模糊地看她们,抚摸着她们,亲亲那只有四五岁的小女儿们。她感到痛苦么？一点儿也不。但是她能认出的更少了。她看到到处都有光,有点暗淡的光,倒映在她的银发间。她望过去,可最终还是什么也没看见。我不知道是什么样的微光晕红了她苍白的脸颊,让她双手合掌……女儿们低声说:"啊！她变化好大呀！……啊！她好美好年轻啊！"实际上,一抹年轻的微笑已经爬过了她的嘴角,就好像一种无形的精神智慧。

她的精神受到了上帝的鼓舞,已经重新展翅高飞,翱翔在新的高空。

附　录

一、本书的道德层面特点

　　本书展现了我在《爱情》中已经批判过的两个缺陷。本书不讨论任何成人行为或者性交易活动。我本来认为自己可以投身于时代文学，因为时代赋予了我们取之不尽的灵感。我的研究路径很直接，在弯路上探索的乐趣还是留给别人吧。那些人在书中东拉西扯，离题万里，从来不关注直通爱情启蒙的大路，其实这是一条简单、宽阔、丰厚的大路，贯穿人的一生。只有天才的小说家才会发现这条路，神学家从来不会（伟大的分析家也不会发现这条路）。埃斯科瓦尔和布森包姆都曾经获得和巴尔扎克媲美的成功，他们不懈地努力工作，每人出版了50册书，请不要忘记这是他们进行研究的基础。他们不在乎婚姻，他们修正了放荡主义。本书与空想主义大师们（圣西门、傅立叶等）的严肃作品还是相去甚远的。空想主义大师们向大自然祈祷，在当时悲惨的时代境况下，姿态放得太低；他们局限在自然吸引力上，只能屈从于当时悲惨的自然境况。在崇尚个体努力、创造英雄人物的时代，他们尝试消除人本身的努力。但是在生物体身上，比如人、精力、创造者、艺术家，努力是一种天性，而且靠天性的努力才是最好的。公众的道德直觉能够感知这一点，这就是伟大的思想家都不能形成流派的原因。技巧、劳动和努力主导一切，我们所谓的自身的天赋，很多时候是自我的创造力。其实,我们日复一日地在塑造自身。今年,我在解剖学研究中就发现了这一点,尤其是在对大脑的研究中。大脑是主要的工作器官,控制我们的日常生活。由此,我们才有了丰富的表情,我敢说,大脑也控制着高等生物的口才。我毫不畏惧称大脑为"胜利之花""花中之魁",孩子的大脑非常脆弱,男人的大脑有时候是非常雄伟的。

人们称之为现实主义,我对此不太在意。现实主义分两种:一种是粗俗的、空虚的;另一种是贴近现实的,触及事物本质和最高真理,是真正高贵的东西。我写的关于真理的诗歌,那是唯一纯洁的东西,如果引起了某些拘谨人士的大惊小怪,对我也毫无影响;当我在《爱情》中,克服了将文学与自然科学分离开的愚蠢障碍,我几乎没有征求那些过分拘谨之人的意见,很显然,他们比自然更贞洁,比上帝还纯净。

女性需要一种信仰,并且期望从男性身上得到这种信仰,以便来抚养孩子,以便使任何一种教育都充满信任。这一时刻到来了。年龄能够促使人塑造信仰。这一点卢梭是做不到的,因为卢梭的年龄不够成熟。意识是判断真理的法官。但是意识需要被控制,一方面是来自人类意识历史的控制,另一方面是自然历史、自然直觉意识的控制。但是现在,两者都没有正式存在;人们用一个世纪的时间(1760—1860年)去塑造他们。当意识、人类历史和自然历史相互交融的时候,请相信吧。

二、教育、工作坊和孩子的花园

中世纪真正推崇的学说是言语和模仿。当前时代真正的典型是行动和创造。怎样的教育才适合一个推崇创新的时代呢?教会人如何创造的教育才是最好的教育。提倡顺应天性、自由生长的教育（卢梭、裴斯泰洛齐、雅科托、傅立叶、夸涅、伊索拉等）是远远不够的。教育应该帮助女性找到自己的轨道，能够让她顺着这条轨道攀爬。这就是福禄贝尔的天才之处。去年1月，当福禄贝尔的学生马伦霍尔茨女士，向我解释她的理论，我听到第一个词的时候，就觉得这才是符合时代的教育理念，这才是真正的教育。卢梭创造了一个鲁宾孙、一个孤独者。傅立叶受到猴子天性的启示，主张教育孩子去模仿。雅科托发展了能言善辩和滔滔不绝的天性。福禄贝尔终止了以上所有的长篇大论，废除了模仿教育的理念。他的教育不是外向的，也不是强制的，而是由内而外启发孩子的天性；孩子不会肆意妄为；历史会在孩子身上重新开始，会在人类的创新活动中重新开始。去读一段马伦霍尔茨女士的手册（阿歇特出版公司出版）吧，不需要严肃的去遵守并执行她的理论，只需要从中吸取一点儿建议就好。去巴黎中学（苗圃大街，81号）看看吧，去看看克什兰女士领导下的教育。

三、爱情中的正义　丈夫的三个责任

在这个看起来冷漠无比的时代，爱情展示出激情的无数新面孔。爱情从没有像如今一样发出如此强有力的声音，发出无尽的叹息。她活在昨日，她写诗歌抒发炽热的情感，带着狂风骤雨，带着声声呜咽，她是不朽爱情的女神（瓦尔莫女士）。

这是我们这个时代的显著特点，人们在痛苦中饱受爱情的煎熬，声泪俱下，只是为了绝对占有，为了深刻的爱，在我们之前，人们并不想要爱情，也并不明白这种感情。科学用下面这句话对这种需求做出了解释："你渴望完美的结合；而且你已经拥有了完美的结合，这种生命的绝对互换，就是婚姻的事实。"这就是令人满意的爱情吗？还不是。如果内心没有自由的融合，这种血液的融合是不洁的。为了让内心融洽,要通过教育(终身教育)让情人形成共同的思想基础,促成他们拥有不停交流的意愿。爱情中无声的语言也是必需的,这种交流有神圣的特点,排除了一切自私的快乐,暗示了两个心的竞争。

那些决疑者,没有心也没有灵魂,对女人没有任何冲动。但是如今,他们也都是男人,在普遍道义之中,他们也得为了女人去逢迎。女性对三件事情是有自己的权利的:

第一,拒绝怀孕,除非自己同意。只有她自己知道,她能否有能力承受怀孕和生产所带来的死亡的风险。如果她生病了、精疲力竭了、形容憔悴了,丈夫应该珍惜她,尤其是在排卵期(在月经期间以及月经之后的10天里)。中间间隔的时间是绝孕期吗?应该是的,因为没有卵子排出。但是,如果激情来了,会不会卵子又排出来了呢?考斯特先生认为事实确实会这样,至少在月经前三天是这种情况。科学院院士美姆瓦先生也同意这种观点。

第二,应该给女人爱情的尊重,而不要把她当作一个被动的机器。要不就不做爱,不然就要分享快乐。里昂的一个天主教医生,也是一位职业教师,在今年的一本畅销书中提出了这一严肃观点:造成女性大量死亡的流行病,尤其体现在,女性就算结婚了,大多数人也是寡妇。在做爱的快乐之中,她们是孤独的,男人总是只顾自己快乐,自私而又不耐心,只想要瞬间的快乐,唤起了女人的情欲却只带给她们失望。虽然开始,但是总是徒劳而终,这会引起疾病,刺激身体,抽干灵魂。女人承受着一切,总是伤感的、讽刺的,这种苦涩会改变女人的血液。除了一些偶然的日常对话,他们没有什么交流;说到底,没有形成心灵的婚姻。只有靠对内心的责任以及有规律的培养,或者生活在有益情感的共同体之中,才是真实的婚姻。如果缺少这种生活,那么夫妻之间会渐行渐远,相互不适应。让我们可怜可怜孩子吧，因为这个家要解散了。难道想让男人对自己靠暴力从冰冷的大理石上获得的短暂快乐而感到满意吗？男人也只会觉得遗憾。男人在行动上是物质主义的，他对于超前的时间有精神需求，他想要的是根本中的根本；简而言之，他想走入灵魂。

第三，一位医生，也是一位优秀的丈夫，曾经对我说："在你的书中，最棒的部分，也是每个人都嘲笑的部分，就是爱情中犹如母爱般的感情，女仆取代了家庭主妇的工作。这个无聊、危险的第三者，是夫妻之间的一道墙，让他们的关系变得微妙。丈夫有时候去见他的妻子，就好像是见情人一样。婚姻的优势是两个人能够永远在一起，妻子尽管有些迟缓，但是能够进入真实的感情，就像所有女人一样。内心、感恩起了很大作用。女人更容易被那些了解自己小秘密的人而感动，被那些在自己虚弱的时候照顾自己的人而感动。如果你想了解女人，记住如何做，在自然界中，蜕皮现象会让生命体变得衰弱和失败。对于低等生物来说，蜕皮现象是很可怕的，他们毫无保留地暴露在敌人面前。很幸运的是，这种蜕皮现象在男人身上表现得并不是很剧烈，皮肤表层每天不停地蜕皮，甚至真皮层也在蜕皮。在这种不可检测的、每天发生的蜕皮过程中，男人在不断代谢，不断变得虚弱。女人在这个生理过程中失去的会更多，每个月都会经历子宫内膜周期性脱落。在这种时刻，女人会像其他动物一样，想把自己藏起来，同时也会更加依赖别人。女人是童话故事里的美人鱼梅露西娜：这个美丽的仙女总是披着一件低调而美丽的外衣，将自己藏起来变身。能够让梅露西娜安心，给予她信任并且养活她的人是幸运的！谁能替代她的位置呢？暴露这个可爱的、胆小的美人鱼是亵渎神灵的，她甚至害怕粗心小女孩的戏弄，害怕自己成为笑柄。如此这般羞涩应该只给予那种将其视为幸福和玩笑的人。一开始，她先会经受一点儿痛苦，但是一点儿一点儿地，她会发现这真是甜美，并且不愿意错过。自然喜爱习惯；她放肆自由，就像孩子一样。这都是幸福的时光，带着感恩，带着无畏和柔情，这亲爱的密友散发磁性，毫无危险的磁性。这种有魅力的羞辱（她很好地感受到她是女王）是毫无防备的。深刻的遗忘，毫无保留地放弃。爱情，就像是半个梦幻，有时候能够遇到全部幸福的罕见机会，遇到有意的危机（在她们身上是如此深刻），通过自然法则，尽管她奉献了一切，早晚都能够重焕生机，重新变得年轻美丽。"

四、社会中的女性——什么样的社会呢？是过去的社会还是未来的社会？

我不谈论前者，也不想重复沙龙的历史，因为我的书《路易十四》里已经阐述过了。人们总是谈论沙龙出现的好处，一点儿没有涉及应该避免的缺陷，没有涉及他们压制的思想。亨利·艾特女士10年来给法国带来了非常有益的影响。但是蒙特斯潘夫人的恶毒和曼特农夫人消极的中庸思想，使法国经历了40年的停滞不前。我们猜想，未来的社会也会起伏不定。我只是想，在第三篇中，展示一些寡妇、边缘化女性的角色，解放她们被束缚的灵魂。甚至在自由的社会之中，也一直都会有被束缚的灵魂，比如陷入悲惨境地的人、年老的人、有偏见的人、怀有激情的人。心胸宽广的女性，都是充满母性的天才，在法律触及不到的地方，她们会表现出一种自由、一种高级的自由、一种上帝直接赋予的自由。

图书在版编目(CIP)数据

论女性/(法)儒勒·米什莱著;李雪译.—上海:
上海社会科学院出版社,2018
 ISBN 978-7-5520-2403-6

Ⅰ.①论… Ⅱ.①儒… ②李… Ⅲ.①女性-研究
Ⅳ.①C913.68

中国版本图书馆 CIP 数据核字(2018)第 175067 号

论女性

著　者：	[法]儒勒·米什莱
译　者：	李　雪
责任编辑：	张　晶
封面设计：	史彩鲆
出版发行：	上海社会科学院出版社
	上海顺昌路 622 号　邮编 200025
	电话总机 021-63315900　销售热线 021-53063735
	http://www.sassp.org.cn　E-mail:sassp@sass.org.cn
排　版：	南京展望文化发展有限公司
印　刷：	上海新文印刷厂
开　本：	890×1240 毫米　1/32 开
印　张：	9.375
字　数：	214 千字
版　次：	2019 年 3 月第 1 版　2019 年 3 月第 1 次印刷

ISBN 978-7-5520-2403-6/C·171　　　　定价:48.00 元

版权所有　翻印必究